梅贻琦 卷

现代大学校长文丛

朱清时 主编
李传玺 执行主编

徐迅雷 编

时代出版传媒股份有限公司
安徽教育出版社

图书在版编目（CIP）数据

现代大学校长文丛. 梅贻琦卷／徐迅雷编.
—合肥：安徽教育出版社，2015
ISBN 978-7-5336-8113-5

Ⅰ.①现… Ⅱ.①徐… Ⅲ.①高等教育－中国－文集
Ⅳ.①G649.2－53

中国版本图书馆CIP数据核字（2015）第210977号

现代大学校长文丛·梅贻琦卷
XIANDAI DAXUE XIAOZHANG WENCONG MEI YIQI JUAN

出 版 人：郑　可
质量总监：张丹飞
策划统筹：王　骏　钱　江
责任编辑：徐家莉
装帧设计：阮　娟
技术编辑：王　琳

出版发行：时代出版传媒股份有限公司　　安徽教育出版社
地　　址：合肥市经开区繁华大道西路398号　邮编：230601
网　　址：http://www.ahep.com.cn
营销电话：(0551)63683011，63683013
排　　版：安徽创艺彩色制版有限责任公司
印　　刷：合肥创新印务有限责任公司

开　本：720×960　1/16
印　张：19.5
字　数：290千字
版　次：2015年11月第1版　2015年11月第1次印刷
定　价：35.00元

（如发现印装质量问题，影响阅读，请与本社营销部联系调换）

总 序

一

我们似乎不应该忘记一个日子。清光绪二十四年(1898年)八月初六,那是一个血雨腥风的日子,戊戌变法失败了。一边是慈禧再度"训政",一边是废黜光绪,废除新政,对倡导变法维新人士进行大搜捕、大屠杀。其中独有一项"成果"经过一个老人的巧妙运作保留了下来,那人是时任管学大臣的孙家鼐,那"成果"便是京师大学堂。

也许是经过变法者心血与鲜血的滋润,这粒中国现代教育的种子开始了它的倔强生长。

至1949年,中国现代教育体系包括大学教育体系以及它的格局、架构已基本形成。

由此,人们常常发问:

那是一段什么样的历史时期,朝代更迭,袁氏复辟,走马灯式的北洋政府;军阀割据,连年混战,人民水深火热几不聊生;外敌入侵,十四年抗战,虽取得胜利,接踵的又是国共内战。如此时空背景,常常使课堂里放不下一张平静的书桌。可就是在这样的时代氛围中,中国现代大学教育却能够生长,且健全了各门类基础学科,诞生了一批名校,培养出了惠及后世的大量杰出人才,在教学相长过程中走出了大批大师级的教育家、科学家、思想家。为什么？

钱学森先生曾这样发问。

每个人一说到中国现代大学教育时，总会想到蔡元培先生，总会想到西南联大，更会这样发问。

二

2010年3月14日下午，首都机场。全国两会结束，各地的政协委员返程。全国政协委员，曾任中国科技大学校长，时任南方科技大学校长的朱清时先生正坐在过道边的椅子上。那段时间，他是热门人物，一直被媒体包围着，此刻他好像很累很疲倦，但仍有记者不停地同他说着教育的热点话题。作为安徽政协委员向中央报送信息的联络员李传玺也站在旁边听，并不时对朱清时先生切中肯綮的评论报以由衷的赞美。

"你是哪家报社的？"朱校长问李传玺。

《江淮时报》副总编常河先生站在旁边，向朱校长介绍了李。

"噢，你研究胡适啊，我对30年代那批大师，尤其是那批大师级的教育家非常佩服。"

这句话也埋下了一粒种子。

2012年初，时在安徽教育出版社就职的王骏先生询问李传玺，今年有没有好的选题。

李传玺的脑子里突然闪现出了在首都机场与朱清时校长谈话的画面，以及朱先生最后的那句话。何不请朱清时先生担纲编选一套现代大学校长文丛？王骏向社领导做了汇报，很快得到了同意。可朱清时校长能同意么？初春的一个下午，李传玺拨通了朱清时校长的电话，虽然天气不热，却紧张得一手心汗。没想到朱校长听完了介绍后，欣然同意。

于是有了现在呈现在大家面前的这套书。

三

让我们倾听一下那些大师们的声音。声音都不是那种激昂慷慨式的,很平和,却更入灵魂。

蔡元培先生:"对于各家学说,依各国大学通例,循思想自由原则,兼容并包。无论何种学派,苟其言之成理,持之有故,尚不达自然淘汰之运命,即使彼此相反,也听他们自由发展。"

张伯苓先生:"允公允能,日新月异","允公是大公,而不是小公,小公只不过是本位主义而已,算不得什么公了。惟其允公,才能高瞻远瞩,正己教人,发扬集体的爱国思想,消灭自私的本位主义","允能者,是要做到最能,要建设现代化国家,要有现代化的科学才能……不仅要求具备现代化的理论才能,而且要具有实际工作的能力"。

蒋梦麟先生:"大学者,为研究高等学科而设","学校之惟一生命在学术事业","研究学术而有所顾忌,则真理不明","畀以学术自由之权,所以求思想与学术自由之发展,不受外力阻挠也"。

梅贻琦先生:"所谓大学者,非谓有大楼之谓也,有大师之谓也。""新民之大业,非旦夕可期也,既非旦夕可期,则与此种事业最有关系之大学教育,与从事于此种教育之人,其所以自处之地位,势不能不超越几分现实;其注意之所集中,势不能为一时一地之所限止;其所期望之成就,势不能为若干可以计日而待之近功。"

胡适先生:"学术的发达,人才是第一要件。我们必须集中第一流的人才,替他们造成最适宜的工作条件,使他们可以自己做研究,使他们可以替全国训练将来的师资和工作人员","只有在自由独立原则之下,才能有高价值的创造","'自由'是学校给予师生的,'独立'则为创造的"。

竺可桢先生:"科学精神就是求真,要'只问是非,不计利害'。这就是说,只求真理,不管个人的利害","求是的路径,《中庸》说得最好,就是'博学之,审问之,慎思之,明辨之,笃行之'。单是博学、审问还不够，必须审思熟虑，自出心裁，独著只眼，来研辨是非得失"。

......

不需要再引了，读着这些话，如果你是一个教育工作者，也许自会得出本文开篇所提疑问的答案。即使不是，你也会强烈感受到一个真正教育家的教育胸怀。此书还选收了大量大师们其他方面的论文甚至美文，任何一个读者都可以从中充分领略到大师们多面的风采。

李传玺

2015年3月

目 录

导读

1　　大学·大师·大楼
　　　——梅贻琦和他的教育思想

第一辑　大学之精魂

15　　大学一解
25　　就职演说：所谓大学者，有大师之谓也
28　　大学的意义及学校之方针
30　　教授的责任
32　　致全体校友书
40　　关于校内集会的意义
41　　关于"一二·一"惨案在记者招待会上的讲话
44　　昆明西南联合大学校友会为母校遭受枪击屠杀惨案敬告全国同胞书
50　　工业化的前途与人才问题

第二辑　大学之人文

61　　在昆明公祝会上的答辞
63　　赠别大一诸君
65　　学问范围务广
66　　体育之目标
67　　关于体育比赛
68　　论"拖司"
69　　校际体育比赛

70	灵敏之脑力寓寄于健全之体魄
71	体育之重要
72	在1932届毕业典礼上的讲话
74	在"九一八"事变一周年纪念会上的讲话
76	关于学生参加救护伤兵事
77	在建校二十二周年纪念会上的讲话
79	在1933年度秋季开学典礼上的讲话
82	致新来校的诸同学
84	形势与秩序
	——在1934年度开学典礼上的讲话
86	在建校二十四周年纪念典礼上的讲话
88	回顾与前瞻
	——在建校二十六周年纪念会上的讲话
91	在建校二十九周年纪念会上的讲话
92	关于各处学生来校借读及上海战争问题
93	提倡吃苦耐劳精神
94	巡视考场时对记者的谈话
95	关于中英学术交流
96	在总理纪念周上的讲话
98	民主自由与学术自由
99	对战后清华发展之理想
100	《清华同学录》序

第三辑　大学之理治

103	清华学校的教育方针
106	清华发展计划
107	清华学校组织大纲
111	国立清华大学规程
116	评议会

117	国立清华大学教授会议事细则
119	教务长、院长、系主任职权分际之规定
121	教师服务及待遇规程
128	职员服务规程
130	本科教务通则
136	清华一年来之校务概况
150	关于组建工学院等问题
152	毕业生的职业指导
153	请拨圆明园遗址俾充农场及院舍的呈文
155	关于举办特种研究的呈文
157	关于航研所事
159	关于"特研所"事（一）
160	关于"特研所"事（二）
161	国立西南联合大学要览
165	西南联合大学教学、行政机构系统表
167	清华大学国情普查研究所拟办呈贡县试验工作大纲、目的及办法

第四辑　大学之史记

171	抗战期中之清华
176	抗战期中之清华（续）
180	抗战期中之清华（二续）
185	抗战期中之清华（三续）
190	抗战期中之清华（四续）
197	抗战期中之清华（五续）
203	复员期中之清华
206	复员后之清华
211	复员后之清华（续）
242	给西南联大电讯专修科的题词

243	关于联大校舍被炸的启事
244	记录李公朴、闻一多先生被暗杀的日记
246	国立西南联合大学校史
249	致"特刑庭"的公函
250	1941年日记选

导 读

大学·大师·大楼
——梅贻琦和他的教育思想

徐迅雷

A

时光在生命的沙漏里,终于渐渐漏尽了。1962 年 5 月 19 日,73 岁的梅贻琦先生,不幸被死神所捕获。因为罹患癌症,在台北的台大医院,他告别了人间,告别了清华,告别了爱他、他爱的亲人们和师生们。

1889 年岁末,梅贻琦出生于天津。19 世纪末的中国,是个神奇的时光,社会风雨飘摇,却诞生了一大批后来成为大师级的人物。那时的梅贻琦呱呱坠地,当然不知道百年后中国的风云激荡,更不知道自己的一生只干了一件事,而且把这件事给干成了——把清华带成世界级的大学。

没有梅贻琦,就没有今天的清华,就没有那样让人流连的西南联大,就没有中国教育史上曾经高耸的那一座丰碑。梅贻琦,是清华大学"永远的老校长"。他是一支红蜡烛,蜡炬成灰泪始干;他是一个燃灯者,灯尽油干火不灭;他是一位播火者,薪火终归要相传。

B

梅贻琦,字月涵。贻琦亦奇,月涵涵人。梅贻琦的先祖曾受命驻防天津卫,"天津梅氏"渐而发展成望族,"一门之内,孝友著闻"。然而到了清朝末年,梅氏家族衰落,生活陷入困顿。

庚子之乱,梅家遭殃。1900 年,11 岁的梅贻琦跟随父母,一度从天津逃到保定避乱。他可能没想到,8 年后的 1908 年,自己会到保定高等学堂求学,接着就与美国退回的"庚子赔款"结下不解之缘。

梅贻琦是在 15 岁上,在亲戚朋友的资助之下,才得以进入南开学堂的。天资极其聪颖的他,学业成绩优异,颇受张伯苓校长赏识;南开学堂毕业后,他被保送到保定高等学堂;这位"大一学生",次年就参加了首批留美学生的选拔考试,在 47 个录取学生中,他考了第 6 名,1909 年 10 月"放洋至美",赴美国吴士脱工科大学攻读电机专业,1914 年毕业。

1915 年,学成归国的梅贻琦在天津基督教青年会工作半年后,应清华之邀前去任教,从此他成了真正的"清华人",将毕生精力都贡献给清华母校。

1925 年,清华学校增设大学部,梅贻琦担任物理系首席教授;1926 年,他被全校教授推选为教务长。1928 年,清华正式改为国立大学——自此,清华完成了从清华学堂、清华学校到清华大学的三级跳,当时的校长为国民政府派来的罗家伦。1928 年 11 月,因为清华留美学生监督处财务混乱,梅贻琦被派往美国,二度"放洋",担任监督。

始创阶段的清华大学,校长连续易人,局势动荡不安,不受欢迎的校长甚至连校门都进不了——师生们坚决不要那样的校长啊。在这样的情况下,口碑甚佳的梅贻琦,于 1931 年岁末奉调回国担任校长,担当了"救火队队长"的角色。正是因为有了梅贻琦,清华大学从此开创了真正的"黄金时代"。

梅贻琦的一句名言是"生斯长斯,吾爱吾庐"——斯为清华,庐为清华,他成了当之无愧的"清华第一人"。

C

"所谓大学者,非谓有大楼之谓也,有大师之谓也。"这是梅贻琦就职演说中的一句名言。大学、大楼、大师,通过这句话中的三个关键词,梅贻琦清晰而形象地说出了三者的关系。后来抗战时期的西南联大,更是只有大师没有大楼,充分证明了这句话的杰出。

那个时代的教育,正是把内在的"大师"放在第一位,所以培养造就了众多的大师——这大师既包括学校吸纳的教授,也包括学校培养出来的杰出人才;而在今天,总是把物化的"大楼"搁在最中心,所以几十年过去就有了"钱学森之问"——"为什么我们的学校总是培养不出杰出人才?"

对于办大学的目的,梅贻琦在就职演说中讲得很明了:"一是研究学术,二是造就人才。""研究学术"需要大师,"造就人才"也需要大师;"研究学术"研究出大的成果就成了大师,"造就人才"造就了杰出毕业生最终他会成长为大师。

为了抵达这两个目的,梅贻琦施行的是通才教育、民主管理和学术自由。

通才教育是大学教育的基础。如果说在1931年的就职演说中,梅贻琦还是侧重于提出造就有用人才、注意用好人才的话,那么,在领导清华大学以及西南联大10年之后的1941年,梅贻琦在他的经典名篇《大学一解》中,清晰地揭示了"通识授受之不足",指出大学重心所寄"应在通而不在专":

> 窃以为大学期内,通专虽应兼顾,而重心所寄,应在通而不在专,换言之,即须一反目前重视专科之倾向,方足以语于新民之效。夫社会生活大于社会事业,事业不过为人生之一部分,其足以辅翼人生,推进人生,固为事实,然不能谓全部人生即寄寓于事业也。通识,一般生活之准备也;专识,特种事业之准备也。通识之用,不止润身而已,亦所以自通于人也。

信如此论,则通识为本,而专识为末,社会所需要者,通才为大,而专家次之,以无通才为基础之专家临民,其结果不为新民,而为扰民。

通才的培养,具体有赖于通识的教育,"学问范围务广,不宜过狭"。在今天来看,大学本科四年尤其是前一两年侧重通识教育,研究生阶段注重专识教育,已不是什么大问题,而在梅贻琦那个年代,这样的识见殊为难得。而"大师"显然不是依靠大学四年的通识教育所能造就的,所以,对于专才——即"事业人才"的培养,梅贻琦说得很清楚:"造就专才则固别有机构在",一曰大学之研究院;二曰高级之专门学校;三曰社会事业本身之训练。

好的教育理念,是造就好的大学的基础。作为一校之长,梅贻琦通过民主管理,亦即教授治校,使清华大学得以顺治、发展和兴盛。

梅贻琦是教育的实践家,说话不多,人称之为"寡言君子",真可谓"为政不在多言,顾力行何如耳"。梅贻琦的民主理校,用他的一句话三个字来说,就是"吾从众",具体体现在两个方面:一是师资人才的严格遴选和延聘;二是推行一种集体领导的民主制度,成功地建立了由教授会、评议会和校务会组成的管理体制。

"吾从众"不是盲从无主见,而是充分尊重教授们的治校意见,用现在的一个俗词来说,就是"集思广益"。今日有太多的假民主,"认真听取,绝不采纳",这样弄久了,教授们再也没有"治校"的想法和举动了。无论是管理一个学校,还是管理一个地方,或是管理一个国家,民主管理和专权管制,都是两条完全不同的理路,其效果也完全不一样。时至今日,行政化、级别化的大学校长,绝不可能认为"教授是学校的主体""校长不过就是率领职工给教授搬搬椅子凳子倒倒茶的"了。现在任命校长,也只有"权主",而没有民主。

梅贻琦的民主管理、教授治校,奠定了清华的校格。惜乎后来没有了梅贻琦的清华,在1952年的高校院系调整中,仅仅保留了工科院系,还真是成了"专科学院"了;而"教授治校"的民主制度,自然也就荡然无存了。

　　学术自由是造就大师的前提。唯有民主,才能带来自由;学术若无自由,繁荣则没希望。梅贻琦毕竟是留美归来的校长,潜移默化中受到西方现代教育思想的浸淫与洗礼。在《大学一解》里,他这样阐述学术自由:

> 　　所谓无所不思,无所不言,以今语释之,即学术自由(Academic Freedom)而已矣。今人颇有以自由主义为诟病者,是未察自由主义之真谛者也。夫自由主义(Liberalism)与荡放主义(Libertinism)不同,自由主义与个人主义,或乐利的个人主义,亦截然不为一事。假自由之名,而行荡放之实者,斯病矣。大学致力于知、情、志之陶冶者也。以言知,则有博约之原则在;以言情,则有裁节之原则在;以言志,则有持养之原则在。秉此三者而求其所谓"无所不思,无所不言",则荡放之弊又安从而乘之?此犹仅就学者一身内在之制裁而言之耳,若自新民之需要言之,则学术自由之重要,更有不言而自明者在。

　　一个文明的社会,尤其是一个文明社会的教育,就应尽可能地为个体提供自由与发展的条件。若连学术研究、思想、思考都没有自由,那么这世界上还有什么是自由的?当今的学术是行政化、项目化的,科研需要官场的立项审批,才能拿到经费,遑论"自由"之境。

　　威权管制、失去自由自主的教育,不是教育的进步,而是教育的倒退。梅贻琦时代的教育思想、教育管理,今日只能望其项背了。

D

　　梅贻琦个性沉静,寡言、慎言,成为别人心目中的"寡言君子"。同样是大师级的校长,和蔡元培、胡适不一样,理工科出身的梅贻琦,不仅仅是平常说话少,而且也不太喜欢"下笔千言",所以并无"等身"之著作。在我家的书柜上,《蔡元培全集》是长长的一排,蔚为壮观;胡适的各种文集、著作,更是汗牛充"柜"。除了积少成多、聚沙成塔的日记,梅贻琦先生的文章目前能收集到的还不足二十万字。他的写作习惯,就是坚持不懈地认真记日记,他的字很好,思维很清晰,表达很准确,可是日记毕竟像今天的微博,以精短为特色。早年的日记稍长,而晚年在台湾的日记,大多精练至一两条、两三条微博的长度。

梅贻琦说话不多,但出言往往幽默;梅贻琦著作不多,可思想处处闪光。与浪漫诗人胡适先生不一样,梅师贻琦的文章,非谓"花动已是满山春色",而是集中于教育这一主题,仿佛整个山谷都是单纯而美丽的百合花。

本书作为《现代大学校长文丛》之一,编者思忖再三,将内容分为四个部分:大学之精魂、大学之人文、大学之理治、大学之史记,这四个部分各有侧重,但主题词只有一个——大学,核心也只有一个——教育。大学之精魂,说的是大学的精神与灵魂,其领衔之作,就是《大学一解》以及就职演说;大学之人文,侧重于体育人文等内容,这是广义的人文概念;大学之理治,是相对具体的有关学校管理的篇章,并附录了部分规章制度;大学之史记,侧重收录梅贻琦先生的回忆性文章,尤其是抗战岁月的办学回忆,另外就是"窥斑见豹"地选录了他在西南联大若干个月的日记。梅贻琦的教育思想融会贯通于各个篇章,这四个部分也是大致的划分。

需要说明的是,梅贻琦有一两篇著作,是他提出主题、提出思想、提出框架,由"秘书"潘光旦执笔成文的。《大学一解》就是梅贻琦在主持西南联大常务工作期间,熬夜写出要点、由清华教务长潘光旦拟就的文稿;1943年的《工业化的前途与人才问题》,同样是由梅贻琦拟纲,潘光旦代笔。但这一切,并不影响他成为杰出的教育家、教育思想家和教育实践家。

在选编《现代大学校长文丛·梅贻琦卷》之时,作为选编者和此篇序言的作者,我尽可能全面地搜集有关梅贻琦先生的书籍。好在热爱清华的梅贻琦,将文章大多刊发在清华大学的校刊学报上,得以保留下来;而他天天所记的日记,则不幸遗失过多,成了无可弥补的损失。我阅读过的主要参考书有:《梅贻琦教育论著选》(刘述礼、黄延复编,人民教育出版社)、《梅贻琦日记(1941—1946)》(清华大学出版社)、《梅贻琦文集1——【日记】1956—1957》和《梅贻琦文集2——【日记】1958—1960》(台湾清华大学出版社)、《中国的大学》(梅贻琦文集,北京理工大学出版社)、《梅贻琦先生纪念集》(黄延复主编,吉林文史出版社)、《梅贻琦与清华大学》(黄延复、马相武著,山西教育出版社)、《梅贻琦教育思想研究》(黄延复著,辽宁教育出版社)、《一个时代的斯文:清华校长梅贻琦》(黄延复、钟秀斌著,九州出版社)、《生斯长斯 吾爱吾庐——清华大学校长梅贻琦》(吴洪成著,山东教育出版社)、《戴世光文集》(中国人民大学出版社),以及《文化史料》《近代史资料》《文史资料选编》《北京文史资料选编》《昆明文史资料选辑》,等等,在此一并致谢。这其中有的书因为出版于20世纪90年代初,印数很少,已成"凤毛麟角",如今在旧书网上的销售价已达三四百元一本。梅贻琦确实是"稀缺资源",但他的教育思想和教育著作,不该成为稀缺资源。我深深感到,今人对梅师贻琦的关注、研究、传播是很不够的,更为遗憾的是,我们迄今还没有一部"梅贻琦年谱长编"。本书作为《现代大学校长文丛》之一出版发行,是为薪火相传添加一把柴火。

传承继承不该是稀缺的,薪尽火传更不能成为"薪尽火烬"。

E

如果没有蔡元培,我们无法想象北大;如果没有梅贻琦,我们无法想象清华。从蔡元培到梅贻琦,他们的教育思想、教育理念一脉相承。蔡元培始任北大校长是1917年年初,梅贻琦始任清华校长是1931年岁末。在清华之前,偌大的中国其实只有一所名校,那就是北大,那是因为有了"兼容并包"的蔡元培;而清华的崛起,则幸好有了梅贻琦。

作为北大前身之一的燕京大学,校训是"因真理,得自由,以服务";清华大学的校训是"自强不息,厚德载物";而在抗战的艰苦岁月里,由国立北京大学、国立清华大学和私立南开大学联合而成的国立西南联合大学,则以"刚毅坚卓"为校训,更是为国家培养了一大批栋梁之才。

作为三位"常委"之一的梅贻琦,是西南联大实际上的校长。西南联大的"八年抗战",是梅贻琦一生经历过的最艰难的时期,也最能看到梅贻琦的品格。那时跑警报、躲轰炸是家常便饭,梅贻琦跑警报,沉着、从容、淡定,给师生们留下极为深刻的印象。日军的轰炸,是对人类文明扔下一颗颗炸弹,对联大校舍造成很大的破坏。"某一暑假中,学校被炸,梅先生亲自提着汽油灯,日夜赶修,卒能如期开课,可证明他们办学的精神了。"经多方努力,仅一月余,劫后校舍修理完竣,原定开学日没有延宕。

曾任清华外语系主任、后任民国外交部长的叶公超,曾用"慢、稳、刚"三个字形容梅贻琦,总体上是比较准确的;可是"提灯赶修",督促领导,实在也快。

作为一位教育的组织者、领导者、推动者,梅贻琦真可谓责重事烦。他是最敬业、最沉稳、最纯粹的校长。他在灵魂深处,有一个"爱"字,他"生斯长斯",发自内心地"吾爱吾庐"。他爱教师,爱学生,爱清华,以"爱"来担当一切。1940年9月,在纪念他执教25周年的公祝会上,梅贻琦在答辞中有这样一番话,充分体现了对清华的爱的担当、对未来的爱的乐观:

> 在这风雨飘摇之秋,清华正好像一个船,漂流在惊涛骇浪之中,有人正赶上负驾驶它的责任,此人必不应退却,必不应畏缩,只有鼓起勇气坚忍前进,虽然此时使人有长夜漫漫之感,但我们相信不久就要天明风停,到那时我们把这船好好地开回清华园,到那时他才能向清华的同人校友"敢告无罪"。

中年后的梅贻琦先生,辛勤操劳,"吾貌已瘦";他的脸型,因为被时间雕塑成"瘦型",从而成了最具雕塑感的典型东方人。

F

人们总是乐于看到"时间的开始",不想看到"时间的尾声"。

有一把时间之刀叫1949,它把梅贻琦的一生切成两段。

1949年6月,梅贻琦到巴黎出席联合国教科文组织的会议,到了岁末,他飞往美国纽约,去商议管理清华基金事宜。

在法国时,几位在巴黎大学的联大校友陪他去参观了卢浮宫、凡尔赛宫、枫丹白露宫,去歌剧院听歌剧,到香榭丽舍大道露天咖啡馆喝咖啡。有一天晚餐时,寡言校长梅贻琦慢吞吞地讲了一个笑话:几个人相聚,谈到了怕老婆,有一个人说,"怕老婆的坐到右边去,不怕的留在左边",结果大家都坐到了右侧,只有一个人不动。大家问他怎么不怕老婆,他回答说:"老婆叫我不要到人多的地方去。"原来也是"怕老婆"啊。那时北平已解放,清华师生几乎全都留校——"不要到人多的地方去",梅师贻琦说这个笑话时,大约潜意识里已表露了心境。

梅贻琦在美国工作多年,组建了清华大学在美文化事业顾问委员会,并开始以清华基金利息协助在美学人开展研究。梅贻琦顶住"尽快用光庚子赔款"的压力,非常严格地管理清华基金——依据制度规定,清华基金得有教育部部长和清华校长两人同意方能动用。直到1955年11月,梅贻琦才孤身一人返回台湾,开始筹办清华原子科学研究所,并筹备建立台湾清华大学,在新竹觅得地基,次年1月破土动工,1957年首批校舍竣工,是年梅校长已是68岁高龄。在梅贻琦的日记里,可以看到他往返台北新竹忙碌操劳的身影,真是孜孜矻矻、鞠躬尽瘁。

时光进入了1960年,是年5月,71岁的梅贻琦积劳成疾,得病住进台大医院。妻子韩咏华从美国返台照顾他。然而梅贻琦罹患的是癌症,在那个年代,医疗条件不足以帮助一个人长时间抵抗这样的疾病,梅贻琦终于在病榻上无法工作了。1962年5月19日,那个春天的上午,他告别了人世。梅贻琦入葬于台湾新竹清华大学的"梅园",校友集资,初植梅花241株——"若非一番寒彻骨,哪得梅花扑鼻香",梅花是对梅校长最好的纪念。

　　逝世前,梅贻琦始终不肯手书"遗嘱"。他随身带着的只有一个手提包,由秘书封存保管。几天后,在各方人士见证下,手提包被揭去封条打开,原来里面装的全是清华基金的明细账目,每一笔开支都清清楚楚。众人见之,唏嘘不已,无不为之感动。除此之外,梅贻琦真可谓是"赤条条来去无牵挂",此时妻子韩咏华顿悟:梅贻琦没有任何财产,所有的话都在病榻上讲完了,所以也就不用写什么遗嘱了。

　　韩咏华女士于1977年从美国回到祖国大陆定居,后来成为全国政协委员;1993年8月26日,她在北京逝世,享年100岁。

　　早在1954年,儿子梅祖彦就放弃定居美国,辗转返回大陆,效力母校清华,任教于水利系,他长期从事水力机械教学和研究工作,曾任水力机械实验室主任。

　　清华清华,这就是那一代人的清华情结!

　　梅师贻琦,则是清华大学的"终身校长"。

G

　　一部人类史,当然也是一部教育史。人类的进化,其实极其缓慢;人类的教化,并未全面成功。梅贻琦的教育思想、教育实践和教育著作,对现实的今天,应该有重要的启示,发挥应有的作用。

　　教育是人的一种基本权利,接受良好教育是人的一种本性追求,但教育在很大程度上受到环境的制约。教育改造人类、改良环境、改进条件,进而改善教育本身,这就是教育的良性循环。

　　教育确实需要"面向现代化,面向世界,面向未来",此刻,我特别想暂时把目光拉回现实社会,把镜头推向当今世界。

　　2012年11月10日,联合国宣布:将每年的11月10日定为"马拉拉日"。马拉拉·尤萨法扎伊是一位15岁的巴基斯坦女孩,生于巴基斯坦西北部斯瓦特河谷地区。在塔利班渗透并控制该地区之后,女生被强迫退学,女校被焚烧。马拉拉通过博客,通过各大媒体,向全世界发出声音,控诉塔利班。她不畏生命威胁,揭露反人类的暴行,成了家喻户晓、妇孺皆知的"反恐少女"。她被塔利班列入黑名单,但她并未停止控诉,而是更加奋不顾身地为当地女童争取受教育权。2012年10月9日,塔利班武装分子袭击了马拉拉,向她连开数枪,她头部和颈部中弹,生命垂危,经多方抢救,昏迷数周后,才恢复意识……

稍早的时候,在2012年9月18日,联合国难民署宣布,授予63岁的索马里难民教育活动家哈瓦·艾登·默罕穆德2012年度"南森难民奖",以表彰她10多年来帮助成千上万索马里难民重建生计、特别是帮助女性难民通过教育改变命运所作出的卓越贡献。哈瓦女士自己也曾经是难民,她创建了一个教育中心,为流离失所者提供食物,为女孩提供免费教育,为妇女开办识字班,并为男性提供职业培训。自1999年以来,周边受援社区接受教育的女性比例从7%升至40%。

因病未能到场领奖的哈瓦躺在病床上说:"事实上你只做了一件小事,但别人看到了。"

我们看到她们所处的环境,如同梅贻琦领导西南联大那段时光,其艰苦艰难非一般人所想象。从老妇人哈瓦,到少女马拉拉,再到我们的梅贻琦,他们都是教育权利的求取者,都是教育活动的实践家——为了教育,无论多难,他们都在实实在在地行动。人类的文明进化,始于教育,教育离不开行动。

教育需要良好的环境,也只有教育能够从根本上改造环境。在那么艰苦艰难的环境中,他们都是"刚毅坚卓",他们都会"自强不息",他们都能"厚德载物",自立立人,功绩千秋。

惜乎,世上已无梅贻琦!

反观我们当下,经济是富裕了,应试教育却也占领了教育的高地,多少孩子自觉不自觉地成了获取分数的考试机器,"诲人不倦"有时很不幸地演变成了"毁人不倦"。

荣幸的是,我们的莫言成为首位获得诺贝尔文学奖的中国籍作家,可他当年连小学都没有毕业,如果他接受了从小学到中学到大学的"系统教育",能有今天的成就否?

这个时代太愧对先师梅贻琦。我们应该如何优化教育制度和教育环境？这是一个难题。重返梅贻琦的时代，重铸梅贻琦的教育，回归自由的民主的教与学，是一个似旧而新的起点。

H

燃灯者，点燃了不灭的火种。

勋昭作育，盛德不朽。

梅贻琦先生逝世后，清华校友、14岁就考入清华学校的浦薛凤，以眷眷之心撰写挽联，不仅道出了几代清华学子对老校长的感恩、悼念和爱戴，而且也集中体现了梅贻琦校长的风貌、品格与成就：

尽瘁作育，萦念弥留，以心血贡献国家。缅怀皋比坐拥，化雨春风，忝列门墙蒙教泽。

博厚高明，宁静澹泊，其精神永垂霄壤。回忆杖履追随，耳提面命，每瞻绛帐动哀思。

第一辑　大学之精魂

大学一解

今日中国之大学教育，溯其源流，实自西洋移植而来，顾制度为一事，而精神又为一事。就制度言，中国教育史中固不见有形式相似之组织；就精神言，则文明人类之经验大致相同，而事有可通者。文明人类之生活要不外两大方面，曰己，曰群，或曰个人，曰社会。而教育之最大的目的，要不外使群中之己与众己所构成之群各得其安所遂生之道，且进以相位相育，相方相苞；则此地无中外，时无古今，无往而不可通者也。

西洋之大学教育已有八九百年之历史，其目的虽鲜有明白揭橥之者，然试一探究，则知其本源所在，实为希腊之人生哲学，而希腊人生哲学之精髓无他，即"一己之修明"是矣（Know thyself）。此与我国儒家思想之大本又何尝有异致？孔子于《论语·宪问》曰，"古之学者为己"，而病今之学者舍己以从人。其答子路问君子，曰"修己以敬"，进而曰"修己以安人"，又进而曰"修己以安百姓"；夫君子者无他，即学问成熟之人，而教育之最大收获也。曰安人百姓者，则又明示修己为始阶，本身不为目的，其归宿，其最大之效用，为众人与社会之福利，此则较之希腊之人生哲学，又若更进一步，不仅以一己理智方面之修明为己足也。

及至《大学》一篇之作，而学问之最后目的，最大精神，乃益见显著。《大学》一书开章明义之数语即曰，"大学之道，在明明德，在新民，在止于至善"。若论其目，则格物，致知，诚意，正心，修身，属明明德，而齐家，治国，平天下，属新民。《学记》曰，"九年知类通达，强立而不反，谓之大成；夫然后足以化民易俗，近者悦服，而远者怀之，此大学之道也"。知类通达,强立不反二语,可以为明明德之注脚,化民成俗,近悦远怀三语可以为新民之注脚。孟子于《尽心章》,亦言修其身而天下平。荀子论"自知者明,自胜者强"亦不出明明德之范围,而其泛论群居生活之重要,群居生活之不能不有规律,亦无非阐发新民二字之真谛而已。总之,儒家思想之包罗虽广,其于人生哲学与教育理想之重视明明德与新民二大步骤,则始终如一也。

今日之大学教育,骤视之,若与明明德、新民之义不甚相干,然若加深察,则可知今日大学教育之种种措施,始终未能超越此二义之范围,所患者,在体认尚有未尽而实践尚有不力耳。大学课程之设备,即属于教务范围之种种,下自基本学术之传授,上至专门科目之研究,固格物致知之功夫而明明德之一部分也。课程以外之学校生活,即属于训导范围之种种,以及师长持身、治学、接物、待人之一切言行举措,苟于青年不无几分裨益,此种裨益亦必于格致诚正之心理生活见之。至若各种人文科学、社会科学学程之设置,学生课外之团体活动,以及师长以公民之资格对一般社会所有之努力,或为一种知识之准备,或为一种实地工作之预习,或为一种风声之树立,青年一旦学成离校,而于社会有所贡献,要亦不能不资此数者为一部分之把柱。此又大学教育新民之效也。

然则所谓体认未尽实践不力者又何在?明明德或修己功夫中之所谓明德,所谓己,所指乃一人整个之人格,而不是人格之片段。所谓整个之人格,即就比较旧派之心理学者之见解,至少应有知、情、志三个方面,而此三方面者皆有修明之必要。今则不然,大学教育所能措意而略有成就者,仅属知之一方面而已,夫举其一而遗其二,其所收修明之效,因已极有限也。然即就知之一端论之,目前教学方法之效率亦大有尚待扩充者。理智生活之基础为好奇心与求益心,故贵在相当之自动,能有自动之功,斯能收自新之效,所谓举一反三者,举一虽在执教之人,而反三总属学生之事。若今日之教学,恐灌输之功十居七八,而启发之功十不得二三。明明德之义,释以今语,即为自我之认识,为自我知能之认识,此即在智力不甚平庸之学子亦不易为之,故必有执教之人为之启发,为之指引,而执教者之最大能事,亦即至此而尽,过此即须学子自为探索;非执教者所得而助长也。故古之善教人者,《论语》谓之善诱,《学记》谓之善喻。孟子有云"君子深造之以道,欲其自得之也,自得之,则居之安,居之安,则资之深,资之深,则取之左右逢其源,故君子欲其自得之也",此善诱或善喻之效也。今大学中之教学方法,即仅就知识教育言之,不逮尚远。此体认不足实践不力之一端也。

至意志与情绪二方面,既为寻常教学方法所不及顾,则其所恃者厥有二端,一为教师之树立楷模,二为学子之自谋修养。意志须锻炼,情绪须裁节,为教师者果能于二者均有相当之修养功夫,而于日常生活之中与以自然之流露,则从游之学子无形中有所取法;古人所谓身教,所谓以善先人之教,所指者大抵即为此两方面之品格教育,而与知识之传授不相干也。治学之精神与思想之方法,虽若完全属于理智一方面之心理生活,实则与意志之坚强与情绪之稳称有极密切之关系;治学贵谨严,思想忌偏蔽,要非持志坚定而用情有度之人不办。孟子有曰,"仁义礼智根于心,其生色也,睟然见于面,盎于背,施于四体,四体不言而喻"。曰根于心者,修养之实,曰生于色者,修养之效而自然之流露;设学子所从游者率为此类之教师再假以时日,则濡染所及,观摩所得,亦正复有其不言而喻之功用。《学记》所称之善喻,要亦不能外此。试问今日之大学教育果真具备此条件否乎?曰否。此可于三方面见之。上文不云乎,今日大学教育所能措意者仅为人格之三方面之一,为教师者果能于一己所专长之特科知识,有充分之准备,为明晰之讲授,作尽心与负责之考课,即已为良善之教师,其于学子之意志与情绪生活与此种生活之见于操守者,殆有若秦人之视越人之肥瘠;历年既久,相习成风,即在有识之士,亦复视为固然,不思改作,浸假而以此种责任完全诿诸他人,曰"此乃训育之事,与教学根本无干"。此条件不具备之一方面也。为教师者,自身固未始不为此种学风之产物,其日以孜孜者,专科知识之累积而已,新学说与新实验之传习而已,其于持志养气之道,待人接物之方,固未尝一日讲求也;试问己所未能讲求或无暇讲求者,又何能执以责人?此又一方面也。今日学校环境之内,教师与学生大率自成部落,各有其生活之习惯与时尚,舍教室中讲授之时间而外,几于不相谋面,军兴以还,此风尤甚,即有少数教师,其持养操守足为学生表率而无愧者,亦犹之椟中之玉,斗底之灯,其光辉不达于外,而学子即有切心于观摩取益者,亦自无从问径,此又一方面也。古者学子从师受业,谓之从游,孟子曰,"游于圣人之门者难为言",间尝思之,游之时义大矣哉。学校犹水也,师生犹鱼也,其行动犹游泳也,大鱼前导,小鱼尾随,是从游也,从游既久,其濡染观摩之效,自不求而至,不为而成。反观今日师生之关系,直一奏技者与看客之关系耳,去从游之义不綦远哉!此则于大学之道,"体认尚有未尽、实践尚有不力"之第二端也。

至学子自身之修养又如何?学子自身之修养为中国教育思想中最基本之部分,亦即儒家哲学之重心所寄。《大学》八目,涉此者五,《论语》《中庸》《孟子》之所反复申论者,亦以此为最大题目。宋元以后之理学,举要言之,一自身修善之哲学耳;其派别之分化虽多,门户之纷呶虽甚,所争者要为修养之方法,而于修养之必要,则靡不同也。我侪以今日之眼光相绳,颇病理学教育之过于重视个人之修养,而于社会国家之需要,反不能多所措意;末流之弊,修身养性几不复为人德育才之门,而成遁世避实之路。然理学教育之所过即为今日学校教育之所不及。今日大学生之生活中最感缺乏之一事即为个人之修养。此又可就下列三方面分别言之:

一曰时间不足。今日大学教育之学程太多,上课太忙,为众所公认之一事,学生于不上课之时间,又例须有多量之"预备"功夫,而所预备者又不出所习学程之范围,于一般之修养邈不相涉。习文史哲学者,与修养功夫尚有几分关系,其习他种理实科目者,无论其为自然科学或社会科学,犹木工水作之习一艺耳。习艺愈勤去修养愈远。何以故?曰,无闲暇故。仰观宇宙之大,俯察品物之盛,而自审其一人之生应有之地位,非有闲暇不为也。纵探历史之悠久,文教之累积,横索人我关系之复杂,社会问题之繁变,而思对此悠久与累积者宜如何承袭节取而有所发明,对复杂繁变者宜如何应付而知所排解,非有闲暇不为也。人生莫非学问也,能自作观察、欣赏、沉思、体会者,斯得之。今学程之所能加惠者,充其量,不过此种种自修功夫之资料之补助而已,门径之指点而已,至若资料之咀嚼融化,门径之实践以至于升堂入室,博者约之,万殊者一之,则非有充分之自修时间不为功。就今日之情形而言,则咀嚼之时间,且犹不足,无论融化,粗识门径之机会犹或失之,姑无论升堂入室矣。

二曰空间不足。人生不能离群,而自修不能无独,此又近顷大学教育最所忽略之一端。《大学》一书尝极论毋自欺、必慎独之理。不欺人易,不自欺难,与人相处而慎易,独居而慎难。近代之教育,一则曰社会化,再则曰集体化,卒使黉舍悉成营房,学养无非操演,而慎独与不自欺之教亡矣。夫独学无友,则孤陋而寡闻,乃仅就智识之切磋而为言者也;至情绪之制裁,意志之磨砺,则固为我一身一心之事,他人之于我,至多亦只所以相督励、示鉴戒而已。自"慎独"之教亡,而学子乃无复有"独"之机会,亦无复作"独"之企求;无复知人我之间精神上与实际上应有之充分之距离,适当之分寸,浸假而无复和情绪制裁与意志磨练之为何物,即无复和《大学》所称诚意之为何物,充其极,乃至于学问见识一端,亦但知从众而不知从己,但知附和而不敢自作主张,力排众议。晚近学术界中,每多随波逐浪(时人美其名曰"适应潮流")之徒,而少砥柱中流之辈,由来有渐,实无足怪。《大学》一书,于开章时阐明大学之目的后,即曰,"知止而后有定,定而后能静,静而后能安,安而后能虑,虑而后能得"。今日之青年,一则因时间之不足,再则因空间之缺乏,乃至数年之间,竟不能如绵蛮黄鸟之得一丘隅以为休止。休止之时地既不可得,又遑论定、静、安、虑、得之五步功夫耶?此深可虑而当亟为之计者也。

三曰师友古人之联系之缺失。关于师之一端,上文已具论之,今日之大学青年,在社会化与集体生活化一类口号之空气之中,所与往还者,有成群之大众,有合夥之伙伴,而无友。曰集体生活,又每苦不能有一和同之集体,或若干不同而和之集体,于是人我相与之际,即一言一动之间,亦不能不多所讳饰顾忌,驯至舍寒暄笑谑与茶果征逐而外,根本不相往来。此目前有志之大学青年所最感苦闷之一端也。夫友所以祛孤陋,增闻见,而辅仁进德者也,个人修养之功,有恃于一己之努力者固半,有赖于友朋之督励者亦半;今则一己之努力既因时空两间之不足而不能有所施展,有如上文所论,而求友之难又如此,又何怪乎成德达材者之不多见也。古人亦友也,孟子有尚友之论,后人有尚友之录,其对象皆古人也。今人与年龄相若之同学中既无可相友者,有志者自犹可于古人中求之。然求之又苦不易。史学之必修课程太少,普通之大学生往往仅修习通史一两门而止,此不易一也。时人对于史学与一般过去之经验每不重视,甚者且以为革故鼎新之精神,即在完全抹杀已往,而创造未来,前人之言行,时移世迁,即不复有分毫参考之价值,此不易二也。即在专考史学之人,又往往用纯粹物观之态度以事研究,驯至古人之言行举措,其所累积之典章制度,成为一堆毫无生气之古物,与古生物学家所研究之化石骨殖无殊,此种研究之态度,非无其甚大之价值,然设过于偏注,则史学之与人生将不复有所联系,此不易三也。有此三不易,于是前哲所再三申说之"以人鉴人"之原则将日趋湮没,而"如对古人"之青年修养之一道亦曰即于荒秽不治矣。学子自身之不能多所修养,是近代教育对于大学之道体认尚有未尽、实践尚有不力之第三端也。

以上三端,所论皆为明德一方面之体认未尽与实践不力,然则新民一方面又如何?大学新民之效,厥有二端。一为大学生新民工作之准备;二为大学校对社会秩序与民族文化所能建树之风气。于此二端,今日之大学教育体认亦有未尽,而实践亦有不力也。试分论之。

大学有新民之道,则大学生者负新民工作之实际责任者也。此种实际之责任,因事先必有充分之准备,相当之实验或见习,而大学四年,即所以为此准备与实习而设,亦自无烦赘说。然此种准备与实习果尽合情理乎?则显然又为别一问题。明德功夫即为新民功夫之最根本之准备,而此则已大有不能尽如人意者在,上文已具论之矣。然准备之缺乏犹不止此。今人言教育者,动称通与专之二原则。故一则曰大学生应有通识，又应有专识，再则曰大学卒业之人应为一通才，亦应为一专家，故在大学期间之准备，应为通专并重。此论固甚是，然有不尽妥者，亦有未易行者。此论亦固可以略救近时过于重视专科之弊，然犹未能充量发挥大学应有之功能。窃以为大学期内，通专虽应兼顾，而重心所寄，应在通而不在专，换言之，即须一反目前重视专科之倾向，方足以语于新民之效。夫社会生活大于社会事业，事业不过为人生之一部分，其足以辅翼人生，推进人生，固为事实，然不能谓全部人生即寄寓于事业也。通识，一般生活之准备也；专识，特种事业之准备也。通识之用，不止润身而已，亦所以自通于人也。信如此论，则通识为本，而专识为末，社会所需要者，通才为大，而专家次之，以无通才为基础之专家临民，其结果不为新民，而为扰民。此通专并重未为恰当之说也。大学四年而已，以四年之短期间，而既须有通识之准备，又须有专识之准备，而二者之间又不能有所轩轾，即在上智，亦力有未逮，况中资以下乎？并重之说所以不易行者此也。偏重专科之弊，既在所必革，而并重之说又窒碍难行，则通重于专之原则尚矣。

　　难之者曰，大学而不重专门，则事业人才将焉出？曰，此未作通盘观察之论也。大学虽重要，究不为教育之全部，造就通才虽为大学应有之任务，而造就专才则固别有机构在。一曰大学之研究院。学子即成通才，而于学问之某一部门，有特殊之兴趣，与特高之推理能力，而将以研究为长期或终身事业者可以入研究院。二曰高级之专门学校。艺术之天分特高，而审美之兴趣特厚者可入艺术学校，躯干刚劲，动作活泼，技术之智能强，而理论之兴趣较薄者可入技术学校。三曰社会事业本身之训练。事业人才之造就，由于学识者半，由于经验者亦半，而经验之重要，且在学识之上，尤以社会方面之事业人才所谓经济长才者为甚，尤以在今日大学教育下所能产生之此种人才为甚。今日大学所授之社会科学知识，或失之理论过多，不切实际，或失诸凭空虚构，不近人情，或失诸西洋之资料太多，不适国情民性；学子一旦毕业而参加事业，往往发现学用不相呼应，而不得不于所谓"经验之学校"中，别谋所以自处之道，及其有成，而能对社会有所贡献，则泰半自经验之学校得来,而与所从卒业之大学不甚相干,以至于甚不相干。至此始恍然于普通大学教育所真能造就者,不过一出身而已,一资格而已。

出身诚是也,资格亦诚是也。我辈从事大学教育者,诚能执通才之一原则,而曰,才不通则身不得出,社会亦诚能执同一之原则,而曰,无通识之准备者,不能取得参加社会事业之资格,则所谓出身与资格者,固未尝不为绝有意识之名词也。大学八目,明德之一部分至身修而止,新民之一部分自身修而始,曰出身者,亦曰身已修,德已明,可以出而从事于新民而已矣,夫亦岂易言哉?不论一人一身之修明之程度,不问其通识之有无多寡,而但以一纸文凭为出身之标识者,斯失之矣。

通识之授受不足,为今日大学教育之一大通病,固已渐为有识者所公认,然不足者果何在,则言之者尚少。大学第一年不分院系,是根据通之原则者也,至第二年而分院系,则其所据为专之原则。通则一年,而专乃三年,此不足之最大原因而显而易见者。今日而言学问,不能出自然科学、社会科学与人文科学三大部门;曰通识者,亦曰学子对此三大部门,均有相当准备而已,分而言之,则对每门有充分之了解,合而言之,则于三者之间,能识其会通之所在,而恍然于宇宙之大,品类之多,历史之久,文教之繁,要必有其一以贯之之道,要必有其相为因缘与依倚之理,此则所谓通也。今学习仅及期年而分院分系,而许其进入专门之学,于是从事于一者,不知二与三为何物,或仅得二与三之一知半解,与道听途说者初无二致;学者之选习另一部门或院系之学程也,亦先存一"限于规定,聊复选习"之不获已之态度,日久而执教者亦曰,"聊复有此规定尔,固不敢从此期学子之必成为通才也"。近年以来,西方之从事于大学教育者,亦尝计虑及此,而设为补救之法矣。其大要不出二途。一为展缓分院分系之年限,有自第三学年始分者;二为第一学年中增设"通论"之学程。窃以为此二途者俱有未足,然亦颇有可供攻错之价值,可为前途改革学程支配之张本。大学所以宏造就,其所造就者为粗制滥造之专家乎,抑为比较周见洽闻、本末兼赅、博而能约之通士乎？胥于此种改革卜之矣。大学亦所以新民，吾侪于新民之义诚欲作进一步之体认与实践，欲使大学出身之人，不借新民之名，而作扰民之实，亦胥以此种改革为入手之方。

然大学之新民之效，初不待大学生之学成与参加事业而始见也。学府之机构，自身亦正复有其新民之功用，就其所在地言之，大学严然为一方教化之重镇，而就其声教所暨者言之，则充其极可以为国家文化之中心，可以为国际思潮交流与朝宗之汇点（近人有译英文 Focus 一字为汇点者，兹从之）。即就西洋大学发展之初期而论，十四世纪末年与十五世纪初年，欧洲中古文化史有三大运动焉，而此三大运动者均自大学发之。一为东西两教皇之争，其终于平息而教权复归于一者，法之巴黎大学领导之功也；二为魏克文夫（Wyclif）之宗教思想革新运动，孕育而拥护之者英之牛津大学也；三为郝斯（John Hus）之宗教改革运动，郝氏与惠氏之运动均为十六世纪初年马丁·路得宗教改革之先声，而孕育与拥护之者，布希米亚（战前为捷克地）之蒲拉赫（Prague）大学也。大学机构自身正复有其新民之效，此殆最为彰明较著之若干例证。

间尝思之，大学机构之所以生新民之效者，盖又不出二途。一曰为社会之倡导与表率，其在平时，表率之力为多，及处非常，则倡导之功为大。上文所举之例证，盖属于倡导一方面者也。二曰新文化因素之孕育涵养与简练揣摩。而此二途者又各有其凭借。表率之效之凭借为师生之人格与其言行举止。此为最显而易见者。一地之有一大学，犹一校之有教师也，学生以教师为表率，地方则以学府为表率，古人谓一乡有一善士，则一乡化之，况学府者应为四方善士之一大总汇乎？设一校之师生率为文质彬彬之人，其出而与社会周旋也，路之人亦得指而目之曰，"是某校教师也，是某校生徒也"，而其所由指认之事物为语默进退之间所自然流露之一种风度，则始而为学校环境以内少数人之所独有者，终将为一地方所共有，而成为一种风气；教化云者，教在学校环境以内，而化则达于学校环境以外，然则学校新民之效，固不待学生出校而始见也明矣。

新文化因素之孕育所凭借者又为何物？师生之德行才智，图书实验，大学之设备，可无论矣。所不可不论者为自由探讨之风气。宋儒安定胡先生有曰，"艮言思不出其位，正以戒在位者也，若夫学者，则无所不思，无所不言，以其无责，可以行其志也；若云思不出其位，是自弃于浅陋之学也"。此语最当。所谓无所不思，无所不言，以今语释之，即学术自由（Academic Freedom）而已矣。今人颇有以自由主义为诟病者，是未察自由主义之真谛者也。夫自由主义（Liberalism）与荡放主义（Libertinism）不同，自由主义与个人主义，或乐利的个人主义，亦截然不为一事。假自由之名，而行荡放之实者，斯病矣。大学致力于知、情、志之陶冶者也。以言知，则有博约之原则在；以言情，则有裁节之原则在；以言志，则有持养之原则在。秉此三者而求其所谓"无所不思，无所不言"，则荡放之弊又安从而乘之？此犹仅就学者一身内在之制裁而言之耳，若自新民之需要言之，则学术自由之重要，更有不言而自明者在。新民之大业，非旦夕可期也，既非旦夕可期，则与此种事业最有关系之大学教育，与从事于此种教育之人，其所以自处之地位，势不能不超越几分现实；其注意之所集中，势不能为一时一地之所限止；其所期望之成就，势不能若干可以计日而待之近功。职是之故，其"无所不思"之中，必有一部分为不合时宜之思，其"无所不言"之中，亦必有一部分为不合时宜之言；亦正惟其所思所言，不尽合时宜，乃或不合于将来，而新文化之因素胥于是生，进步之机缘，胥于是启，而新民之大业，亦胥于是奠其基矣。

"大学之道，在明明德，在新民，在止于至善。"至善之界说难言也，姑舍而不论。然明明德与新民二大目的固不难了解而实行者。然洵如上文所论，则今日之大学教育，于明明德一方面，了解犹颇有未尽，践履犹颇有不力者，而不尽不力者，要有三端，于新民一方面亦然，其不尽力者要有二端。不尽者尽之，不力者力之，是今日大学教育之要图也，是"大学一解"之所为作也。

原刊于《清华学报》第十三卷第一期（1941年4月）

就职演说：所谓大学者，有大师之谓也

本人离开清华，已有三年多的时期。今天在场的诸位，恐怕只有很少数的人认识我罢。我今天看出诸位里面，有许多女同学，这是从前我在清华的时候所没有的。我还记得我从前在清华负责的时候，就有许多同学向我请求，开放女禁，招收女生。我当时的回复说，招收女生这件事，在原则上我是赞成的，不过在事实上，我认为尚需有待。因为男女的性别不同，有许多方面，必须有特别的准备，所以必须经过相当的筹备，方能举办。现在在我出国的三年内，当然准备齐全，所以今天有许多女同学在内，这是本人所深以为慰的。

本人能够回到清华，当然是极高兴、极快慰的事。可是想到责任之重大，诚恐不能胜任，所以一再请辞，无奈政府方面，不能邀准，而且本人与清华已有十余年的关系，又享受过清华留学的利益，则为清华服务，乃是应尽的义务，所以只得勉力去做，但求能够尽自己的心力，为清华谋相当的发展，将来可告无罪于清华足矣。

清华这些年来，在发展上可算已有了相当的规模。本人因为出国已逾三年，最近的情形不很熟悉，所以现在也没有什么具体的意见可说。现在姑且把我对于今后的清华，所抱的希望，略为说一说。

一、我先谈一谈清华的经济问题。清华的经济，在国内总算是特别的好，特别的幸运。如果拿外国大学的情形比起来，当然相差甚远，譬如哥伦比亚大学本年的预算，共有三千六百万美金，较之清华，相差不知多少。但比较国内的其他大学，清华的经济，总不能算少，而且比较稳定了。我们对于经济问题，有两个方针，就是基金的增加和保存。我们总希望清华的基金能够日渐增多，并且十分安全，不至动摇清华

的前途。然而我们对于目前的必需,也不能因为求基金的增加而忽视,应当用的我们也还得要用,不过用的时候总要力图撙节与经济罢了。

二、我希望清华今后仍然保持它的特殊地位,不使堕落。我所谓特殊地位,并不是说清华要享受什么特殊的权利,我的意思是要清华在学术的研究上,应该有特殊的成就,我希望清华在学术研究方面应向高深专精的方面去做。办学校,特别是办大学,应有两种目的:一是研究学术;二是造就人才。清华的经济和环境,很可以实现这两种目的,所以我们要向这方面努力。有人往往拿量的发展,来估定教育费的经济与否,这是很有商量的余地的。因为学术的造诣,是不能以数量计较的。我们要向高深研究的方向去做,必须有两个必备的条件:其一是设备;其二是教授。设备这一层,比较容易办到,我们只要有钱,而且肯把钱用在这方面,就不难办到。可是教授就难了。一个大学之所以为大学,全在于有没有好教授。孟子说:"所谓故国者,非谓有乔木之谓也,有世臣之谓也。"我现在可以仿照说:"所谓大学者,非谓有大楼之谓也,有大师之谓也。"我们的智识,固有赖于教授的教导指点,就是我们的精神修养,亦全赖有教授的 inspiration。但是这样的好教授,决不是一朝一夕所可罗致的。我们只有随时随地留意延揽而已。同时对于在校的教授,我们应该尊敬,这也是招致的一法。

三、我们固然要造就人才,但是我们同时也要注意到利用人才。就拿清华说罢,清华的旧同学,其中有很多人才,而且还有不少杰出的人才,但是回国之后,很少能够适当利用的。多半是用非所学,甚且有学而不用的,这是多么浪费——人才浪费——的一件事。我们今后对于本校的毕业生,应该在这方面多加注意。

四、清华向来有一种俭朴好学的风气,这种良好的校风,我希望今后仍然保持着。清华从前在外间有一个贵族学校的名声,但是这是外界不明真相的结果,实际的清华,是非常俭朴的。从前清华的学生,只有少数的学生是富家子弟,而大多数的学生,却是非常俭朴的。平日在校,多是布衣布服、棉布鞋,毫无纨绔习气。我希望清华今后仍然保持这种良好的校风。

　　五、最后我不能不谈一谈国事。中国现在的确是到了紧急关头，凡是国民一分子，不能不关心的。不过我们要知道救国的方法极多，救国又不是一天的事。我们只要看日本对于图谋中国的情形，就可以知道了。日本田中的奏策，诸位都看过了，你看他们那种处心积虑的处在，就该知道我们救国事业的困难了。我们现在，只要紧记住国家这种危急的情势，刻刻不忘了救国的重责，各人在自己的地位上，尽自己的力，则若干时期之后，自能达到救国的目的了。我们做教师做学生的，最好最切实的救国方法，就是致力学术，造成有用人才，将来为国家服务。

　　今天所说的，就只这几点，将来对于学校进行事项，日后再与诸君商榷。

　　　　原刊于《国立清华大学校刊》341号（1931年12月）

大学的意义及学校之方针

今年吾们欢迎新到校的同学，觉着更有些意义，因为今年新来的一班比往年哪一班的人数都多；还因为当这国家多难的时期，又在一个很有危险性的地域之内，竟有这么多的青年来同吾们做学问，所以吾们这次欢迎诸君亦比欢迎往年新同学的时候，更觉欣慰。

吾们相信一个大学，不必以学生人数的多少征验它的成绩好坏，或是评定它的效率大小，不过在人数还不太多的时候，吾们很愿意尽量地录取，为的是可以多给些青年以求学的机会。所以既本着这个意思，又因为北平几校今夏不招考，吾们这次录取的人数不只是多，实是逾量的多了。吾们那时是鉴于往年录取新生，总有数十人不到校，所以按照宿舍现有容量，多加了二成，作为新生名额，万一诸君到校的超乎吾们所计算的人数之外，吾们当然不能拒绝，不过宿舍一切，大家都要多挤些，暂时从权些才好。

诸君大部分是由中学毕业出来的，一小部分是由别的大学转来的。大学与中学的办法不同，就是同是大学，各校的政策、风气亦有很多不同之点。本校的历史与本校的方针计划不久可以有机会与诸君谈谈，现在当诸君初入这个校园的时候，吾有几句话愿意先同诸位说一说：

一、诸君由中学出来再入一个大学，想研究些高深学术，这个志向是可贵的。诸君入了大学，还要父兄供给四年的费用，这件事在今日，就大多数而论是很不容易的；况且就今年说，诸君每一个人考取了，便有六七个未曾取上，这个机会亦算是难得的。那么诸君到校之后，千万要抱定这个志向，努力用功，不要让这个好机会轻轻错过。清华在中国可以算是一个较好的大学，固然它的不完备的地方，亦还很多，诸君到这里,吾们盼望不必太注意风景的良好、食住的舒适。诸君要多注意在吾们为诸君求学的设备,并能将这个机会充分地利用。

二、清华的风气向来是纯净好学的,这亦可以说是因为地势处在乡间,少受城市里的牵动,其实大原因还是在本校师生一向注重学问,顾全大局,所以虽亦经过几次风波,大家的学业未曾间断,这是在国内今日很难得的现象。但是一个学校的风气养成很难,破坏却很容易,诸君现在已是清华一分子,在今后四年内,诸君的行动要影响到清华风气的转移的一定不少,吾们盼望诸君能爱护它,保持它,改良它。吾说"改良",因为吾们知道还有许多地方是不整齐,或是大家还没有十分注意的。在一个大团体里虽是很小的事(在一个人独居的时候,很不必注意的),倘若随便起来,也许发生很坏的影响。所以如同宿舍的安静、食堂的整洁以及图书馆的秩序,虽都是课外的问题,亦于大家的精神上很有关系,为公众利益起见,各个人都应当特别注意。

三、吾们在今日讲学问,如果完全离开人民社会的问题,实在太空泛了,在现在国家处于内忧外患紧迫的情形之下,特别是热血的青年们,怎能不关心?怎能不着急?但是只有热心是不能于国家有真正补助的。诸君到学校来正是为从学问里研求拯救国家的方法,同时使个人受一种专门服务的训练,那么在这个时期内,诸君要拿出恳求的精神,切实去研究。思想要独立,态度要谦虚,不要盲从,不要躁进,吾们以前吃亏的地方,多半是由于事实没认清楚,拿半熟的主义去做试验,仿佛吃半熟的果子,不但于身体无益处,反倒肚子痛。古人有一句话说:"七年之病,求三年之艾,苟为不畜,终身不得。"这个意思,吾们可以引用。就是吾们要解决的中国的大问题,并不是一两月或一两年的事,虽然是急难当前,吾们青年人还是要安心耐性,脚踏实地地一步一步去探讨。如果四年之后,诸君每人能得到一种学识或技能,在社会上成一有用人才,可以帮助国家解决一部分的困难,诸君才算对得起自己,对得起社会,这亦就是吾们向诸君所最希望的。

原刊于《清华周刊》暑期增刊九、十合刊(1932年9月)

教授的责任

　　今天是本校本学年开始上课的一天,新旧教授及新旧同学到校不久。今天借行开学礼的机会,使师生们大家聚会见面,同时各同学可以领略各位教授的教言,这是我们最可欢欣的事。本校在过去一年间,正值国难临头、风云紧急的时期,但国势虽如此危急,本校校务、功课各方面,均尚能照常进行,未因时局关系,而致稍有停滞,此诚值得我们庆幸自慰的。

　　至于本学年未来之一年中,能否仍照这样安安静静地读书,此时自不可知,此后惟有大家在校一天,各人本其职务上应当做的事,努力尽其责任而已。现在借此聚会,要与诸君略谈几点。因为清华就表面上看去,见其学者来校教书之日众,建筑设备之渐增,似乎大有蒸蒸日上之概。但考诸实际,亦自有其困难,及其危机之存在:

　　一、本校经费,向来稳固,大家从未虑到有何意外之发生。不意今春政府因财政竭蹶,停付英美庚款一年,本校经费来源,即为美国退还庚款之一部。今停付一年,见诸实行,本校立即蒙受影响。当此事发生后,经本人向政府商榷的结果,在此一年间,借给本校维持费国币一百万元。惟因所入不敷所出,即有种种困难发生,只得将可节减者设法节减,可延缓者暂行延缓。其他仍须按照计划渐次进行,总期必要举办、不可或缓者,不使感受影响。现有惟一之希望,只求满一年后,庚款照常支付,本校始可赖以维持进展。如果不然,则大家殊难抱乐观。因本校经费,维持美退庚款拨充,不另受政府资助,已如上言。每月庚款收入项下,除支付学校经费及留美经费外,其尤关紧要者,即此后本校基金之积存,端赖以后数年中之美国退款之余款拨充。倘一年以后庚款再有问题,则基金成立困难,而学校根本动摇,所谓危机即在此。

二、本校今年收录新生之多，为历年所未有。各地学校或受时局影响，或缘特殊原因，使一般青年求学问题发生困难。故今年投考本校者，亦较前激增。本校尽力之所及，特别增加名额，俾多于外间同学一求学机会。现在新同学，竟占全体学生三分之一，其中因素因习惯之不同，以及所受训习之各异，在团体中难免有参差不齐之处，希望新旧两方面融合起来，共同保持清华以往的良好的学风。我们也相信清华也有很多应行改良之处，我们亦要设法纠正，其固有之优点，大家亦要爱护保持，一方面要靠旧同学随时检点，来作榜样，同时还希望新同学大家多多注意自勉。

三、本校一年以来，有些新的发展。例如法学院法律学系之增设，工程学科之扩充。此外若已进行之各项建筑，不久皆可完成，在外观上看来，总算不错。再加上园内生活之安适，读书研究之便利，大可闭起园门，埋首用功，不必再问外事。但大家不要因自己环境之舒适，而忘怀园外的情形。在中国今日状况之下，除安心读书外，还要时时注意到国家的危难。吾们如果要像欧洲中世纪僧院的办法，是绝对做不到的。但我们要纾难救国，不必专以开会宣传为已尽其责。宣传效果之如何，是大家所共知的。我们应该从事实上研究怎样可以得到切实有效的方法，帮助国家做种种建设的事业。这样才可以把学问做活了，我们的学生将来才成社会上真有用的人才。凡一校精神所在，不仅仅在建筑设备方面之增加，而实在教授之得人。本校得有请好教授之机会，故能多聘好教授来校。这是我们非常可幸的事。

从前我曾改易《四书》中两语："所谓大学者，非谓有大楼之谓也，有大师之谓也。"现在吾还是这样想，因为吾认为教授责任不尽在指导学生如何读书，如何研究学问。凡能领学生做学问的教授，必能指导学生如何做人，因为求学与做人是两相关联的。凡能真诚努力做学问的，他们做人亦必不取巧，不偷懒，不作伪，故其学问事业终有成就。以后谈话机会甚多，余不多说。

原刊于《国立清华大学校刊》432号（1932年9月）

致全体校友书

琦以民国二十年秋,奉教部之召,自美返国,继翁前校长之后,勉承其乏。光阴荏苒,瞬及五载。自维德薄能鲜,无多建树;且此五年之中,国难日趋严重,因而校外事务之因应,至为频繁,尤令琦生时力不继之感。所幸一切校务,上承政府当局之指导,内有全校同人之辅助,外获校友诸君之策励,用能于环境困境之际,逐渐发展;此则琦之私心至以为慰,而亦深感各方之合作者。兹者,忻逢本校二十五周年纪念之期,举校欢忭;我散处全球之数千校友,亦将同于此日此时,致其热烈之庆祝:一以纪念过去之艰难缔造,一以憬念未来之发荣滋长。琦不敏,用将校务进展之现况,与夫将来之计划,择其重要者,分别为我爱护母校之诸校友一言其概略;或亦我校友诸君之所乐闻欤。

一、本校之扩为大学,始自民国十四年,至今不过十年耳。过去五年,正为大学成长充实应经之重要阶段。此五年中吾人所努力奔赴之第一事,盖为师资之充实。吾人常言:大学之良窳,几全系于师资与设备之充实与否;而师资为尤要。是以吾人之图本校之发展,之图提高本校之学术地位也,亦以充实师资为第一义。至其实况,可于下列三事见之。第一,教师人数之增加。本校二十年度时,全校教师计为教授七十三人,讲师四十二人,教员七人,助教三十二人,导师五人,共计一百五十九人。至二十一年度时,则教授增至七十八人,讲师四十四人,教员十二人,助教三十六人,导师三人,共计一百七十三人。至本年(二十四年)度则教授增至九十九人,讲师三十五人,教员二十一人,助教六十五人,导师一人,共计二百二十一人矣。此就人数方面言之也。第二,国外学者之延聘。吾人以为将欲提高国家学术水准,端赖罗致世界第一流学者,来华讲学。是以年来对于此点,尤特注意。数年之内,外国学者来游中国,本校得以邀聘来校作短期讲演者,如郎哲曼①(Longevin)、如郎密尔②(Langmuir)、如何尔康③(Holcombe)、如杰克生④(Jackson),虽每人讲演多者不过二三次,而本校得与观摩谈论,获益当非浅鲜。至本年更进而聘约来校长期讲学者,计有哈德玛(Jacques Hardamart)、温纳(Norbert Wiener)、华敦德(Frank Wattendorf)诸君。哈德玛为巴黎大学副教授、中央实业学校教授,现任巴黎法兰西学院教授、国家学术院会员、世界算学会副会长、世界算学教育委员会会长;温纳为美国麻省理工大学算学教授,于近代算学之应用,尤多发明;华敦德向在美国加省理工大学研究,于航工之理论与经验皆有精深之造诣。此数君之来校或期以数月,或一二年,吾校师生利用此时机作学术之探讨,其成就必有逾乎寻常者。此就师资之质的方面言之也。第三,各系学科之增加,本校各系所开学门,计二十年度为三百六十五门,二十一年度为四百四十四门,本年度则为五百一十二门。增加之速,于此可见。此就师资充实后之效率言之也。总之,师资为大学第一要素,吾人知之甚切,故亦图之至亟也。

　　二、设备之充实。师资与设备为大学之两大要素,前已言之。是以在理论上言,吾人对于设备一端,不能不竭其所能,以求充实;此无他,欲以提高学术地位,有以资研究与教学之便利也。即就事实上言之,本校改为大学,不过十年,一切设备,初欠完备,加以年来学系与师生之人数,日在扩展之中,则设备之充实,为必不可缓矣。至于时局厄臬,吾人非不知之,然而一方面事实上有此需要,一方面吾人亦不宜徘徊瞻顾,趑趄不前,此盖今日办学者所共感之困难,而又无可如何者。无已,则惟有以最经济之标准,应最迫切之需要,庶费不浪用,而事无不举可已。关于设备之充实可略为分述者:第一,为校址之扩充。本

---

① 郎哲曼:法国物理学家。
② 郎密尔:美国物理化学家,曾于1932年获得诺贝尔化学奖。
③ 何尔康:美国政治学家。
④ 杰克生:美国法学家。

校校址,原仅清华园本部,共九百余亩。近以建筑物增加之故,迭经增购,计于西南两方共增购三百余亩,又圆明园废址,因教部拟令本校增办农学部分,经中央拨归本校,作为农场之用,惟目前以种种关系,尚未充分利用耳。第二,为建筑物之增加。本校在十四年时,大学学生不过九十三人,合前留美预备部计之,总共不过三百余人。现在校中设有文、理、法、工四院,共十六学系,学生人数已由三百余人增至一千三百零八人。是以一切教学、实验、住宿之地点,无不感觉不敷应用。遂于数年以前,呈准教部,渐事增建,以便应用。除加建图书馆、第四宿舍(明斋)、生物馆、气象台等,均系二十年以前完成者外;其二十年以后完成之建筑,计有水力实验馆一座,化学馆一座,机械工程馆一座,电机工程馆一座,航空工程馆一座,改建发电厂一所,添建男女生宿舍四座,添建新住宅四十所。第三,为图书仪器之添置。本校对于图书仪器之购置向极注重,近自十八年起,更规定每年以经费百分之二十充作图书仪器购置费,数年以来,未尝改变,故每年此项用款总在二十四五万元,除教学所需之工具外即各系研究之设备,虽不能谓为完备,但确已树其始基矣。

三、研究事业之提倡。凡一大学之使命有二:一曰学生之训练,一曰学术之研究。清华为完成此使命,故其发展之途径不徒限于有效之教学,且当致力于研究事业之提倡。此在学术落后之吾国,盖为更不可缓之工作。关于此点之可述者:第一为研究院之进展。本校于民国十八年六月呈准政府设研究院,照本科各院系分别筹设研究所部,十九年夏开始招生。现设文、理、法三科研究所,文科研究所设中国文学、外国语文、哲学、历史学及社会学五部;理科研究所设物理、化学、算学、地学、生物、心理六部(内社会、地学、心理学三部全于二十三年度暂停招生)。法律研究所设政治、经济二部。研究院院长及各所各部主任现均暂由本校校长、各学院院长、各系主任分别兼任。各部研究生人数,计二十年度为四十一人,以后渐有增加,本年则为四十三人;各系助教等之参与研究工作者尚不与焉。研究生之录取,悉以入院考试成绩为准。本校本科毕业生,自二十三年夏起,亦须经此考试,方得入院。研究院设有奖学金额若干名,每年成绩优良之研究生得领受之,奖金每年为三百二十元,分期付给。研究生之学程初定为三年,近遵部令改为二年,其已毕业者计二十二年为六人,二十三年为四人,二十四年为七人。研究生毕业以后,多半出国留学,再图深造,或在国内大学担任教职,总之对于研究学问,均能努力从事,始终不懈,将来于学术上可有贡献于国家者,数年之后,可以见之矣。第二为农业研究所之设立。本所于二十三年创设,希以研究所得,贡之农村实用,以为改良农业、复兴农村工作之一端。现先办病害、虫害两组,以此两方面需要较切,而为国内各农事研究方面所不甚注意者也。工作拟定者,有河北省病虫害调查、河北省重要病虫害之防治、旧有防治法之调查与国产除害剂之试验、植物抗病种之选择及害虫天然节制法之研究、与应用有直接关系之纯粹研究等五项。第三为航空工程之研究。吾国近年于航空事业极力推进,然其困难问题,不在经济而在人才。航空之人才固分驾驶与工程两门,而工程人才尤为难得,盖此种人才之造就尤至不易也。是以本校工学院成立之始,即注意于国家对于特种工程之需要,如航工,如水利,如电信,皆特予发展。而航工自得资源委员会之资助与航空委员会之指示,进行尤为顺利。最近成立之航空工程馆内设有五呎试验风洞,足以做小规模之试验。今夏机械系毕业生中之选习航工组者,有八九人,可供国家之驱使,但事属初创,成绩未必大佳,然吾人本服务之精神,以继续之努力,期于将来或有所贡献耳。第四为学术刊物之增加。本校学术刊物,初仅有清华学报一种,创刊于民国十六年,年出二册,至今继续出版。但近年因稿件增多,自二十四年起,即以增为年出四册。此外又于二十年起,刊行理科报告,计分三种,每种年各刊行六次,专载本校师生对于理科研究之成绩。又自二十四年起,刊行社会科学一种,年出四册,专刊本校师生在社会科学方面之著述。此外自二十一年起,又有气象季刊之刊行。至于非定期刊物,如学术专著,如大学丛书,年有出版,其不经本校印行者尚不计焉。即此可见校内同人努力研究之一斑,而亦极足以告慰于校友诸君者也。第五为教师休假研究之办法。按本校定章,凡教师连续服务满五年以上者,得休假研究一年,此举自教师待遇方面言之,可视为权利,而自学校欲以提高师资方面言之,亦应视为义务。历年以来,大凡合于规程标准之教师,以学校经费限度所许,尽量资送,每年在十人左右。或则远涉重洋,或则投身边鄙,无不尽力于学术之探讨,或实地观察,故研究之结果,虽不必绳以定程,亦均有所表现也。

四、经费之调节。本校经常费用,纯恃美国第一批退还庚款。因退款之能按月领到(实则二十一年二月至二十二年二月曾经停付一年),于是外间不察,遂以为本校经费,异常充裕,其实不然。按本校常年经费,自二十一年起,每年定为一百二十万元,而数年以来,事业扩充,突飞猛进,范围年有增加,如工学院之成立,如农业研究所之增设,为需款之尤多者,而经费之总数,依然如故;以是一切开支,至感拮据。虽然,国内经济状况,萧条已极,吾人处此,一方面对于事业固不能不力图发展,以应国家社会之需要;一方面对于经费之支出,则惟有极力调节,节彼就此,以求得更高之效率而已。近年之论大学费用者,每以学生人数多寡及每生用款之数为标准,此法实非正确。盖①学科不同,需费多少亦自不同,如理工必较文法为多;②学校对于图书仪器之设置费,多少有大相悬殊者;③研究事业之举办需费较多,而学生之能参加者,势必为极少数;④学校之在城市与在乡间者,其负担之用费,亦有多寡之不同也。但以极笼统之学生每人用费数目言之,则二十年度本校学生人数为七百四十九人,每人约费一千四百元;二十一年度九百零九人,每人约为一千二百元;本年度一千三百零八人,每人仅约九百三十元矣。此非欲作与他校之比较,但可略见本校用费之力求经济耳。

五、工学院之成立。按本校自改办大学以后,即有土木工程学系(原附设于理学院)。嗣以国家建设猛进,各项工程人才之需要,至为急迫;本校为应付此项需求起见,遂于二十一年呈准教育部,添设机械工程学系、电机工程学系,合原设之土木工程学系,成立工学院,现在以工学院之设备而言,则有土木工程馆、机械工程馆、电机工程馆、水利实验馆、航空工程馆,以及一切教学应用之仪器、机械,大体均甚完备。以言师资,则三系现共有教授二十二人,皆于学问经验各具专长。以言学生,则来习者,日益增加,本年人数占全校总数三分之一而强。以言学生毕业后之状况,以幸能获得各方之重视,每届毕业以前,即多有承外界预延服务者。此则工学院虽属新近成立,但经院系同人之努力,其基础已立,而将来之发展自无问题也。

六、为与国际学术界之沟通。盖今日之清华,已不仅为国内最高学府之一个,同时亦当努力负起与国外学术界沟通之使命也。①关于延聘国外学者,来校讲学,前节已言之矣,同时本校休假教授,赴外国研究,亦常有就近为外国大学挽任讲学者。②本校出版刊物,近已日趋学术化,近刊材料,泰半为实验和研究之结果,外国专门刊物,时有转载,或作提要、索引,即外国近来出版之专门教科书籍,亦时有以此种材料为引证之资,此其对于我国在国际学术上地位之提高,实至重且大也。③本校自二十四年夏起,与德国大学会订立互派研究生办法,去年本校派出三人,已分在德国大学作专门研究,进行良好;德国派来学生二人,亦均到校受教。此亦学术界互惠之盛举也。④本校自二十二年夏起,遵照部令,选派留美公费学生,以三年为期。每年定额二十五名,计二十二年考送二十五名,二十三年考送二十名,二十四年考送三十名。成绩均颇不恶,在美学业亦均佳良,而所习学科,亦系事先由本校呈商教部决定,期能适合国家之需要。⑤本校研究院毕业学生,其学生特优者,亦由校中资送国外,再求深造,为国外研究生,计二十二年派送三人,二十三年派送四人,二十四年派送四人,研究期限均为二年。

七、为贫寒优良学生之奖助。盖奖助贫寒优秀学生,本为国家教育政策之一,吾人自当极力体行。用是于二十三年度起,每年设立清寒公费生名额十名,清寒助学金名额四十名。前者每名每年津贴国币至多为二百四十元,后者每名每年津贴国币至多为八十元。办理以来,成效尚佳。此外,近来校友捐款,纪念母校二十五周年,亦有在校设立贫寒学生贷款基金之议,此则尤应代清寒同学感谢校友诸君之厚谊于无涯者也。

八、为校友联络事宜之促进与对于校友职业问题之注意。本校校友之应联络团结，吾人前已一再言之；而校友中感觉需要，痛切言之者，尤不在少。是则校友团结，通力合作以谋母校与国家之幸福利益，其理至明。至于校友职业问题，尤赖母校与其他校友，共同扶助，更不待言。关于前者，在校内则自二十年起，即在校长办公处附设毕业同学通讯处，冀以互通消息；又于二十二年促成同学总会，出刊校友通讯，借以增进联络之便利。关于后者，亦在校长办公处内设有职业介绍部，竭其所能，以为校友求得展布学识之机会。所惜中国目前习惯，仍重个人介绍，不重机关之推荐。是以成效未能大著；此则尤有赖于校友间之互相协助矣。

以上所言，殆为此最近五年中校务进展之荦荦大者，至于将来计划，除已办事业应继续推进外，约有数端，为以前报告所未及而必为校友诸君所急欲知其究竟者，特分别言之于次：

第一，为本校基金情形。按本校经费，系由美国第一批退还庚款拨付，除以一部分作为本校经常费及留美经费外，余数概拨入基金，以为本校久长之计。此基金自二十年夏起，概由中华教育文化基金董事会代为管理，截至现在，积存已有国币一千余万之数；估计积至庚款退还末年，即民国三十年为止，可即成二千余万之谱。

第二，为本校对于应付时局之态度。此可以一言明之，即"尽力维持，决不南迁"，是也。夫国难维已至此，然吾人决不可自坏其心理上之长城；大局虽不可知，然而吾人自己之职责，决不可放弃，万一不幸，本校亦当在此"水木清华"园中，上其"最后之一课"。国家虽弱，正气不可不存。此敢为诸校友报告者也。

第三，为本校近来拟办之新事业，即将在长沙举办特种研究是也。按中国素号以农立国，但农业不振，已达极点；危机之大，不容忽视，是以本校有农业研究所之设立，意即此也。然本校所重者在研究，而推广则不可不与他人共图之。适湖南有省立高级农业学校，着重推广农学新知，而湖南又为国内粮库要区，使研究与推广合力进行，必收事半功倍之效。本校审度事实，衡虑需要，遂商承教部拟定在湘工作计划，关于校舍及所需其他设备,最近即当筹划进行。此为本校事业之扩张,与所谓南迁迥异其致也。

总之本校日后办学方针,仍将一秉初衷,努力迈进;期于训练人才,提高学术二端,增多贡献,以副国家社会期望之殷,而致我清华校誉于更高之地位尔。纸短心长,欲言不尽,惟我爱校诸校友,不吝指教,共图校务之进展,幸甚幸甚。

原刊于《清华校友通讯》第三卷一至五期
（1936年4月）

关于校内集会的意义

今天举行本学年第一次纪念周会,此集会之意义,从前曾向大家说过,不是奉行故事的一种举动,乃是全校师生很重要的一个集合。平日因课务甚忙,求抽出时间,使师生常常聚会,很不容易。所以在这每星期一次的集会,如能全体到齐,有一千五六百人,大家借此机会晤面亲近,表现出团体生活精神。且集合唱歌听讲,于陶冶性情、增进知识两方面,同时可以得到。下次学生座次排定后,即按座点名,务使整齐,如出席人少,则失去团体集合意义。高年级学生功课较忙,但平常尽可努力,不应在此时间,借故缺席。须知此种集会,亦学校中共同工作、共同生活之一重要部分,若因少数人随便,影响大众,则使集会精神无从表现。这是本校所切望诸君共同注意的。

今日特约讲员为本校政治学系教授王化成先生,王先生于去年休假赴欧考察,适值欧洲多事,局面紧张;近来形势日趋纷扰,国际问题遂益为世人所注意。今日王先生即本实际考察所得,讲演"欧洲国际纷扰之原因"。前日蒋廷黻先生曾为吾们讲过世界三种主义的竞争,同属国际重要问题。

原刊于《国立清华大学校刊》695号(1935年9月)

关于"一二·一"惨案在记者招待会上的讲话

昆明各校学生自上月二十六日起罢课,实为至不幸之事。关于此事经过真相,联大教授会曾经发表声明。其内容追溯事起之初,由于云南大学、中法大学、英语专科学校及本校四大学学生自治会于十一月二十五日晚假本校校址召开时事讨论会。当日上午,本校及云大当局曾特应党政当局之邀约,面告此种开会,过去常有其事,向未发生事端。但在该会开始前一二小时,本校又接到云南省政府及云南警备总司令部会衔公函内开"查目前集会,均须事前请准,始得举行,顷悉云大、联大、中法、英专四大学学生自治会发起演讲会,于本日下午六时半在云大致公堂举行,欢迎各界人士前往参加,此种集会,并未先行请准,应即停止举行,以免影响治安,希即转知贵校学生自治会遵照为荷"等语。

本校认为学生在校内集会,过去情形良好,且当日上午曾与当局说明,似无劝阻之必要。不意当晚该会进行中,突有枪声四起,流弹横飞,幸学生持以镇静,未肇事端。及散会后,参加者又为军警所阻,至深夜始得通行。

翌日本市报纸载有昨晚联大附近匪警之消息。因此群情愤慨,本市中等以上学校学生遂相率罢课,要求地方当局查办前晚负责开枪之人员,并收回与中央法令相抵触之禁止集会之禁令。罢课后,本校当局一再晓谕学生,劝令复课,预计本月三日可以上课。

至三十日,复有便衣暴徒闯入云大及中法校内,捣毁校具。当日学生出发,在外说明罢课,呼吁和平,比遭暴徒痛殴及枪击,学生亦有被拘入宪兵驻在所者。当晚学校当局又复告诫学生,以后勿再出校,免生意外。

乃本月一日晨十时许,即有身穿杂色制服者数十人,并有佩带领章符号者,手持木棍扁担,呼啸冲入云大校门,捣毁器物。少顷,本校新校舍门前,陆续到有百余人,佩有第二军官总队符号,以木棍、石子向校门进攻,以致发生互殴情事。暴徒手持手榴弹预备投掷者,为本校教授高崇熙所见,立劝队长加以阻止,该队长颇明大义,即将该手榴弹夺回,掷向南区校舍外。时有南菁中学于再先生,来到本校理发,被阻于门外,先遭暴徒殴伤头部,复被弹片中伤,当晚身死。学生遭毒打受重伤者十余人,本校教授袁复礼适在南区校舍,冒险劝阻,亦被殴打数棍。同时复有暴徒四五十人,或御制服,或穿便衣,由某团部某干事率领,先到本校附中捣毁门窗牌告,并毁坏捐款箱,劫去捐款,中学生见状躲避,幸未伤人。该暴徒继往本校师范学院,强行闯入,先在饭厅前掷手榴弹一枚,学生闻声避入隔壁工校内,初未伤人。及暴徒等已退去,学生返身关门,暴徒复返身将门打破,掷手榴弹二枚,当场炸伤学生多人,内本校学生李鲁连,即时中弹倒地,昆华工校十七岁学生荀极中(即张华昌)头部受重伤,本校女生潘琰,头部胸部受重伤,均于当晚死命。本校员生闻变,前来救护,并将死伤同学抬至云大医院,当时复有大队暴徒跟踪而至,将甫自医院退出之学生包围毒打,其中本校学生高金堂受重伤,该暴徒等更劫去钢笔手表及学生证等物。下午二时许,有身穿灰色制服及便装暴徒六七十人,由一身材高大服黑衣者领导,闯入本校工学院办公处教职员宿舍,任意捣毁校具,破坏门窗。本校教授马大猷、钱钟韩及教员牟光信出面劝阻,即遭毒打,暴徒临去时,复将校警所持之步枪两支带走。早在当日晨六时,即有暴徒六七人,闯入工学院学生宿舍,时学生尚未起床,幸无死伤,暴徒只破坏门窗牌告而去。

总计本月一日暴徒在本校散在四处之各学院及附中所肇事端,共有五起,而师范学院所遭事变最为惨重。

以上所述多节,为是日惨案经过情况。就调查所及,当日员生被殴杀者凡二十九人,计立时死命者一人,逾时死亡者三人,受重伤住院者十一人,轻伤者十四人。综观惨案经过,自非偶然事件。查当时地方最高当局于惨案形成期内,实总揽当地军政大权,对于学生集会,施以高压,应负激成罢课风潮之责任。事件发生后,本市报纸对于罢课实际情形及暴徒殴杀员生事件未获有正确之登载,学生情绪之被抑,无可告诉,其悲愤概可想见。查惨案发生时,军队有驻扎于大西门城楼者,离本校不过数步,对暴徒之呼啸杀人,达数小时之久,学生等之惨号呼救,绝无不闻之理,而该处军队事实上竟未出而阻止,更无当场拘捕凶手之事。复次,暴徒于分批至各校杀害师生后均高呼口号,游行过市,军政当局对于各校学生校内集会尚加干涉,并颁禁令,何以对于暴徒结队杀人,叫嚣过市,置若罔闻。此种矛盾措施,更足以证明该暴徒闯入学校,捣毁校具,殴杀学生,实为当时军政当局之责任。自惨案发生以来,此间教育界人人自危,觉随时随地均有横被殴杀之可能。本校教授会于惨案发生后,即成立一法律委员会,根据法律,向政府有关部门提出法律上之控诉,以维法纪,并发表事变经过。现在中央对于此次事变负责之当局,已有初步之处置,并经各方面努力调停,学校已渐恢复常态,所以请诸位先生转告社会,以明此次事变经过之真相。

(1945年12月26日)

昆明西南联合大学校友会为母校遭受枪击屠杀惨案敬告全国同胞书

我们非常骄傲是西南联大的学生：

西南联合大学诞生于兵凶马乱之际，一再播迁，终久停息于西南最大的都市——昆明。它的诞生虽说偶然，但无形中原就有一种传统凑合的力量，没有这种传统，即使能够凑合，绝不能持久。这传统就是北京大学的"自由"、清华大学的"民主"和南开大学的"活泼"。缺乏民主的自由，固然等于具文；没有自由的民主，当然也不可能。民主与自由如果缺乏活泼的精神，必流于消沉松懈；但活泼的精神，假如没有民主和自由的支持，蓬勃热烈的生命力也就无从产生。只有三者融合之后，才能相得益彰，而后有发扬，有创造。

九年了，联大究竟造就了多少人才？究竟对国家有多少贡献？我们实在无法用数字表达出来，也难用世俗的方法予以衡量。但是九年中，它却能维持一个学术的水准，它确实能维护着优良的研究学术的作风，而始终未尝低落或向坏的方面变更，这水准使中国在艰苦的战争中依然在国际上博得不少声誉，这作风保证了中国学术进步的可能。在各个部门都趋于腐化的这些年月里，对祖国的前途，我们永远不肯绝望，就因为有这一座学府作砥柱于中流，它虽然像日食时的太阳要被浮云所掩遮，而光明则始终未曾熄灭，永远保持着它普照的热力——那就是中国的希望。

我们非常骄傲是西南联大的学生：

在长期的战争中，联大的师生都生活在苦难的日子里，贫困笼罩着一切，营养的不良，衣衫的褴褛，书籍、仪器、研究工具以及居屋都是奇特的困难、缺乏、憔悴、衰颓、死亡，世局国难的苦闷，社会的辛酸……这种种人间的不幸，不断地连续地打击在他们的身上，而他们依旧坚贞不易，在继续一个永远不会终止的工作——真理的追求。

我们非常骄傲是西南联大的学生：

多少人误解了联大，联大的外表是多么贫乏和零乱呵！然而，惟其贫乏，才养成一种刚毅自信的精神；正因为零乱，便产主自由独特的思想。这种精神和思想，虽然显得松懈，却蕴含着无比的力量和沉默自动的作风，在沉默中透视了事物的真相，并分辨出是非，益之以自动，所以在不期然之中，几年里曾经干过许多轰轰烈烈的事情——向贪官污吏进攻，向法西斯的恶势力宣战，联大的阵容是整齐而强壮，联大的师生的言行，不但突破了郁积的窒息，而且振奋了全中国的视听、人心。

我们应该骄傲是西南联大的学生：

联大是学术的权威，是民主的堡垒。这是什么力量在迫使？是什么力量在支持？不是的，这完全不是被动的，不是勉强的，而是一种充溢的内在的浩气在警惕在策励联大的师生要去完成一个任务。这种充溢的浩气，正是我们中国文化的精华，它恰像西方苦行修道的精神。我们说：中华民族的伟大，中国文化真正值得推崇的地方，便是这种精神，和对于这种精神的能够吸收和发扬，绝不如世俗所争道的在繁文缛节。于今，当精华快尽，民族活力被遏制得将衰的时候，硕果仅存的契机，是通过这座学府，让精华与活力能恢复而传递于无穷，中国的危机才能因之而得挽救。

我们怎能不感到悲愤，怎能不感到沉痛，面对着垂危的祖国，我们已看够了贪污腐化，看够了人民的苦痛和独裁作风的横行，我们正等待着胜利会给中国带来一些幸运，胜利会使中国走上进步的道路，但是直到今天，我们还没有得到这些，相反的只是更加倍的贪污腐化，更加强了人民的苦痛和法西斯的倾向，胜利带来的不是幸运和进步，竟是毁灭！

在这样反动的时代，全中国都已被遏制得没有声音，联大当然也不容许例外,只是为了联大的声名和地位,在重重阻击之下,联大勉强保持了一点呼吸的自由。然而这种自由,也不允许长久,恶势力的魔手,终因向民主堡垒挑战,威胁利诱都宣告失败,集团的屠杀逮捕,便公开地在光天化日之下展开。军阀党棍利用武力和特务的支持,不顾一切法纪舆情,毫无人性地向我们的母校的师生毒辣地进攻。我们找不出任何理由,可以原谅军阀党棍们这种无耻的兽行。这一个具有光荣传统的学府,不被爱护,反被捣毁;学府优良的作风,不受鼓励,反要予以摧残。两三千师生的生命没有保障,民族危机惟一的契机要被消灭,在暴力的前面,学术等于粪土,学府尊严完全扫地。自由研究、讨论被视作反叛。呼吁民主和平被当为异端。在暴力施展者的眼里,人应该都是驯服豢养的畜牲,人不应该有独立自尊的人格。暴力施展者希望人只有服从,没有反抗,希望只有盲信,没有怀疑,人顶好都是麻木不仁的动物。于是联大的精神,自然为他们所痛心疾首。他们相信暴力可以统治一切,暴力万能,暴力便依着次序由别的地方移到联大。

然而,联大不是这样驯服的畜牲。联大的精神与暴力者的希望完全相反。在联大里,自由研究、自由讨论是教育主要的方法;尊重个性、尊重人格是教育重要的目标。在联大里,没有强迫,只有诱导,没有盲从,只有信仰。联大存在于现实里,联大的师生绝不能无视现实里一切变动。联大的精神使每一个联大的师生绝不甘于麻木不仁。联大的存在和光荣的获得,既是依靠自由民主和活泼的传统,联大的师生绝不自私独占这全国人民所羡慕的传统,这传统必须普及全中国。联大是民主的堡垒,但这堡垒绝不能长期局限于联大的围墙之内,这自由呼吸的空气,必须散播全中国。

中国人民在痛苦中正在呻吟待救,中国的国运已濒于垂危,联大的师生已无法再沉默等待,对当前的危局必须提出主张,提出呼吁。没有问题的,军阀党棍们不能允许这类声音出现。

就在三十四年十一月二十五日,反动者于早晨滥用权力颁布禁止人民集会游行的非法命令,下午武装干涉联大、云大、中法大学及英专四校经常举行的时事座谈会。学生为了减少纠纷,临时把会场由云大转到联大,当晚会议正在严肃的空气中进行的时候,联大四周已被军警包围,交通已被断绝,枪炮之声大作,流弹横飞于会场之上,近万的昆明学生在悲愤的心情中,俯地听讲,会议终于在反内战歌声中结束。

二十六日清晨,昨晚那一群纯洁爱国的青年和教授,在中央社的电讯中,竟被诬为土匪,这种限制自由诬蔑人格的无耻言行,立刻掀起了学生的愤怒,昆明学生以行动争自由,以罢课向恶势力表示抗议。

我们郑重声明,昆明联大校友会站在公正的立场,秉爱护祖国爱护母校之忠忱,完全同意昆明学生这一坚决的措施,并愿政府立即循合理的途径,采纳学生的意见,以谋解决。

然而,昆明军政当局的回答,不是调协,而是以更残暴卑劣的手段,利用新闻,利用金钱,进行种种污蔑收买分化的勾当,更进而指使特务沿街殴辱、逮捕为和平民主而工作的学生,并用"赤匪"一类词句来污蔑青年。

十二月一日这批伪善的"革命"军人政客,用了超越一切历史上暴君的凶恶手段,大批军队特务分区地向各个学校同时展开屠杀枪击,我母校本部被手榴弹炸死一人,重伤十余人,轻伤不可数计,袁复礼教授也被殃及,校舍被毁。师范学院被手榴弹炸死三人,轻重伤数十。工学院也被捣毁,马大猷教授因劝阻也遭痛打。附中校舍也于同时遭到同样的命运。

如是一个争取和平民主的运动,在军阀党棍的主使下遂演成为一个惨案,就是"一二·一"惨案。这个惨案之残酷,史无前例。在军阀党棍滥用权力滥用武器之下,法纪荡然,学府尊严、青年的血肉遭受牺牲,中华民族硕果仅存的一点优良传统,也要遭到迫害。

我们,昆明联大校友会,对这一惨案的造成,感到衷心的愤怒。我们绝不容许恶势力继续存在,这种兽行继续滋长。我们悲痛,我们伤感,为了母校师长被殴辱,为了母校兄弟被屠杀。我们特别痛心中国走到民主的道路竟如此之艰难,不见于北洋军阀时代的事件都是今日演出,这充分地证明了没有民主、没有法治的流弊,也证明了昆明学生运动的正确和必要。

然而,我们应该骄傲,我们是联大的学生。

母校弟兄姊妹们那种英勇战斗的精神,赤手空拳,不畏武器,不怕强暴,只为了正义和公理,敢于和军阀党棍搏斗,为了民主与和平勇于牺牲。

我们,昆明校友会除了向母校的师长同学表示崇高的敬意之外,我们更增加了自信,我们要为这个伟大运动歌颂,我们也要歌颂母校这种震古烁今的精神。中国一定会进步,中国一定要民主,中华民族的活力依然充溢。联大的精神不仅暴露了反动势力的脆弱,联大的精神也恢复了民族的自信,惊醒了全中国人民。联大的精神已因这一伟大运动的锻炼而更有力量,更显得强壮坚固,一切反动的势力都将因联大精神之发扬而消灭。昆明党政军这次罪恶的行为,只更坚固了我们。他们的暴力,让正义和公理得到伸张的机会,这虽然不是军阀党棍所希望的,但他们的愚昧无知确实造成了这后果。

我们是骄傲的,我们亲逢这一伟大的运动。

我们虽然兴奋,却不能欢欣,只能警惕。

正义和公理虽然已因暴力而得伸张,但这无疑是不必要的。正义和公理应该在和平民主的环境中发育滋长。军阀党棍们的暴力不仅违反了人道和人性,也几乎杀害了民族的生机。

我们爱好母校,爱好中国,绝不忍母校遭受屠杀迫害而不闻问,绝不忍军阀党棍毁灭民族生机而不抗议。我们,昆明的校友会,为了人道,为了民主与和平,我们不能不为"一二·一"惨案向全国同胞提出控告,对于这灭绝人性的兽行一定要予以打击。

联大的师生是坦白纯洁的,他们的要求是合情合理的,所有的呼吁都是一个国民应有的权利,所有的行动都是循规蹈矩的。联大的师生在为民主和平而工作,这是全中国人民的希望,怎么可以任意加以"土匪""赤匪"一类的诬蔑。

我们昆明校友会认为党争原是一个民主国家的常规,党争应循适当的途径。一个有自信有前途的政党,应该用成绩的竞争来取得胜利,胜利绝不能自屠杀迫害和诬蔑中得来。一个有自信有前途的政党,应该用工作去争取拥护,绝不能自威胁到利诱中得来。历史已为我们提出了暴力必然失败的无数例证,聪敏的政党绝莫再重蹈覆辙。

因此,昆明校友会谨向全国同胞呼吁援助,援助昆明学生这个伟大的运动。我们首先要求全国同胞能共同支持我们的抗议:

(一)国民政府应该公开严惩肇事祸首及指使者,前任云南省代主席及全省警备司令应负全部责任。

(二)国民政府应该切实保障人民集会、结社、游行、言论及民主国家人民应有之权利。

(三)我们要求政府应该确切保障学术研究的自由及尊重学府的尊严。

(四)我们要求新闻自由,对中央社一再蒙蔽事实、混淆是非、诬蔑学生运动等卑劣电讯,实深愤慨。

(五)为了使党争导入正轨,内战能早停止,建设能早开始,民主政治的施行,已经刻不容缓,执政党应竭诚还政于民,用行动来实践诺言。

能这样,昆明学生的鲜血才不是白流,中国才有希望。

我们,昆明校友会谨以至诚向全国同胞致最大的敬意。为了民主和平的实现,我们愿与全国同胞共同努力,誓作昆明学生运动及母校的师长同学的后盾。

昆明西南联合大学校友会谨启

(1945 年 12 月)

工业化的前途与人才问题

工业化是建国大计中一个最大的节目,近年以来,对国家前途有正确认识的人士,一向作此主张,不过认识与主张是一回事,推动与实行又是一回事。工业化的问题,真是千头万绪,决非立谈之间可以解决。约而言之,这期间至少也有三四个大问题,一是资源的问题,二是资本的问题,三是人才的问题,而人才问题又可以分为两方面,一是组织人才,一是技术人才。近代西洋从事于工业建设的人告诉我们,只靠技术人才,是不足以成事的,组织人才的重要至少不在技术人才之下。中国号称地大物博,但实际上工业的资源,并不见得丰富。所以这方面的问题,就并不简单。而在民穷财尽的今日,资本又谈何容易?不过以一个多年从事于教育事业的人,所能感觉到的,终认为最深切的一些问题,还是在人才的供应一方面。

我认为人才问题,有两个部分,一是关于技术的,一是关于组织的。这两部分都不是亟切可以解决的。研究民族品性的人对我们说:以前中国的民族文化因为看不起技术,把一切从事技术的人当做"工",把一切机巧之事当做"小道",看做"坏人心术",所以技术的能力,在民族的禀赋之中,已经遭受过大量的淘汰,如今要重新恢复过来,至少恢复到秦汉以前固有的状态,怕是绝不容易。组织的能力也是民族禀赋的一部分,有则可容训练,无则一时也训练不来;而此种能力,也因为多年淘汰的关系,特别是家族主义一类文化的势力所引起的淘汰作用,如今在民族禀赋里也见得异常疲弱;一种天然的疲弱,短期内也是没有方法教它转变为健旺的。这一类的观察也许是错误的,或不准确的。但无论错误与否,准确与否,我以为它们有一种很大的效用,就是刺激我们,让我们从根本做起,一洗以前头痛医头脚痛医脚的弊病。所谓从根本做起,就是从改正制度转移风气着手。此种转移与改正的努力,小之可将剩余的技术与组织能力,无论多少,充分地选择、训练,而发挥出来;大之可以因文化价值的重新确定,使凡属有技术能力与组织能力的人,在社会上抬头,得到社会的拥护和推崇,从而在数量上有不断的增加扩展。

改正制度转移风气最有效的一条路是教育。在以前,在国家的教育制度里,选才政策里,文献的累积里,工是一种不入流的东西,惟其不入流品,所以工的地位才江河日下。如今如果我们在这几个可以总称为教育的方面,由国家确定合理的方针,切实而按部就班地做去,则从此以后,根据"君子之德风,小人之德草,草上之风必偃"的颠扑不破的原则,工的事业与从事此种事业的人,便不难力争上游,而为建国大计中重要方面与重要流品的一种。这种教育方针前途固然缺少不得,却也不宜过于狭窄,上文所云合理两个字,我以为至少牵涉到三个方面:一是关于基本科学的,二是关于工业技术的,三是关于工业组织的。三者虽同与工业化的政策有密切关系,却应分作三种不同而互相联系的训练,以造成三种不同而可以彼此合作的人才。抗战前后十余年来,国家对于工业的提倡与工业人才的培植,已经尽了很大的努力,但我以为还不够,还不够合理。这三种训练与人才之中,我们似乎仅仅注意到了第二种,即技术的训练与专家的养成。西洋工业文明之有今日,是理工并重的,甚至于理论的注意要在技术之上,甚至于可以说,技术的成就是从理论的成熟之中不期然而然地产生出来的。真正着重技术,着重自然科学对于国计民生的用途,在西洋实在是比较后起的事。建国是百年的大计,工业建国的效果当然也不是一蹴而就。如果我们在工业文明上也准备取得一种独立自主的性格,不甘于永远拾人牙慧,则工程上基本的训练,即自然科学的训练,即大学理学院的充实,至少不应在其他部分之后,这一层就目前的趋势说,我们尚未多加注意。这就是不够合理的一层,不过,这一层我们目下除提到一笔而外,姑且不谈,我们可以认为它是工业化问题中更广泛更基本的一部分，值得另题讨论。本文所特别留意的，还是技术人才与组织人才的供应问题。

为了适应今日大量技术人才的需要，我认为应当设专科学校或高级工业学校和艺徒学校。高级的技术人才由前者供给，低级的由后者供给，而不应广泛而勉强地设立许多大学工学院或令大学勉强地多收工科学生。大学工学院在造就高级工业人才与推进工程问题研究方面，有其更大的使命，不应使其只顾大量的出产，而将品质降低，而且使其更重要的任务，无力担负。我们在工业化程序中所需的大量的技术人员，大学工学院实无法供给，亦不应尽要它们供给。德国工业文明的发达，原因虽然不止一端，其高级工业学校的质量之超越寻常，显然是一大因素。此种学校是专为训练技术而设立的，自应力求切实，于手脑并用之中，要求手的运用娴熟。要做到这一点，切忌的是好高骛远，不着边际。所谓不好高骛远，指的是两方面，一是在理智的方面，要避免空泛的理论，空泛到一个与实际技术不相干的程度；二在心理与社会的方面，要使学生始终甘心于用手，要避免西洋人所谓的"白领"的心理，要不让学生于卒业之后，亟于成为一个自高身价的"工程师"，只想指挥人做工，而自己不动手。我不妨举两个实例，证实这两种好高骛远的心理在目前是相当流行的。此种心理一天不去，则技术人才便一天无法增加，增加了也无法运用，而整个工业化计划是徒托空言。

我前者接见到一个青年，他在初中毕业以后，考进了东南的某一个工程专科学校，修业五年以后，算是毕业了。我看他的成绩单，发现在第三年的课程里，便有微积分、微分方程、应用力学一类的科目；到了第五年，差不多大学工学院里普通所开列的关于他所学习的一系的专门课程都学完了，而且他说，所用的课本也都是大学工学院的课本。课本缺乏，为专科学校写的课本更缺乏，固然是一个事实，但这个青年果真都学完了么？学好了么？我怕不然，他的学力是一个问题，教师的教授能力与方法也未始不是一个问题。五年的光阴，特别是后三年，他大概是囫囵吞枣似的过去的。至于实际的技能，他大概始终在一个半生不熟的状态之中,如果他真想在工业方面努力,还得从头学起。这是关于理论方面好高骛远的例子。

在抗战期间的后方,某一个学校里新添了几间房子,电灯还没有装,因为一时有急用,需要临时装设三五盏。当时找不到工匠,管理学校水电工程的技师也不在,于是就不得不乞助于对于电工有过专门训练的两三位助教。不图这几位助教,虽没有读过旧书,却也懂得"德成而上,艺成而下"与"大德不官,大道不器"的道理,一个都不肯动手,后来还是一位教授与一位院长亲自动手装设的。这些助教就是目前大学理工学院出身的,他们是工程师,是研究专家,工程师与研究专家有他的尊严,又如何可以做匠人的勾当呢?这是在社会心理上好高骛远的例子。

关于艺徒学校的设立,问题比较简单。这种学校,最好由工厂设立,或设在工厂附近,与工厂取得合作。初级的工业学校,也应当如此办理。不过有两点应当注意的:一要大大增添此种学校的数量,二要修正此种学校教育的目标。目前工厂附设艺徒班,全都是只为本厂员工的挹注设想,这是不够的。艺徒班所训练的是一些基本的技术,将来到处有用,我们应当把这种训练认为是国家工业化教育政策的一个或一部分,教它更趋于切实、周密,因而取得更大的教育与文化的意义,否则岂不是和手工业制度下的徒弟教育没有分别,甚至于从一般的生活方面说,还赶不上徒弟教育呢?艺徒学校的办理比较简单,其间还有一个原因,就是加入的青年大都为农工子弟,他们和生活环境的艰苦奋斗已成习惯,可以不至于养成上文所说的那种好高骛远的心理。对于这一点,我们从事工业教育的人还得随时留意,因为瞧不起用手的风气目前还是非常流行,它是很容易渗透到工农子弟的脑筋上去的。

大学工学院的设置,我认为应当和工业组织人才的训练最有关系。理论上应当如此,近年来事实的演变更教我们不能不如此想。上文不是引过一个工学院毕业的助教不屑于动手装电灯的例子么?这种不屑的心理固然不对,固然表示近年来的工业教育在这方面还没有充分的成功，前途尚须努力。不过大学教育毕竟与其他程度的学校教育不同，它的最大的目的原在培植通才。文、理、法、工、农等学院所要培植的是这几个方面的通才，甚至于两个方面以上的综合的通才。它的最大的效用，确乎是不在养成一批一批限于一种专门学术的专家或高等匠人。工学院毕业的人才，对于此一工程与彼一工程之间，对于工的理论与工的技术之间，对于物的道理与人的道理之间，都应当充分了解，虽不能游刃有余，最少在这种错综复杂的情境之中，可以有最低限度的周旋的能力。惟有这种分子才能有组织工业的力量，才能成为国家目前最迫切需要的工业建设的领袖，而除了大学工学院以外，更没有别的教育机关可以准备供给这一类的人才。

因此我认为目前的大学工学院的课程大有修改的必要。就目前的课程而论，工学院所能造就的人才还够不上真正的工程师，无论组织工业的领袖人才了。其后来终于成为良好的工程师和组织人才的少数例子，饮水思源，应该感谢的不是工学院的教育，而是他的浑厚的禀赋与此种禀赋的足以充分利用社会的学校或经验的学校所供给他的一切。就大多数的毕业生而言，事实上和西洋比较良好的高级工业学校的毕业生没有多大分别，而在专门训练的周密上，不良态度的修正（如不屑于用劳力的态度）上，怕还不如。

要造就通才，大学工学院必须添设有关通识的课程，而减少专攻技术的课程。工业的建设靠技术，靠机器，不过他并不单靠这些。没有财力，没有原料，机器是徒然的，因此他至少对于经济地理、经济地质，以至于一般的经济科学要有充分的认识。没有人力，或人事上得不到适当的配备与协调，无论多少匹马力的机器依然不会转动，或转动了可以停顿。因此，真正工业的组织人才，对于心理学、社会学、伦理学，以至于一切的人文科学、文化背景，都应该有充分的了解。说也奇怪，严格的自然科学的认识倒是比较次要。这和工业理论的关系虽大，和工业组织的关系却并不密切。人事的重要，在西洋已经深深地感觉到，所以一面有工业心理的工商管理一类科学的设置，一面更有"人事工程"（Human Engineering）一类名词的传诵。其在中国，我认为前途更有充分认识与训练的必要,因为人事的复杂,人与人之间的易于发生摩擦,难期合作,是一向出名的。总之,一种目的在养成组织人才的工业教育,于工学本身与工学所需要的自然科学而外,应该旁及一大部分的人文科学与社会科学,旁及得愈多,使受教的人愈博洽,则前途他在物力与人力的组织上所遭遇的困难愈少。我在此也不妨举一两个我所知的实例。

我以前在美国工科大学读书的时候,认识一位同班的朋友,他加入工科大学之前,曾经先进文科大学,并且毕了业。因为他在文科大学所选习的自然科学学程比较的多,所以进入工科大学以后,得插入三年级,不久也就随班毕业了。就他所习的工科学程而言,他并不比他同班的为多,甚至于比他们要少,但其他方面的知识与见解,他却比谁都要多,他对于历史、社会、经济,乃至于心理学等各门学问,都有些基本的了解。结果,毕业后不到十年,别的同班还在当各级的技师和工程师,他却已经做到美国一个最大电业公司的分厂主任,成为电工业界的一个领袖了。

这是就正面说的例子,再就反面说一个。在抗战期间,后方的工业日趋发展,在发展的过程里,我们所遭遇的困难自然不一而足,其中最棘手的一个是人事的不易调整与员工的不易相安。有好几位在工厂界负责的人对我说,目前大学工学院的毕业生在工厂中服务的一天多似一天,但可惜我们无法尽量地运用他们。这些毕业生的训练,大体上都不错,他们会画图打样,会装卸机器,也会运用机巧的能力,来应付一些临时发生的技术上的困难;但他们的毛病在不大了解别人,容易和别人发生龃龉,不能和别人合作,因此,进厂不久,便至不能相安,不能不别寻出路。不过在别的出路里他们不能持久,迟早又会去而之他。有一位负责人甚至于提议:可否让学生在工科学程卒业之后,再留校一年,专攻些心理学、社会学一类的课程。姑不论目前一样注重专门的心理学与社会学能不能满足这位负责人的希望,至少他这种见解与提议是一些经验之谈,而值得我们予以郑重的考虑的。

值得郑重考虑的固然还不止这一点,不过怎样才可以使工科教育于适度的技术化之外，要取得充分的社会化与人文化，我认为是工业化问题中最核心的一个问题。核心问题得不到解决，则其他边缘的问题虽得到一时的解决，于工业建设前途，依然不会有多大的补益。这问题需要国内从事教育与工业的人从长商议（如修业年限问题，如课程编制问题……皆是很重要而须审慎研究的），我在本文有限的篇幅里，只能提出一个简单的轮廓罢了。

至于工科大学的教育，虽如是其关系重要，在绝对的人数上，则应比高初级工业学校毕业的技术人才只估少数，是不待赘言的。工业人才，和其他人才一样，好比一座金字塔，越向上越不能太多，越向下便越多越好。因此，我以为大学工学院不宜无限制地添设，无限制地扩展，重要的还是在质的方面加以充实。而所谓质：一方面指学生的原料必须良好，其才力仅仅足以发展为专门技工的青年当然不在其内；一方面指课程的修正与学风的改变，务使所拔选的为有眼光与有见识的青年。所以进行之际，应该重通达而不重专精，期渐进而不期速效。目前我们的工业组织人才当然是不够，前途添设扩充工科大学或大学工科学院的必要自属显然；不过无论添设与扩充，我们总须以造就工业通才的原则与方法为指归。出洋深造，在最近的几十年间，当然也是一条途径，不过我以为出洋的主要目的，不宜为造就上文所说的三种人才中的第二种，即狭义的技术人才，而宜乎是第一种与第三种，即基本科学人才与工业组织人才。第一种属于纯粹的理科，目前也姑且不提。就工业而言工业，还是组织人才比较更能够利用外国经验的长处。不过我们还应有进一步的限制。一个青年想出国专习工业管理，宜若可以放行了。不然，我们先要看他在工业界，是否已有相当的经验，甚至于在某一种专业方面，是否已有相当的成就，然后再定他们的行止。要知专习一两门工业管理课程，而有很好的成绩，并不保证他成为一个工业组织人才。

最后，我们要做到上文所讨论的种种，我必然再提出一句话，作为本文的结束。学以致用，不错；不过同样一个用字，我们可以有好几个看法，而这几个看法应当并存，更应当均衡地顾到。任何学问都有三种用途，一是理论之用，二是技术之用，三是组织之用。没有理论，则技术之为用不深；没有组织，则技术之为用不广。政治就是如此，政治学与政治思想属于理论，吏治属于技术，而政术或治道则属于组织，三者都不能或缺。工的学术又何尝不如此。近年来国内工业化运动的趋势，似乎过去侧重技术之用，而忽略了理论之用和组织之用，流弊所及，一时代以内工业人才的偏枯是小事，百年的建国大业受到不健全的影响却是大事，这便是本篇所由写成的动机了。

[编者按]此文成于1943年，系由梅先生拟纲，潘光旦先生代笔。1946年9月潘先生收入文集《自由之路》（商务印书馆出版）时，曾加了这样一个按语：

"本文是我完全根据了清华大学校长梅月涵（贻琦）先生的意思而替他代写的。月涵先生是一位电机工程专家，同时也是一位自由教育论者。某一次，某报索专论稿甚亟，月涵先生已答应下来，但终因学校的公事太忙，无暇执笔，于是自己写了一个比较详细的节目嘱我代他写出。我于工业完全是一个门外汉，但我们几年里，一半因为公事的关系，一半因为同一主张自由教育，又因为彼此住得很近，谈论的机会较多，所以我对于月涵先生在这个题目的种种见解是很熟悉，而也是都能表达同意的；自己间或存些零星的看法，也往往蒙月涵先生首肯。所以这篇文字也可以说两个人合作的东西，如今把它辑入这集子，我想月涵先生是不会不同意的。"

原刊于《周论》杂志（1948年3月）

第二辑　大学之人文

在昆明公祝会上的答辞

诸位来宾,诸位校友:今天承昆明同学会举行此会,又承诸位好友光临,并以文学言词,给予种种奖誉,使个人看过听过之后,有一深刻不易形容的感想,只想出个英文字(Overwhelming)似乎较为恰当,但不知如何翻好。今日各位盛意的表示,实在太过了,实在不敢当。尤其是同学会赠送的这件贵重的礼物,这礼物要算我生平所有最宝贵的一件物品,但同时又加了个人一件心事,因为需要找个安全地方来保存它才好。

方才听了几位先生以个人为题目,说了不少夸奖的话,自己不敢说他们的话都是错的,因为无论哪个人总有一些长处,但也必有他的短处,只是诸位不肯说这个人的短处罢了。仔细想来,或许诸位因为爱清华的缘故,爱屋及乌,所以对于这个人不免有情不自禁的称扬的话语,就是吴士脱大学①赠给个人的名誉学位,也是因为他们敬重清华,所以对于这个学校的校长,作一种奖励的表示。

诸位觉得一人在一个学校服务二十五年,应予鼓励。其实在清华服务达十年以上者,已有三四十人,十五年以上者,亦有一二十人,而马约翰先生且达二十六年之久。可见清华近些年之进展,不是而亦不能是一个人的原故,是因为清华还有这很多位老同事,同心合力地去做,才有今日。现在给诸位说一个比喻,诸位大概都喜欢看京戏,京戏角里有一个角色,叫"王帽"的,他每出场总是王冠齐整,仪仗森严,文

---

① 吴士脱大学,原文为 Worcester Polytechnic Institute,是梅贻琦早年留学美国时的母校。

武将官,前呼后拥,"像煞有介事"。其实会看戏的绝不注意这正中端坐的"王帽"。因为好戏——除了很少数的几出,如《打金枝》《上天台》——并不要他唱,他因为运气好,搭在一个好班子里,那么人家对这台戏叫好时,他亦觉得"与有荣焉"而已。

　　方才承龚先生①勉励,再为清华服务二十五年。如"天假之年",本人固然很愿做。但是即使我能活到七八十岁,在这以后的廿余年,未必还能有大用处,那么爱清华的人,必不愿以老朽累清华。不过在这风雨飘摇之秋,清华正好像一个船,漂流在惊涛骇浪之中,有人正赶上负驾驶它的责任,此人必不应退却,必不应畏缩,只有鼓起勇气坚忍前进,虽然此时使人有长夜漫漫之感,但我们相信不久就要天明风停,到那时我们把这船好好地开回清华园,到那时他才能向清华的同人校友"敢告无罪"。而在这艰难的时期,更希望凡爱护清华的多予帮助,多予指示,那便是学校之福,个人之幸。再谢谢诸位。

原刊于《清华校友通讯》第六卷第九期
（1940年9月）

---

① 即龚仲钧,时为云南省教育厅厅长。

赠别大一诸君①

诸君不久将在清华毕业,放洋游美,这是诸君在校数年以来所存的一个大希望。这希望不久就要实现了,诸君的快乐可想而知,所以凡校中诸师友当然要为诸君祝贺!

吾们祝贺诸君的意思,一小部分是因为诸君在校的工作完定了,一大部分都是因为诸君要得到一个大成功的机会。但是这个机会,不过使诸君有求得高深学问的可能,至于实在成功的多少,还要看诸君努力的程度如何,能不能利用这极宝贵极难得的机会到十足的地步。所以吾在祝贺之外,觉着应向诸君说几句劝勉的话。

诸君此去,在身心的各方面,一时都要受非常的刺激,就是衣食住,亦要改变常态。在这种急剧变化之中,最要紧的,是要守住个人意志的平衡。因为诸君在美国,倘若穿洋服、吃洋饭不大合乎洋式,是不必太介意的。反而言之,倘若把学业荒废了,终日竟颠倒于新大陆中繁华奢靡的社会里,那便是万分的可惜!诸君以前的同学,曾有过这样的,诸君或不至这样做。然即不致如此之甚,倘不能将轻重缓急,看得十分亲切,照定远大地方努力去做,亦便是平庸一流,不但辜负了国人的资财、师友的期望,恐怕亦不是诸君想去的初衷。

至于诸君到美国求学的方法,当然与在国内是一样的,无须多说。吾只愿诸君在那里,无论研究哪种学问,考察哪种事业,都要保持着科学家的态度,然后才能得到真实的学问,才能对于美国的事物得到允当的了解。这科学的态度,吾以为应有以下几种成分:第一要不预存

---

① 大一,指游美预备部毕业班。

成见;第二要探究事实;第三要根据事实,推求真理;第四要对于真理忠诚信守。

诸君所去的美国,与我们的国家有许多不同的地方。美国的社会里面,有很好的,亦有很坏的;有吾们要极力取法的,亦有我们应极力避免的。在从事于研究选择的时候,就要抛弃主观的思想,务从实际上考察,才能得到一种确当的结论,然后带回国来施用,才能不发生危险。再说诸君在美的这几年,亦正是世界上经受巨大变化的时期,将来有许多组织或要改革,有许多学说或要变更。吾们生在这个时候,不能不受它们的影响,亦不能不将它们看清楚了,好做取舍的决定。这样我们应保持科学家的态度,不存先见,不存意气,安安静静地去研究,才是正当的办法,才可以免除将来冒险的试验、无谓的牺牲。

诸君当临别的时候,预备正忙。赠别的话,不宜太多,所以吾最后只要劝诸君在外国的时候,不要忘记祖国;在新奇的社会里面,不要忘掉自己;在求学遇着疑难问题的时候,务要保持科学的态度,研求真理。

原刊于《清华周刊》暑期增刊(1927 年 5 月)

学问范围务广

此次纪念周是本学期最末的一次。因为从下星期一起,就要举行学年考试,纪念周即当暂停举行。今天请袁希渊①、施嘉炀②两先生分别讲演。袁先生新从西北考察返平,本校敦请担任地理学系主任事务。现在先请袁先生讲述地理学概要及发展计划。惟上星期一陈席山③先生因事未出席讲演。在历次纪念周会各系讲演中,仅缺生物学一系。本学期纪念周既将停止,拟请陈先生将讲稿在校刊上登出,以当讲演。这三个月里诸位听了这多次的讲演,对于各学科要点,当已得到不少的了解。本校举办这些系的目的,固然是希望学生获得一技一艺之专长,以期立身致用于社会。同时盼大家在注意本系主要课程之外,并于其他学科也要有相当认识。有人认为学文学者,就不必注意理科,习工科者就不必注意文科,所见似乎窄小一点。学问范围务广,不宜过狭,这样才可以使吾们对于所谓人生观,得到一种平衡不偏的观念;对于世界大势文化变迁,亦有一种相当了解。如此不但使吾们的生活上增加意趣,就是在服务方面亦可以加增效率。这是本校对于全部课程的一种主张,盼望大家特别注意的。

原刊于《国立清华大学校刊》412号(1932年6月)

---

① 袁希渊,即袁复礼,著名地质、地层及考古学家,时任清华地理学系教授兼主任。
② 施嘉炀,著名水利及火力发电工程学家,时任清华土木工程学系教授兼主任,曾几度出任清华工学院院长。
③ 陈席山,即陈桢,著名动物学家,时任清华生物学系教授兼主任。

体育之目标

暑假学校,乃本校第一次试办。今逢开学典礼,领袖学员,济济一堂,本人仅代表清华学校,表示欢迎。

此外尚表示一点愉快的意思。想当初计划时,毫无把握,因为不知能请得多少好教师,不知能招得多少学员,更重要的是时局要变化成什么样子。不过同时却觉得这是一件值得做的事,所以冒险做了下去,现在幸得安然成功,这是始料所不及的。此后既已成立,学校当尽力使有很好的成绩。独惜学校限于经费,有些地方或许力不从心,事与愿违,要请诸位领袖和学员原谅。

还有一件事,也值得特别注意,就是在体育学校课程中,会有心理学、生理学等,这也许是有些人所不了解的。须知体育之目标,不单是造就几个跑多快、跳多高、臂腿多粗的选手,不单是要得若干的银盾、锦标,除此之外,也许可以说在此之上,还有发展全人格的一个目标,因此生理学、心理学之列为体育学校的课程中,便不算稀奇了。这一点希望诸位领袖和学员特别注意。

原刊于《消夏周刊》第三期(1928年7月)

关于体育比赛

　　本周无何校务报告，惟前天下午（星期六）我曾到操场看本校球队同燕京比赛足球、篮球，这是吾回校后第一次去看赛球。这次特意要去，并不是要看谁胜谁负，不过去看看两校运动的精神如何。听说从前校际比赛，往往有不欢而散之事。吾们在比赛的时间，决不应存悻胜心同妒忌心，踢进一球，则全场欢呼；被人踢中，便尔懊丧，这种表现，是绝对不应该有的。平时对于体育，务须注意：要以引起人人对于体育之兴趣为目的，其精神原不在一时比赛之胜负，以为荣辱，前天看见大家情形尚好。总而言之，吾们运动用正当的方法，发挥自己的技能。胜了固然可喜，败了亦可无愧，而对于敌方务取光明正直的态度，然后吾们可以提高球队的品格，然后可以达到吾们提倡体育的真目的。这是很关重要的。盼望大家能多注意！

原刊于《国立清华大学校刊》352号
（1931年12月）

论"拖司"①

近闻自新生入校后,"拖司"之举,遂盛行一时,且闻这几天比较更甚。此种游戏,原无多大意义,如大家不做得太过,亦尚无害处。所以学校并不提倡,亦尚未干涉。当新生入校,在体育馆检查体格时,已经玩过一次,或者以为借此可使新旧学生认识得快些,容易亲密些。俗语所谓"不打不成相与",也许同学是具此见解。不过以后闹得过甚了,或是有些人仿佛借题发挥,有意与他人以难堪的样子,那就不对了。或者还有人说某某学生不守规则,妨害团体的秩序,所以必须用这方法惩戒,使他们有点警悟。惟不知是否应该用此种方式的办法,此种方法是否十分有效。固然学校对于学生的行动很希望真能自治。从前学校中定有很多的规条,规戒学生行动,近来我们把它取消了。因为大家都是大学的学生,举动一切应当自己知道,随时注意检点,但是倘有害群的分子,学校仍有相当处罚。所以"拖司"一举,无论其用意如何,是不宜常有,尤不宜天天有。大家不要借口维持秩序,反倒妨害秩序。

原刊于《国立清华大学校刊》440号
(1932年10月)

---

① 拖司:英文"Toss"之译音,一种游戏,拽人四肢上下抛掷。

校际体育比赛

本校与燕大因近邻的关系,两校可以合作的地方甚多。不过有时因为学生运动比赛,彼此为好胜心所驱,亦有可以略伤感情之处。赛球胜负,原属常事,胜了不过一时快意,败亦不必视为奇辱。两校常常集合运动,足以联络感情,不可因此反伤感情。外国学校亦有因与邻校比赛,彼此争胜认真,动闹意见。现我校与燕大尚未到那种程度。上星期六与燕大比赛,校中遍贴标语,热烈鼓吹,勉励队员努力制胜。这种意思是好的,但不宜由勉励自己热心太过,而转到讥刺他人。这种举动,至少是显着吾们不大方的。吾们亦不必管他人怎样对吾们,吾自己的态度,总要大气一点。此后比赛之时正多,希望大家不把它看做只是比赛腿脚的事,应该亦把它作为吾们养练性格的机会,渐渐得到英美人所谓 Sportsmanship,那才是我们学校里提倡运动比赛的最要目的。

原刊于《国立清华大学校刊》460号

(1932年11月)

灵敏之脑力寓寄于健全之体魄

　　近来时局日趋紧急，据报纸及其他方面消息，战事未见十分顺利，大决战尚未开始，将来局势不知要演变到如何程度。据个人观测，日本不顾一切，任意横行，国际方面恐亦不能终久坐视。然则战祸旋涡，必致愈扩愈大，势将牵动全世界，恐亦必非短时期所能收拾。我们于此时艰，更应努力准备。近来国人提倡科学运动的日多，实因我国对日作战，非忠勇之气不能过人，徒以科学逊色，武器不及，为未能克敌制胜之主因。我们要从速研究实用科学，以供国家需要。此种大问题自难急切见效。不过我们要尽力而为，能做到一分，即可有一分功效。

　　再有一语，要向大家谆告。看起来觉得平常，其实即救国的根本问题：本校向来注重体育，然而还有许多同学的体力不强，这是应切实注意的。至于如何锻炼，自不全在每日赛跑蹴球，必须对于起居、饮食、眠憩种种方面时加注意，方可增进健康。昨与人谈及本校成绩良好之学生，体气每多不佳。此非云体气好者成绩即不佳，不过往往有体气与成绩不能平衡发展，确为事实。身体之强弱，关系一己之成就甚大。如果体气不充，精神不足，事业前途既属可忧，而关乎寿命之修短尤大。将来毕业出去担负任何工作，均以体力精神为前提。外患如此紧急，如做长期抵抗，是要靠各个人的全副精力去工作。我们要将灵敏的脑力，寓寄于健全体魄之中，而后才能担当艰巨，才能谈到救国。

原刊于《国立清华大学校刊》486号

（1933年3月）

体育之重要

今天请体育部主任马约翰先生讲述体育问题。体育至关重要,人所尽知,特别在我国目前的国势之下,外患紧迫之时,体育尤应人人去讲求。身体健强,才能担当艰巨工作,否则任何事业都谈不到。今天马先生所欲讲者,一方面要大家明了校内体育设施状况,同时要大家知道体育在今日之重要。从前教育注重智育、德育、体育三者,后又并重群育,希望养成服务社会、团体合作的精神。青年对于学问研究、精神修养各方面,均须有人领导提倡,而体育主旨,不在练成粗腕壮腿,重在团体道德的培养。我国古重六艺,其中射、御二者,即习劳作,练体气,修养进德。后人讲究明心见性,对劳动上不甚留意,是以国势浸弱。吾们在今日提倡体育,不仅在操练个人的身体,更要借此养成团体合作的精神。吾们要借团体运动的机会,去练习舍己从人、因公忘私的习惯。故运动比赛,其目的不在能任选手,取胜争荣;在能各尽其可尽的能力,使本队精神有有效的表现,胜固大佳,败亦无愧。倘遇比赛,事先觉得无取胜可能,遂避不参加,忘其为团体中应尽的任务,是为根本错误。

原刊于《国立清华大学校刊》612号
(1934年11月)

在 1932 届毕业典礼上的讲话

今天是本校举行大学部第四次的毕业典礼。本校成立于民国元年,可是那时办理的方针,和现在完全不同。那时的清华,是留美预备学校的性质,所以一切都是向着准备留学这个目标进行。这种办法,在当时的确是适合时代需要的办法。那时国内学校的程度,都还很差,毕业的学生,能够留学的很少,清华为适应这样需求,办理成留美预备学校的性质,这是很对的。但是后来国内的学校,逐渐的将程度提高,造就出来的学生,都可以直接出洋留学了。于是清华当初的那种办学方针,也逐渐失去了时代的重要性。终究于民国十四年夏季改办大学部了。改办大学部的目的,是想把清华改成一个自己能够造就专门的人才,研究高深的学术的独立机关。十四年夏季招收的第一班大学部学生,于十八年夏毕业。今天毕业的,是大学部第四班的学生。

现在国内的教育,因为受政治经济的影响,近年来所遭遇的困难艰阻都很大。本校幸而能够顺利进行,这是很难得的。去年东北问题发生之后,本校在课业方面,也曾略受影响,暂时停顿。幸赖师生协力维护,将寒假缩短,终于使学生的课业,得以照旧进行,今天还能够在这里举行毕业典礼。

今天毕业的学生共有一百一十余人。我们对于这班毕业的诸位,虽然怀着很大的希望,但也不敢就怎样的欣喜,而且还很为担心。因为诸位将来投身社会之后,是否能如我们的期望和诸位自己的抱负,成为社会上有用的人才,现在还不能确定。不过我们大家现在都要认清这个目标——成为社会上有用人才——就本着这个目标,分别努力,以求其实现。

我们知道学校里的师长,原不过是学生的领导而已。各人将来的成就,是不能全靠在师长身上的。诸位的前程远大,不过这远大的前程,是要靠诸位自己的努力,才能达到的。诸位在校时,师长们已经给诸位引上了这条远大的前程的大道。我们相信,假如诸位能够照着这条大道,继续地向前迈进,将来无论如何,总可有相当的成就。现在就望诸位好好地努力前程。

原刊于《国立清华大学校刊》422号(1932年6月)

在"九一八"事变一周年纪念会上的讲话

今天此会是纪念东北"九一八"事变一周年的聚会。当此惨痛的纪念日,至少觉得不是个人说话空谈的时候,不过要大家集会起来,追想一想国难一周年之经过,使吾们憬觉警惕,不致淡忘。再者大家对于某种事实不大清楚者,亦可由此集会得到相当的了解。

今天的纪念会,人人充满悲惨沉痛之情怀,实与开追悼会同一意义,故此纪念会虽谓之为国难追悼会,亦无不可。近来满洲伪国已与日本签订密约,互相勾结利用,为我国根本大患。无论现时吾人对此事具有如何的态度,但东北地图已变颜色,已成不可讳言之事实。不过东北人民苦其横暴压迫,不甘沦为奴隶者极众,将群起而图之,则终有规复国土之一日。现在吾人为失东北而悲,吾们中国目前的现象,如患重病之身,不过这病不是立刻就要死的危险病,而患的是血脉不流通、神经麻木、周身不能联络贯气的一种病。行见周身溃烂,体无完肤,不待人之谋我,我自速亡。

上年此时,本人尚在美京华盛顿,读九月十七日之晚报,即得日人在东三省将有动作的消息。盖日人之侵略东北,蓄谋已久,非一朝一夕之故,早惹世人注意,只要留心万宝山等次的惨案,处处都可以观测出来。何待"九一八"事变之实现!当时对此消息异常注意,以为我方总有一点相当对待办法。但过了两天,国内毫无动静,或疑为一时之策略,不意始终未予抵抗。这是最令人痛心的。以拥有重兵的国家,坐视敌人侵入,毫不抵抗,诚然勇于内战,怯于对敌,何等令人失望。是以沈阳既去,吉林、黑龙江、锦州随之而陷。大家不要以为目前尚可苟安。殊不知此时敌方时时可以再有动作,或另有阴险图谋,实则形势非常可危。吾们应当深刻纪念,时时注意准备才是。但是东三省虽亡,东北人心未死,前途尚有一线光明。给予吾人一点安慰者,就是东北义勇军随地进展活动,不时抵抗奋斗,使敌人时起恐怖。有此民族精神存在,则东北或将不致终亡。

记得本年三月在"九一八"国耻纪念会,曾请阎宝航先生来校讲过义勇军在东北活动情形。今天特请最近从东北义勇军方面考察来平之王化一先生为吾们讲演义勇军最近活动真实状况,尚希诸君特别注意。

原刊于《国立清华大学校刊》434号(1932年9月)

关于学生参加救护伤兵事

近来为救护伤兵事，学生抗日会代表及其他同学来谈者已经十数次，借此知同学志愿参加者甚多，足见诸君之热诚。惟兹事做去务从实际着想，不可因非必要之工作而旷废学业，亦不可使组织纷歧致于进行有碍。要在全校同学志愿加入者，共同商讨，量时量力，计划周详，庶于实事能有补助，而于我方不空作牺牲。此意曾于今早纪念周会中详为解释，惟恐未能周知，兹特将讲述要点布列于后，务希诸君注意为要：

一、凡学生愿参加救护工作者，应即联合商量分队预备，以求校内组织之一致。

二、华北救护伤兵工作，系集中于红十字会华北救护委员会，我校已曾与接洽，以后如有相当工作，经该会通知来校即可分队出发。

三、该队在预备时期，应做救护练习，以增加将来工作之效率。

四、队员出发工作，宜取轮流更替办法，庶每人不致旷课太久（勿过一两星期），而于担任方面得继续维持之效。

五、预备参加此项工作者，务各自量体力与学业，不可勉强。将来如出发工作时，应各向教务处请假，以符手续。

原刊于《国立清华大学校刊》494号（1933年3月）

在建校二十二周年纪念会上的讲话

今日是本校成立二十二周年纪念日。现值国难危急的时候,不愿在形式上铺张庆祝,惟以今日为本校历史上最有关系的一天,校中自应略有表示,借以纪念已往,共勉将来;并尤注重在欢迎毕业同学回校,使与在校同学趁机接近团聚。校中有须改良促进之处,甚望毕业同学本爱护母校之怀,多予指导和协助,此即今日举行纪念的意义。

本校于民国元年成立。在民国以前,办有游美学务处,招考学生资送留美。后因在国内准备不足,留学时间至不经济,且幼生思想未能坚定,对于国内观念尤不切实,恐未能造出十分有用的人才。所以在民国元年成立清华学校,培植留美预备人才。十余年后,国内教育渐有进步,学生程度提高,各省考送出洋者渐多,不必一校专做预备。乃于民国十二年停招预备科学生,十四年成立大学部,以应时代需要。俾其毕业后,或在国内继续研究,或出国留学,或在社会服务,均有相当根底。

民国十七年因组织上及管理上均有变更,正式改为国立大学。数年来曾有相当进展,上年因受庚款停付的影响,原定建设计划,未能继续实现,不过建筑之已动工者,势难骤停,勉强维持进行。最近完成者,计有图书馆、化学馆、水力学实验室、男女生宿舍、教职员住宅等。

外间以为清华设备已多,其实不过与设备简单之校相比,较为完备一点,尚不能说已经充分够用。上年遵照部令,注重理工发展,乃于原有之土木工程系外,增设电机工程及机械工程两系,合组为工学院。惟当工学院成立之时,适在庚款停付期间,以致各项设备,均暂从缓。现在学生程度渐高,需要之设备渐多,不能再事延缓,下年内必须设法酌为添置。

目前学校感受两层困难：一因外患加紧，时局如何变化，很难说定；二因经济问题未解决，经费自二月以后分文尚未拨到。但吾们虽处艰窘危迫的局面，不可畏难灰心，不可使精神颓唐，还是要特别努力去做，维持艰巨。

原刊于《国立清华大学校刊》501号（1933年5月）

在 1933 年度秋季开学典礼上的讲话

今天是本校又一新学年的第一天，新旧师生得以集会一堂，这大概是数月前所未想到的。当外患紧急，北平附近势将发生变化的时候，无论当日身临其境，或远在外地者，恐都未想到本校今天还能照旧向前进，师生还能继续课业。现在我们既然仍得到这求学机会，就应善为利用，特别努力去工作。

今年新同学又增加了二百余人，这是很可欣喜的事。一二星期前本校旧同学为欢迎新同学，要出一种刊物，请吾在上面写几句，吾因为事忙，未得写出来，今天趁这机会，特先向新同学说几句话。不过今天所要说的话，与去年的今日所说的大致相同。因为吾们所期望于新同学的，所要劝勉鼓励他们的，人虽不同，意思都是一样的。

新同学入校后，即为本校一分子，当然就希望学校好，事事都向顺利方面走，那么新旧同学都一样地负有维护它的责任。因为如要学校好，也一方面要看同学们行动如何；因为每个人的行动，关系学校极大，希望大家遵守秩序，保持良好校风，这是要新同学多多注意的。当然旧同学又负了一部分领导的责任，更要注意。

近来外间对本校常有批评，说是环境太舒适，这恐也是事实。因见有些同学在校四年，毕业后，仍不愿他适，甚或有了事，因为事情太小，或居处不方便，而不愿去就。吾们负教导责任的，听了十分惭愧。虽说本校设备上及卫生方面，或许比较讲究一点，但是吾们的本意，不过为使诸君能借此增进健康，减少疾病。这是我们所希望的。如以为环境舒适在此享受，将来到社会上便不能吃苦，不愿吃苦，则非所望于诸君的。诸君新到校的，特别要认清这一点。

再外间有人说本校"洋气太重",不知这话究何所指？如仅以洋服洋餐而论,恐未见比校外为重,而且无论多少,吾以为皆无关宏旨。但如吾们认为外国人大都能勤苦耐劳,办事认真,公私清楚,不因循,不敷衍,不拖泥带水。我们如果有这点洋气,那么我们不必惭愧,并且要时刻保持的。

诸君到校后,无论入哪一系,习哪一科,经教授指导途径后,真实的功夫,要自己努力去做。而在自己一方面,尤其是思想上,要具有自动的力量,要用自己脑筋去判别索求。不然教授虽热心灌输,恐亦不能灌入。况且现在吾们耳目所接触的各种学说、各种理论不知多少,在学术的立场上,或都有研究的价值,学者思想尤贵自由,但是青年意志容易浮动,最应在起始时注意,不可操切,不可盲从。总要平心静气去研求,才能真得益处。

还有一点此时要稍为说明的:闻一年级新同学愿学理工者占大多数。自一方面看来,自是很好的现象。这大概是因为社会方面近来注重理工之故。理工为实用科学,固宜重视,但同时文法课程,亦不宜过于偏废。就本校说,最初办理较有成绩的理科之外,文法数科亦并不弱。现在本校工院初创,理工方面固应亟谋发展,但于文法各系也要使它有相当的进展。这一点外人不免忽视。本年一年级新生并不分院系(工院除外),大家在初入校时,可不必即决定入何系,最好在此一年之内细细体察自己志趣所在,性之所近,究习何科较为适当,然后再决定选习,方无匆率勉强之弊。

今天行开学礼,同时为表示欢迎新聘的及休假出国返校的教师,诸位中还有尚未到校的,已经来校今天在座者,稍迟再为诸同学介绍。现在想把关于本校经济方面及新发生的事业,向诸位同人同学作简略的报告:

一、本校经济状况:今年庚款停付的提议,未成事实。不过现在尚未能按月拨付,去年由三月起至本年二月停付一年。现在本年三四五月庚款已陆续领到,六月份的尚未拨付,大约不日可以拨到。至七八月拖欠的,现本校正与中基会设法催财部补齐。将来经济状况逐渐恢复后,则本校事业可以按序进行。

二、增加留美学额:政府及教育部当局前以金价高涨,公家及私人不能多供给学生出洋,很希望有几个学术机关量力选派。本校奉命增加留美学额,选送实用人才,以应国需。但此亦甚影响于本校将来经济状况,因嗣后庚款之余款,应拨归基金。现在余款另有用途,则拨存基金之数减少。惟政府的期望与社会的要求,既如此之切,本校又不好不设法应付,所以暂定考选办法以三年为限。此次考试,已于八月举行,结果尚未揭晓,因有阅卷人前赴四川科学社年会未回,尚须稍待。考选名额定为二十五人,对于成绩经验,特别注重,应抱宁缺毋滥之旨。

三、扩增农科:自从今春农村复兴委员会开会之后,政府对于改良农业,救济农村经济,特别注意。今夏教育部令本校筹办农学院,当时奉令之下,很为踌躇。因为农科大学毕业生之无补于农村改进,几乎是国人公认的事实,况且在清华附近,又已有北平的农学院及保定的农学院。所以吾们认定了农学院设系招生的事,是可以缓办的。但是政府既要吾们在这方面去帮忙解决,吾们就应该向有切实效用方面审慎去做,然后对于国家方可有点贡献。故现在先办农事试验场,聘请专家研究关于农科之各项重要问题,俟研究得有结果,再行设法推行,使农民得以利用。至于为推行事业,是否需要农科大学毕业人才,尚须将来再定,目前只待政府拨给地方,即可使农场开办。

原刊于《国立清华大学校刊》518号(1933年9月)

致新来校的诸同学

诸君今日新来清华的，大多数是初次投进大学。诸君所来的地方，从东北到西南，差不多各省都有；所毕业的中学，总在七八十之数。诸君各地的习俗不同，方言不同，以前所受的训练亦有差异。但是诸君欲入大学的目的，应该完全相同。因为大学是一个研究高深学术、造就人才的地方，那么诸君来此的目的，当然是为研究学问，将来能为国家社会做些事业。这个目的，诸君在起首时，要认清楚，以后几年之内，亦要确切记住，然后各自依这目的，努力去做。学校以它所有的设备，供诸君利用；以它所请来的教师，作诸君的指导，无非为使诸君达到这个目的，但是成功的多少，大部分要以诸君自家努力的大小为定。

清华在国内大学中，是被认为比较完善的。外人评论之点，有谓地势优良的，有谓建筑宏大的，有谓图书设备充足的，还有谓经费宽裕的，实则就以上各点论，尽有别大学胜过清华的。尤其是经费一层，若就我们所举办的事业作比例，要有好几个国立大学，是短过清华的。但是吾们所最注意的，同时亦愿诸君认为是更宝贵的，就是领导诸君工作的师资。诸君来此，如果为择一个舒适的地方，那不是我们收录诸君的本意。诸君如愿利用这里比较完备的图书仪器，吾们必在可能范围尽量供给。但是诸君在工作指导上，即在人格熏陶上，所最需要的是师资。现在学校大规模地收纳学生，组织上或者有机械式的现象。这是因为人多，不能避免的。但是教育上的紧要途径，还是在师生的关系。古人谓"教学相长"，现在的教育事业，仍应看做师生共同工作，期达一个共同的目的。但是来求学的人，是要格外多努力，要注重在这个求学。

清华有时受外人的批评,说学生不能吃苦,这一点吾们要尽力去矫正。学校里的建筑整齐些,设备完全些,这不过为使大家工作的便利,食住的方便;为使大家身心同得充量的发育,并不是求大家供应上特别的讲究,特别的舒适。在诸君初入校的时候,更要认清这一点,那么学校在物质上亦还有不周备的地方,不要希望太奢,更不要注重在个人的享受方面。

诸君入大学之日,正是国难加紧的时期,尤其在北方,处在大家认为更紧迫的局势之下,诸君仍肯来学,可见诸君认识国难不是可以避免的,是要为人坚忍地努力去解决的。现在政府当局忍辱负重地去应付,吾们在学校里的,应该各就所能,各尽其责,为国家作一点贡献。但是我们所处的局势既如此,吾们更要埋首去工作。大家对于个人的团体的言语行动,都要特别注意。古人说"危行言逊",现在要适应国难的情势之下,望诸君三复之。

原刊于《暑期周刊》第十卷第七、八期(1935年8月)

形势与秩序

——在1934年度开学典礼上的讲话

今天是本校又一学年开始的一天,各师长、各新旧同学中有向未晤面者,可借今日集会互相会晤。所以今日的集会,是很有意义的集会,一方面欢迎休假回国及新聘各位教师来校,同时欢迎新入校的同学来和我们共同做学业的工作。

今年收录新生人数较往年为多,是可幸慰的事。近数年来校内设备及师资方面,有可以多给有志向学的青年以求学机会,所以多[尽]①量容纳。人数增加,固可增进教学效率,但是有时因人数太多,或反使效率减少,这便是我们不能无限地多招新生的原因。各地同学负笈远来,自属可嘉,但一个学校之发展,并不能以人数之多寡为比较,要各个人明白各人应尽的职务,去努力做其应做的工作,则个人前途及学校前途才有希望。

三年前的明天,要算我国最严重一个国难开始的一天,从前常常虑到我们的工作,或要受外界影响,不能安静地度过,现幸尚能照常。虽然华北的危机,是随时可以触发的,但是我们仍然要不畏首畏尾地领导大家去努力工作,要冷静耐心地干。

今秋赴南一行,南中人每嫌华北一带气象消沉,对于国难未有深切表示,这或也是事实,但所谓表示,自不在大声疾呼去做宣传一类的工作。宣传在今日,已不能见其效力,我们所注意的是持久的、树立根基的工作。做这种工作,自然不要求速效,不要慕虚名,所以吾常劝大

---

① [ ]内是订正后的字。

家在现在情势之下,要咬着牙屏着息去工作,因为张口空话乱嚷,于实事无一些益处。

再有一点希望大家注意者,现在新旧同学已达千人以上,在团体生活中,秩序问题最关重要。大学生已具有自治能力,倘各人知道约束自己,自无特定管理规条之必要。团体中最重要的是法律道德,要顾全公众利益,不但自己要照顾自己,还要处处为别人着想。因为一己的行动,处处足以影响到他人的,团体秩序,是要大家特别尊重才好。

原刊于《国立清华大学校刊》598号
(1934年9月)

在建校二十四周年纪念典礼上的讲话

明日——二十九日为本校成立二十四周年纪念日,但因今日星期,为校友来校团聚较便,故于今日举行纪念。今年返校校友甚多,愉快之至!诸同学离校多年,此际返校欢聚,不惟吾人感情上为之欣快,于事业上且增加一份力量。兹将一年来校事简单报告如下:

(一)工程设备方面——本校设工程方面课程已七八年,三年前遵照部令成立工学院,包括土木、机械、电机工程三系。工学院系组织稍与他系不同,因性质较异,且设备方面需要较其他门类为大,亦非一时所能完备。自初即与各负责人从长计划,至今规模仅称粗备。机械工程与电机工程两馆建筑,今年始竣工,水力实验馆虽建筑完工在前,内部布置亦于今年始克就绪。兹定今日举行落成礼,诸请指教。上项经费计共六十万,胥由教部核准动支;其中建筑费约占三分之一,设备费则占三分之二。此数目骤闻之似觉甚巨,但按课程性质,确属必要之设备。据吾所知,同人对此项经费之支配,极为经济。

(二)理工以外之课程方面——常有人谈判,学校计划是否平均发展。但何谓平均?因各门类性质不同,需要不同,所谓平均发展之准则,亦殊难确定。吾人仅抱定宗旨,即使具有相当根底之各门类,在国内学术界,能多有贡献。如社会科学各系有关国情之课程,设法增加,虽材料之搜罗整理均费时间,总希一二年内可筹备至相当程度。关于此种图书典籍等之购藏,亦予特别注意。

(三)农业研究方面——复兴农村改良农业,已属近年朝野共同注意之工作。前夏本校有奉令添设农学院之议,但就吾人所知大学设农学院系办法,似未能解决农村问题,大学所造就之农学人才,多不肯到乡间去做实际改良农业挽救农村工作。兼以北平保定皆有农学院,本校似无设院必要;惟农业研究自属需要,没有成绩,即可补助农村。本校遂成立农业研究所,择他处尚少注意之病害虫害两方面,为第一步研究标的;亦因北平一带富有果产,受病害虫害亦甚多,如能就近解决,亦增加生产之一补。故拟先着手于此。

(四)留美公费生考试——今夏举办者为第三次。乃前年夏间与教部商定之办法:每年考选二十五名,门类每年酌量社会需要而定。第一年二十五名;去年因有的门类考生成绩平平,抱宁缺毋滥宗旨,仅取录二十名;所余名额拟于今年补齐——共三十名。其办法与前不同者,考取后分在国内各相应机关考察或实习,以资彻底了解国情及需要。有的出国较早,而多数则考察近一年,翌年夏始放洋。此后考选问题,以国内各机关派遣办法甚多,出国者甚多,清华考选与否大可考虑。且国内研究宜多注重,期逐渐使中国学术独立,派人出国研究,或不若约请国外学者来华,俾多数人得与共同研究。况美金跌落,恐将影响学校经济前途甚大,大体而论,仍以多请国外专家来华较派遣留学为经济。

(五)毕业同学对学校关怀,热忱帮助母校,特发起捐款建校友楼及清寒同学贷款基金,纪念明年学校二十五周年。数目不大,因同学在社会服务者多,当属易举。学校希望最近办理同学贷款,倘能成功,亦老大哥对小弟弟友爱之表示。尚希努力。

原刊于《国立清华大学校刊》656号(1935年5月)

回顾与前瞻
——在建校二十六周年纪念会上的讲话

今天为本校举行二十六周年纪念之日，按本校纪念日，原为四月二十九日。因是日为星期四，时间上与校友来校不便，特提前于今日举行纪念典礼。今天承诸位校友并许多位来宾到场参加，实为荣幸，谨致谢忱。

关于校事近状，当为诸君所欲知者，兹仅就学校在过去之五年及未来之五年作一简单之回顾与前瞻，盖因过去之五年与未来之五年在本校校史中皆可作一阶段言之也。过去之五年适为"九一八"以后之五年，未来之五年在清华历史上属重要阶段，因五年以后，庚款期满付清。将来之进步如何，要看此最近五年中如何计划，如何布置，故均为校友所关心。至在过去之五年，校中事举其大要者约有下列数端：

（一）人数。学生人数在五年以前为七百五六十人，现在增至一千三四百人。教师彼时为八九十位，现在增至一百五六十位。

（二）建筑设备方面。近五年之内陆续添建之新建筑约为：化学馆，图书馆新馆，体育馆后部，土木工程馆之一部，水利实验馆，机械工程馆，航空实验馆，电机工程馆，学生宿舍之平、善、新等斋，大食堂，教职员住宅西院添建者十所、新南院三十所。近来学校建筑增加甚多，校外人士，或不了解。实因清华自改办大学、添办研究院以来，建筑设备以前增添不多，殊不敷用。为适应需要起见，虽在国难严重之际，亦不得不从事扩充，以利课业之进行。

（三）学系方面。本校原有文、理、法三学院，自二十一年夏起扩充土木系，添设机械、电机两系，成立工学院。法学院之法律系，因政府教育方针关系，已设旋辍。二十三年夏设立农业研究所。近年来，国家对于农村建设及农业改造,极端注意,本校成立此所,先从研究实验方面着手,借以辅助国家农业事业之改进,较之设立农学院尤易收获实效。

(四)图书设备方面。以购置之款数言,最近五年以来用于添置仪器之款为一百二十余万。盖本校之校务进行计划大纲,曾有规定:每年之图书设备费必须占全校经费百分之二十,近来虽因事业扩充,经费支绌,但只竭力于他方缩减,此项始终维持,未尝牵动。此外,在工学院创办之初,电机、机械两系为添设备,用款三十余万。农业研究所设备用款亦有数万元之数。

(五)刊物方面。清华学报出版已十有余年。此外在六七年前添刊理科报告,上年加出社会科学季刊、工程季刊及农业研究所报告三种,皆本校各院系同人出其研究所得以就教于国人而兼以互相砥砺者也。

(六)留美考试。近来举办招考留美学生办法,与前不同。本校初设立时为留美预备学校,此种办法在十八年以后即已停止。近年因应国家之需要,于四年以前有招考留美公费生之举。以往出国者已有九十余人,今明两年仍继续办理。

以上为物质方面之情形。至关于精神方面,校内同人对于校务,均极努力热心负责,此为学校获得合作,能以发展之一大因素。学生方面,在校对于学业颇能认真,故出校后服务社会,成绩差好,校友闻之当亦欣慰。近两年来,学生举动,因时局关系,有时不免失当。但一经纠正,立能悔改,亦可引为欣幸也。至对于本校未来之五年,拟举三点简述如下:

(一)希望:希望时局无大变化。目下时局已日趋稳定,吾人希望能长在此稳定或更稳定之局面下,合全校师生之努力,共同维护学校,向前进展。

(二)方针:关于学生数量方面,似无再增多之必要。因吾人固不必以增加容量为办学成绩之表现。将来应予注重者为在学术研究方面力求进展。对于国内外专门人才,当尽量罗致,研究设备,务使充实。庶将来于学术上多有贡献,以尽大学所以为大学之职责。

(三)计划:对于研究事业,校内现已有十系设研究部,可招研究生,此外各系,仍当相继进展。但即不设研究部,各系如有必要,尚可招收研究助理,帮助某种研究计划之进行。

最近在长沙进行之事业,年余以来,经政府当局之指导,湖南各方之协助,该项计划今已大致决定,即在长沙设立特种研究所是也。该所建筑,现在进行,约需秋冬之间方能完成。该所工作约分以下数部。

1. 农业问题之研究;2. 金属学问题之研究;

3. 电工问题之研究;4. 国势清查问题之研究。

以上各项所以欲在湖南举办者,一因欲就地方物产之便利与需要,一因辅助国家事业之进行,故皆以设在湖南为适宜。凡此事业,固皆非短时间内,可见成效。故本校应于未来之五年努力以赴之也。

与国内学术机关之合作。本校近一二年来,在研究工作上,常能得各方之辅助与合作,使吾等更加奋勉。最近如资源委员会、航空委员会将更予以较多之补助,中英与中法庚款董事会,于下年在本校设理科讲座或更予他项之补助,此外,国内学术机关如中央研究院、北平研究院、地质调查所、中央农业实验所等之合作,本校皆甚欢迎。

关于留美公费生办法,现已招考四年,今明两年仍招考一次。合计前后公费生应共派出一百三十四人之多。回顾以后,对于国家及社会,当有一番贡献。以后对于自国外求取知识之方法应有变更,即不必大批派人赴国外留学,而改自外国多聘专家来华讲学。此举可使国内研究事业益得推行,研究基础已趋稳固。盖国人对于派遣留学政策之应重加考虑,此其时乎。

关于本校基金问题。五年以后本校所领庚款将付清,届时之办法最关重要者,为经济稳固。所幸本校基金付托得人,数年以来经中基会各董事之善于处理,逐年增加,就现在估计,五年以后,倘中途不发生意外,可积有成数,而以其每年利息,足可维持校中各项事业之继续进行。此必亦校友诸君所乐闻也。

原刊于《清华校友通讯》第四卷第四、五期

(1937年5月)

在建校二十九周年纪念会上的讲话

三年前我校由平避难南下,在此地此堂,已举行过两次纪念会。此会为第三次。当此流离之时,本无所谓庆祝,但每年逢到此日,大家思念"水木清华"的校园的情怀倍加殷切,所以有此一会,给吾校同人及校友一个互相慰勉的机会,亦是好的。在去年母校纪念日,曾作了一篇"抗战期中之清华",简单地报告在那两年来学校状况,今年又续写了几段,略述这最近一年的校务情形,在各位手里的"校友通讯"中可以看到,所以关于校务的报告,为时间经济,即不再重述。至关于校友方面,可以使我们欣慰的,自抗战以来,校友之服务内地各处的,少者数人,多者三四百人,皆有同学会之组织。目前分会已有十五六处之多,各地同学,均极关心母校状况,且于工作上均能互相鼓励,互相帮助,更足使我们兴奋。此次在香港,承当地同学欢迎聚餐,到了约六十人,尚有未到的三四十人,如此盛况,亦是以前所未想到的,其中有两位同学,在这次晤见时,使本人特别高兴的,一为在港工程界极有地位之王长龄,一为在中山领导游击战之某君,此外还有许多位成绩很好的不必一一细说,不过举两个例子证明,我校友努力之精神实足以告慰于吾人,且使吾人益加奋勉。

原刊于《清华校友通讯》第六卷第六、七期
(1940年7月)

关于各处学生来校借读及上海战争问题

本校教授郑振铎先生新近自上海北来,今天特请郑先生讲演最近上海战事的情况,此为目前大家所最注意的事。此刻还有一事,应先向大家略为报告:近来校内同学以及校外各方面,不时介绍各处学生来校借读或旁听。目前因时局关系,教育剧受影响,求学的问题,同时发生困难。即如淞沪各校,惨遭敌方炸毁摧残,已无开学之可能。在此情况之下,我们学校如能多收容几人,即可使失学青年多一求学机会,本校自无不尽力设法的。不过本校目前亦有困难,感觉心有余而力不逮。就因自去年秋来已陆续收容借读生多人,差不多可说校内已无可安插的余地,一切设备,亦复不敷供给。现在只能尽可能范围,尽量容纳,收得几人是几人。各同学中必有为许多朋友关心者,希望将此实情就便告知。最近这两天上海战事的消息,据报纸上看来,我方战绩很好,虽不能说已经得到如何的胜利,可是没有使敌方得志呈意。敌方横行无忌,那种骄恣的态度,凡有血气所不能忍受的。我们逼不得已,出而做相当的抵抗。这是为我中华民族争志气,在世界图生存,也使人家有点认识。这非寻常的战争可比。在一星期前,上海的战事真况,在报纸所不容易得到的甚多。兹承郑先生将身历目睹的情形,为吾们讲演,这是非常可幸慰的事。

原刊于《国立清华大学校刊》373号

(1932年2月)

提倡吃苦耐劳精神

近来有多位旧同学回校,谈及毕业同学在外服务者,做事均能努力,成绩都很不错,惟于吃苦耐劳上,每觉稍逊。校中教室宿舍以及图书馆等等设备布置,力求实用完备,使大家可以安心地去工作,借以增进各人求学的效率。但是吾们要记住,外面的环境像这里的很少。大家要准备着出去受劳苦。倘在校养成享受习惯,出外不耐劳作,则殊自误。

原刊于《国立清华大学校刊》619号(1934年12月)

巡视考场时对记者的谈话

  本年度考生至少需经过三次考试，中学毕业考试、毕业会考、大学入学考试。十载寒窗苦，实为莘莘学子抱无限同情。但除考试之外，尚未有其他更妥当之法，教育界同人应负改良之责也。本校考生自十八年度以后，有年年增加之势，学校因宿舍不敷及种种困难，不克多取名额。然本年为补救此点，除尽量容纳外，更多设备取生名额，以谋遇缺递补。

       原刊于《暑期周刊》六、七合期（1934年8月）

关于中英学术交流

今天请冯芝生①先生讲演,讲题为"在英国所得之印象"。去年冯先生借休假机会,赴欧研究,注意于哲学方面的考察,并受英国大学委员会之聘,就便讲学。近年我国与英国有一种交换学术讲座的组织,在英国机关为 Universities' China Committee,在我国为中英文化协会,每年彼此交换在学术上有地位的人讲学一次。去年刘寿民②先生赴欧,曾作短期讲演二次,其时我国外患正亟,彼国人甚欢迎报告真相。今年由英来华讲学者为斯曲克伦先生,上年我国应聘赴英者即为冯先生,彼此于学术思想上互有供献。冯先生在英各大学讲演多次,甚受彼国欢迎,此足引为荣幸之事。

原刊于《国立清华大学校刊》610 号(1934 年 11 月)

---

① 冯芝生,即冯友兰,著名哲学家,建国前曾长期担任清华文学院院长。
② 刘寿民,即刘崇鋐,历史学家,当时为清华历史学系教授,曾任该系代主任。

在总理纪念周上的讲话

今天所要谈的,没有什么学术上有价值之贡献,只不过个人一点经验,十几年来服务社会所得到的两个教训,在诸同学正在预备自己的时候,报告给诸位,聊供印证参考。

吾人早有一共同感想:以我国幅员之广,人口之多,国人智力亦颇不弱,而国势何以如此衰颓?吾辈在学校时,认为须吾辈毕业后以专门知识改造中国现状,留学者更抱负非凡,然毕业者归国者现已不少,何以中国犹未改造?其症结何在?愚归国十二年余,曾在学校及行政机关服务,与军界、商人,甚至土匪流氓,亦多有接触。由过去服务经验,得两教训:

(一)知人与合作。无论在政界、学界、社会救济事业中,均常感到事事缺人——所谓中国人多仅在数目,而处处缺乏适当人才。故现最急需者即"知人":知人之能力,知人才之来源。但有时已有人才,而不能合作。考究其原因,据愚服务各种事业之经验及多年观察所得,不外"私"、"伪"二者——此为缺人及不合作病象之两大原因!所谓"私",即只为个人利益着想,忽略"事"及团体利益。政治上、社会上许多问题胥由于"私"。例不胜举,诸君谅能体会。关于"伪",可举一事:民十九愚赴陕救灾,见华山麓下数十里平原皆植罂粟,而当地政府始终声称禁烟。此表面与事实不符,即是"伪"。此为极大病根。如国家只重表面虚言而略实际,当然造成各种事业不进步、国家危弱之结果。

(二)认"事"与达观。近年人才较夥,亦间能合作,但仍无补于国事者何故?即因国人不注意事实本身及事理,专问言由谁发,计由孰出?有人因"私"而忌妒,而颠倒是非,遂阻"事"之进行。现社会最缺乏者为是非标准,如对热河失守,言论尤有纷歧,其例是已。一般评论漫无标准,人乃各由己意。私见益深,国事益劣。今后吾人对事,应深深考察,追求究竟,以确立是非标准。切勿一闻恶评,辄灰心或取容易方法与社会同化。应只认"事"理,只为"事"努力,不能顾一般毁誉。是非虽无标准,但浸久自渐确立。

希望诸同学,现在即开始准备:(一)认识人,注意各种专门人才,并如何使大家合作,养成因公忘私精神;(二)认"事"(此点在学校练习为最好机会),对任何理论时事,皆求认识分析事之本身,就事实来下评论。再培植个人志向,同时注意磨练自己,使有不屈不挠毅力。

(1934年)

民主自由与学术自由

……

晚赴章矛尘①之约,同座为傅②、杨③、樊④、钱⑤、周⑥、汤⑦,皆北大同人……食后谈及时局及学校将来问题,颇兴奋。盖倘国共问题不得解决,则校内师生意见更将分歧,而负责者欲于此情况中维持局面,实大难事。民主自由果将如何解释?学术自由又将如何保持?使人忧惶!盼短期内得有解决,否则匪但数月之内,数年之内将无真正教育可言也!

(1945年日记)

---

① 章矛尘,即章廷谦。
② 傅,即傅斯年。
③ 杨,即杨振声。
④ 樊,即樊际昌。
⑤ 钱,即钱穆。
⑥ 周,即周炳琳。
⑦ 汤,即汤用彤。

对战后清华发展之理想

……

晚六点余应一多①、驷②昆仲及叔伟③、辰伯④饭约于昆南宿舍潘家⑤,他客只孟真⑥、今甫⑦。饮酒据报有九斤之多,饭后谈政局及校局问题颇久,至十二点始散。余对政治无深研究,于共产主义亦无大认识,但颇怀疑;对于校局,则以为应追随蔡子民先生兼容并包之态度,以克尽学术自由之使命。昔日之所谓新旧,今之所谓左右,其在学校应均予以自由探讨之机会,情况正同。此昔日北大之所以为北大,而将来清华之为清华,正应于此注意也。

(1945年日记)

---

① 一多,即闻一多。
② 驷,即闻家驷。
③ 叔伟,即曾昭抡。
④ 辰伯,即吴晗。
⑤ 潘家,即潘光旦家。
⑥ 孟真,即傅斯年。
⑦ 今甫,即杨振声。

《清华同学录》序

清华同学录,自民国十六年首次编印后,因时局多故,迄未赓继从事,窃引以为憾。爰于今春始行续编,王君德成力任斯役,何君清儒实董其成。阅数月,稿脱付印,乃征言于余,受而浏览一竟,举凡历届毕业同学学业研究之类别,与夫现今国内外同学职业服务之所在,概皆详载实纪,纲举目张。手兹一编,虽散处四方,宛然同居一室。匪特吾等之向所耿耿者,得一旦而尽释,即诸同学声应气求之助,胥于是乎在。若仅视为区区同学录,抑亦浅已。虽然,此类刊物,允宜时时修正,方足以资参考。斯录之成,恐已有改易及尚未详尽者,则赖今后诸同学,消息时通,借以更定云尔。

中华民国二十二年七月梅贻琦识

原刊于《清华同学录》(1933年7月)

第三辑　大学之理治

清华学校的教育方针

清华学校自民国前一年开办以来,至民国十四年夏间,系专为预备学生留美而设,至是年秋,始设大学部,其教育方针为之一变。在专办预备留美时期,校内之问题简单,学程要以使学生程度适合于美国大学制度为准。今该部学生尚有两班,不久将行结束。大学部开办于今,二年有半,事属初创,计划多未周备,然将来尽全校之力以谋发展,则数年之后,或将有所贡献于社会。兹将清华设立大学部之方针,约略述之,以为关心清华者鉴察焉。

清华大学之教育方针:清华大学之教育方针,概括言之,可谓为造就专门人才,以供社会建设之用。此目的约无以异于其他大学。但各校因处境之不同,或主张有别,则其所取途径亦自各异。清华之设大学,其一切计划,亦以应时代与环境之需要,以求达此目的而已。

学系之设立:就社会之需要言,各科人才,当皆为重要,但各系有为他校所已办,而成绩优良无须更设者;有因科门之性质不宜设立于清华者;亦有因一时设备难周须逐渐开办者,故本校现定有十系之专修学程。此十系计为国文学系、西文学系、历史学系、政治学系、经济学系、物理学系、化学系、生物学系、教育心理学系、工程学系。十系之属于普通所谓文理科者,为前列之八系;其属于职工专修者,则有教育与工程二系。盖其他各系暂时未能设立之原因,不外以上所述之一,然商业系附于经济系,心理则与教育合组,至农业之不设专修学程者,因近查农业大学及专门学校之毕业生,多不适于改良农事之工作,使供与求不能洽合,故农系暂不设专修学程而致力于农业问题之研究。

今年夏间与中华平民教育促进会商定加入定县华北农业科学试验场之工作，近且与邻近一二校商量合办农业简易科，庶将来学生于毕业时，能各归乡里，实做改良农田之事业，此皆变更常规之处，求所以应社会之需要也。

工程系学科之组织，亦有与外间不同者。盖今日社会上所需要之工程人才，不贵乎专技之长，而以普通基本的工程训练为最有用。是以本校设立工程系之始，即以此为原则。凡工程学之基本知识，或属于机械，或关乎电理，或为土木建筑之要义，使学生皆得有确切的了解，及运用之能力，俾将来在社会遇凡关工程问题，皆能有相当的应付；且工程事业往往一事关系数门，非简单属于某一门者，在今日中国之工商界中，能邀致数专家以经业一事者甚少，大多数则只聘一工程师而望其无所不能。斯故本校之工程学程中，认普通之基本训练较若干繁细之专门研究为重要也。

学程之规定：清华大学学程为期四年，其第一年专用于文字工具之预备及自然科学与社会科学之普通训练，其目的在使学生勿囿于一途，而得旁涉他门，以见知识之为物，原系综合连贯的，吾人虽强为划分，然其在理想上相关联相辅助之处，凡曾受大学教育者不可不知也。学生自第二年以后，得选定专修学系以从事于专门之研究，然各系规定课程，多不取严格的限制，在每专系必修课程之外，多予学生时间，使与教授商酌，得因其性之所近，业之所涉，以旁习他系之科目。盖求学固贵乎专精，然而狭隘之弊与宽泛同，故不可不防。

毕业考试：专修学程四年修毕矣，所得学分足数矣，然而学生对于其所专修之学科是否已有系统的了解，贯彻的领悟，而能用其所学以应社会之需要，是不可不预为之测验。故各系学生于毕业之前，须受该系之毕业考试，考试及格，方为毕业，不然，虽已得限定之学分，只能认为已修毕某某课程若干门，而于某系之专门学识，非实有所得也。此法在英国及欧陆各国，行之已久；美国大学，近七八年来，渐多采用，以补救选课制之弊。中国行此制者尚少，在清华试行之初，办法与范围，尚须详慎拟定。总之，其目的非欲使其考者多经此一番烦恼，实欲借师生之合作，以达此目标，庶知诸生所学较有把握耳。

体育：清华大学学程中尚有重要之一部，是为体育。凡在校诸生，每学期皆为必修，学分固不算在学分总数之内，然非体育及格者，不得与毕业考试。盖清华自近七八年以来，已舍其选手锦标之目的，而注意于各个学生之健康。观一二球队比赛之胜负，因无以知一般学生体育之如何，故必使在校各个学生，皆得受相当之训练，使其体力增长，能应将来做事之需要，而毋为心知之累，斯为体育之真目的，斯为在校学生人人必须注意之工作。至于选手比赛，所以使队员练习团体的合作守法的习惯，亦自有其价值在，然校际竞赛，往往过注意于结果之胜负，而忽视此竞赛之重要意义，乃使参加者与旁观者所受之训练，竟害多而利少，故今日学校体育之大目的，当在彼不在此也。

此外，如大学院之设立，及留美公开考试之举行，皆为清华大学发展之重要部分，将来当量度情形，逐渐进行。至详细规划，尚有待于当局之审定，兹篇不多及也。

原刊于《清华周刊》第 426 期(1927 年 12 月)

清华发展计划

这个题目，范围有点太大，似乎不晓得从何说起；但各系既已分别另行介绍，故此处只就大纲(《清华学校组织大纲》)上最要言之，有下列数点：

(1)清华发展的根本问题须看财政情形如何以为定。年来财政拮据，第二批美国赔款，清华既毫无所得，而每年经常费不过五六十万。以此经费而维持现状，固绰绰有余；以言发展，便感到相当困难。董事会问题也和清华根本发展上有关，闻现在外部当局，正准备改组，此一层不久或可办到。

(2)清华行政各部分现已发展到相当地步，将来可不再扩充。现在要竭力发展的就是教学部分——多聘好教员，增加教学设备，此为将来发展的主要点。

(3)现在大学有专修科目的共十一系，在短期间内应逐渐设立的当为哲学与数学等系。

(4)关于研究院发展计划，在大学院未成立以前办法约无大变更；大学院成立之后，则斟酌情形，添设别科门。此时尚难预定。

(5)建筑方面，最近要即行建筑者为生物学馆，其次为工程系实验室，图书馆因近来书籍骤增，不敷应用，也须扩充。

(6)学生人数方面，近因宿舍不够，所以不能多招，将来宿舍扩充，学生人数亦可逐渐增加，至全校一千多人时为止。

(7)现在留美预备部学生三班毕业以后，关于留美学额一层取公开考试办法，早经学校宣布，将来举行时，大约还须另有组织。

原刊于《清华周刊》第408期(1927年4月)

清华学校组织大纲

第一章 学制总则

第一条　本校设立大学部及留美预备部。

第二条　凡留美预备部学生毕业后一律资送赴美留学,该部至民国十八年停办。

第三条　大学部分本科及大学院(大学院未成立前暂设研究院)。

第四条　本校学程以学系为单位。

第五条　大学部本科修业期至少四年,学生毕业后给学士学位。

第六条　大学院未成立之前暂设研究院,先办国学一门,以后斟酌情形逐渐添办他门,至民国十九年大学院成立后研究院即行停办。

第二章 校长

第七条　本校校长统辖全校事务。

第三章 评议会

第八条　本校设评议会,以校长、教务长及教授会互选之评议员七人组织之,校长为当然主席。

第九条　评议会之职权如下:

一、规定全校教育方针;

二、议决各学系之设立、废止及变更;

三、议决校内各机关之设立、废止及变更;

四、制定校内各种规则;

五、委任下列各种常任委员会：

　　甲、财务委员会

　　乙、训育委员会

　　丙、出版委员会

　　丁、建筑委员会

六、审定预算决算；

七、授予学位；

八、议决教授、讲师与行政部各主任之任免；

九、议决其他重要条件。

第十条　评议员之任期一年，于每年五月改选。

第十一条　评议会之细则另定之。

　　附注一：关于第九条第一第二第三第六各项之事件，评议会之议决经教授会三分之二之否认时应交评议会议。

第四章　教授会

第十二条　本校设教授会，以全体教授及行政部各主任组织之，由校长为主席，教务长为副主席。

第十三条　教授会之职权如下：

一、选举评议员及教务长；

二、审定全校课程；

三、议决向评议会建议事件；

四、议决其他教务上公共事项。

第十四条　教授会之细则另定之。

第五章　教务长

第十五条　本校设教务长一人（名誉职），综理全校教务，由教授会选举之，任期二年，于五月改选。

第十六条　教务长之职权如下：

一、召集各系主任会议办理下列事项：

　　甲、编制全校课程

　　乙、考核学生成绩

　　丙、主持招考及毕业事项

　　丁、汇审各系预算

二、施行学生训育；

三、指导学生事业。

第六章　学系及学系主任

第十七条　本校得依课程之性质设立若干学系。

第十八条　学系以本系教授、讲师、教员组织之。

第十九条　学系主任（名誉职）由该系教授、教员于教授中推举之，任期二年，于五月改选。

第二十条　学系主任之职权为召集学系会议办理下列事项：

一、编制本系课程；

二、编制本系预算；

三、推荐本系教授、讲师、教员及助教；

四、审定本系图书仪器之购置及其他设备；

五、保管本系一切设备；

六、讨论本系教学及学生训育问题。

第七章　行政部

第二十一条　本校得依行政之需要设若干部。

第二十二条　每部设主任一人（或酌设副主任）、事务员及助理员等若干人，分掌各该部事务，概由校长委任之。

第八章　附　则

第二十三条　本大纲之修正得由评议会以三分之二之通过提出，

于教授会讨论决定之。

第二十四条　本大纲自公布之日施行。

民国十五年四月十五日订

　　按：现在学校组织之上尚有董事会，董事会隶属于外交部。惟现在董事会正在改组期内，将来新董事会与外交部之关系如何，亦尚未确定，故此处均暂不涉及。

原刊于《清华周刊》第408期(1927年4月)

国立清华大学规程*

第一章 总 纲

第一条 国立清华大学根据中华民国教育宗旨,以求中华民族在学术上之独立发展,而完成建设新中国之使命为宗旨。

第二条 国立清华大学,直辖于教育部。

第二章 本科及研究院

第三条 国立清华大学本科设文理法三学院。其分属之各学系如下:

(一)文学院

中国文学系、外国语文学系、哲学系、历史学系、社会人类学系。

(二)理学院

物理学系、化学系、算学系、地理学系、生物学系、心理学系、土木工程学系(附属)。

(三)法学院

法律学系、政治学系、经济学系。

第四条 国立清华大学,得设研究院,以备训练大学毕业生继续研究高深学术之能力,并协助国内研究事业之进展。

---

* 1929年6月12日教育部第794号训令公布,参考后列教育部各指令。

第三章　校内组织

第五条　国立清华大学,置校长一人,综理校务,由教育部部长提请国民政府任命之。

第六条　国立清华大学,置教务长一人,商承校长,管理关系大学全部之教务,并监督图书馆、注册部、军事训练部、体育馆等机关,由校长聘任之。

第七条　文理法三学院,各置院长一人,商承校长,会同教务长,主持各该院之教育实施计划,及其他仅涉各该院内部之教教[务],由校长就教授中聘任之。

第八条　各学系各置系主任一人,商承院长、教务长,主持各该系教务,由校长就教授中聘任之。

第九条　研究院各研究所,得暂由各学系之主任兼管。

第十条　各学系置教授副教授讲师若干人,由校长得聘任委员会之同意后聘任之,置助教若干人,由各系主任,商承校长、教务长、院长同意后聘任之。

第十一条　国立清华大学,置秘书长一人,承校长之命,处理全校事务,管辖文书科、庶务科、会计科、医院等机关,由校长聘任之。

第十二条　国立清华大学,依行政及设备上需要而设之事务机关,得分置主任及事务员若干人,由校长任命之。

第十三条　国立清华大学,设校务会议,由校长、教务长、秘书长及各院长组织之,议决一切通常校务行政事宜。

第十四条　国立清华大学设评议会,以校长、教务长、秘书长、各院长及教授会所互选之评议员七人组织之。其职权如下:

一、议决重要章制;

二、审议预算;

三、依据部定方针,议决建筑及他项重要设备;

四、依据部定方针,议决各学系之设立或废止;

五、依据部定方针,议决本大学派遣及管理留学生之计划,与留学经费之分配；

六、议决校长交议之事项。

第十五条　国立清华大学设教授会，以全体中国教授组织之，外国教授，亦得同等参加。其审议事项如下：

一、教课及研究事业改进之方案；

二、学风改进之方案；

三、学生之考试成绩及学位之授予；

四、建议于评议会之事项；

五、由校长或评议会交议之事项。

第十六条　国立清华大学，依校务上之需要，得分设委员会，其委员由校长就教职员中聘任之。

第四章　留美学生监督处

第十七条　国立清华大学为监督本大学所派遣留学美国之学生起见，暂设留美学生监督处。

第十八条　留美学生监督处置监督一人，承教育部部长及本大学校长之命，监督本大学留学美国或他国学生之求学事项，由校长呈请教育部部长任命之。

第十九条　留美学生监督处，办事细则另定之。

第五章　基　金

第二十条　国立清华大学基金，委托中华教育文化基金董事会负责保管。

第二十一条　国立清华大学基金，无论何时，不得动用。其利息非至赔款终了之年，不得动用。

第二十二条　前项基金之详细账目，依照中华教育文化基金董事会基金办法，按期公布。

第二十三条　国立清华大学校长及评议会，得随时调查基金保管及其经理存放之实况，并得随时建议于中华教育文化基金董事会，请其酌采。

第六章 学 生

第二十四条 国立清华大学本科学生入学资格，须在高级中学或同等学校毕业，经入学试验及格者。

第二十五条 国立清华大学研究院学生入学资格，须在大学或同等学校毕业，经考试合格者。

第二十六条 国立清华大学转学学生资格，须得有国立、省立或经教育部立案之私立大学修业证书，其所习学科程度，与本大学相同，在学年开始以前，经入学试验及格者。

第二十七条 国立清华大学本科学生修业年限，至少四年，修业期满，试验及格，得依学位条例领受学士学位。

第二十八条 国立清华大学研究院学生修业期限无定，其学位之授予依学位条例办理之。

第七章 附 则

第二十九条 本规程自公布之日施行。

按本规程曾由教育部指令一六八三号修正如后：

呈件均悉，查各大学组织编制章程，本部正在征集，俟到齐后，再行通盘计划，分别修订。惟该大学规程，系十八年六月颁布，核与同年七月国民政府公布之大学组织法，及同年八月本部颁布之大学规程，颇多未合，应先将第七条"就教授中"四字即行删去，第十条依照大学组织法第十三条改为"各学系置教授副教授讲师助教若干人，由院长商请校长聘任之"，第二十七条"得依学位条例领受学士学位"，改为"得称某学士"，第二十八条"其学位之授予依学位条例办理之"一句，即行删去，除呈请行政院转呈国府备案外，仰即遵照施行，余再另令饬遵。附件存此令。

中华民国二十年五月十六日

兼理教育部部长职务 蒋中正

又遵教育部指令教字第一二一五号,自二十一年起,增设工学院,内设土木工程、机械工程及电机工程三学系。

又遵教育部指令教字第一〇〇八五号,自二十二年夏裁撤留美学生监督处,另托华美协进社,代理处务。

又遵教育部指令教字第一〇八九八号,自二十三年起,研究院裁撤社会学、地学、心理学三研究部;本科法学院裁撤法律学系。

原刊于《清华一览》(1937年)

评 议 会[*]

本会根据本大学规程第十四条规定，以校长、教务长、秘书长，各院长及教授会所互选之评议员七人组织之。其职权为：

（一）议决重要章制

（二）审议预算

（三）依据部定方针，议决建筑及他项重要设备

（四）依据部定方针，议决各学系之设立或废止

（五）依据部定方针，议决本大学派遣及管理留学生之计划与留学经费之分配

（六）议决校长交议之事项

本年度评议员为：

校长（主席）　教务长　秘书长

文学院院长　理学院院长　法学院院长

工学院院长　叶企孙先生　施嘉炀先生

萧遽先生　朱自清先生

刘崇鋐先生　萨本栋先生　张奚若先生

原刊于《清华一览》（1937年）

---

[*] 1936年度。

国立清华大学教授会议事细则*

一、本会根据本大学规程第十五条规定，以"全体中国教授组织之，外国教授亦得同等参加，其职权为审议：（一）教课及研究事业改进之方案，（二）学风改进之方案，（三）学生之考试成绩及学位之授予，（四）建议于评议会之事项，（五）由校长或评议会交议之事项"，并选举评议员。

二、本会设立主席一人，专司开会时主席职务，书记一人，司记录及通告之职务。

本会以校长为当然主席，校长缺席时，本会得推选临时主席，书记任期一年（自每年暑期放假之日起算），于每学年末次常会中选举之。

三、本会每月开常会一次，于第一个星期四举行之，如遇困难，得提早或延迟，但相差不得逾一星期。校长或校务会议或评议会或教授五人联名声叙理由函请开会时，书记应召集临时会。

四、常会通告，须于会期前二日送达全体会员。

校长、校务会议、评议会或教授二人以上联名提出之一切议案，应列成议程，附入通告中。

五、以本大学教授三分之一（休假教授不计在总数之内）为开会法定人数。

六、普通议案，以投票总数之过半数可票通过之，但校长、校务会议，或评议会提出，或经会员五人请求认为重要之议案，以到会会员过半数之可票通过之。

---

* 1931年4月2日通过，1931年7月10日修正。

七、投票方法，以举手为原则，但遇到会会员五人请求时，用不记名书面投票法。

八、本会一切选举，由到会会员提名推出候选人，再就候选人中，用不记名书面投票法举行之。以得票过到会人数之半数者当选。如当选者不足额时，得于倍于余额之最多票者中，复选之，以产生足额为止。

九、本细则经到会会员三分之二之可决，得修改之。

十、本细则自到会会员三分之二通过之日起实行。

原刊于《清华一览》(1937年)

教务长、院长、系主任职权分际之规定*

第一条 按照本大学规程第三章第六条之规定，教务长商承校长管理关系大学全部之教务，监督图书馆、注册部、军事训练部、体育馆等机关。

第二条 按照本大学规程第三章第七条之规定，院长商承校长会同教务长主持各该院之教育实施计划及其他仅涉各该院内部之教务。

第三条 按照本大学规程第三章第十条之规定，各系教员、助教须由各系主任商承校长、教务长、院长同意后聘任之。

第四条 各院院长得审查各该所属各学系之实际需要，先行编制各该院之精密预算草案，请教务长汇齐审核编制教务方面之预算，再由校长提交评议会审核报部。

第五条 于各院、各学系预算规定以后，如在同院之各系预算，稍有挪移裁补之时，得由各该院院长径行商请校长办理。

第六条 关于各学系之选课，仅须经各系主任之签字，但以不违反本大学规定之原则为限。

第七条 各院院长对于各该院课程，应汇同各系主任预定详细计划，妥为编制，再行商请校长、教务长核定。

第八条 关于前项计划之执行状况，各该院长应负随时考查、监督之责。

第九条 各院院长对于教务处及秘书处所属各机关，如有接洽时，应先经教务长及秘书长。

---

* 1929 年 7 月 21 日评议会通过。

第十条　关于学生训育事宜,由教务长负责办理。

第十一条　关于不属各院及各院间有关联之事宜,应由教务长管理之。

第十二条　对于各院有关系之课程,应由教务长与各院院长商订计划,再由各院院长分别负责执行。

原刊于《清华一览》(1936年)

教师服务及待遇规程*

第一章 总 则

第一条 本规程于本大学全体教师适用之。

第二条 本大学教师,分教授、合聘教授、讲师、专任讲师、教员及助教。

第三条 教授、专任讲师、教员及助教,为本大学专任教师,合聘教授及讲师,为本大学非专任教师。

第二章 资 格

第四条 本大学教授及合聘教授,须具有下列三项资格之一:

(甲)三年研究院工作或具有博士学位及有在大学授课二年或在研究机关研究二年,或执行专门职业二年之经验者。

(乙)于其所任之学科,有学术创作或发明者。

(丙)曾任大学或同等学校教授或讲师,或在研究机关研究或执行专门职业共六年,且有特殊成绩者。

第五条 本大学讲师,应具有下列三项资格之一:

(甲)曾在国内外大学任教授,著有成绩者。

(乙)于所任之学科,有学术创作或发明者。

(丙)于专门职业,有特殊经验者。

第六条 本大学专任讲师,须具有下列三项资格之一:

---

* 1934年6月重印。

（甲）二年研究院工作，或具有硕士学位者。

（乙）于所任之学科，有学术贡献者。

（丙）于专门职业，有特殊经验者。

第七条　本大学教员，须具有下列二项资格之一：

（甲）大学毕业成绩特优，且曾在大学或同等学术机关授课，或研究二年者。

（乙）于所任之学科，有专门知识，或授课有特殊成绩者。

第八条　本大学助教，须具有大学毕业成绩特优之资格。

第三章　聘　约

第九条　本大学教授、合聘教授、讲师，及专任讲师之聘任，须经聘任委员会之同意。

第十条　本大学教授之聘约，首二次每次期限一年，以后每次二年。

第十一条　本大学合聘教授聘约之致送与解除，由本大学与合聘之学校，共同订定之。

第十二条　本大学讲师、专任讲师、教员及助教之聘约，每年致送一次，每次以一年为限。

第十三条　本大学专任教师之续聘聘约，应于每年五月一日以前致送。

第十四条　本大学教师在聘约期内，若遇下列事故之一，本大学得解除其聘约：

（甲）所服务部分，中途停办者；

（乙）因事或因病请假，超过本校所规定之期限者；

（丙）旷职或不称职者；

（丁）不遵守校章者。

适用（丙）（丁）二项时，须经评议会全体过半数之通过。

第十五条　本大学教授其聘约期限为二年者，如欲辞职，须在学年终了以后，方可解除职务，并须于解职三个月前，提出辞职书。

第十六条　本大学专任教师,接到续聘聘约时,须于五月十五日以前,将应聘书送还本大学,否则作为辞聘。

第四章　薪　俸

第十七条　本大学专任教师,及合聘教授之薪俸,每年以十二个月计算,讲师之薪俸,每年以十个月计算,由九月起至六月止。

第十八条　本大学新聘之教师,自八月起薪,但于学生始业后到校者,自到校之月起薪。

第十九条　本大学教师于聘约期内辞职,或因第十四条事故解除聘约者,其薪俸至离职之月止。

第二十条　本大学教授于初受聘时,其资格与本规程第四条正相符者,月薪三百元,其资格较高者,得超出此额。

第二十一条　本大学教授每服务满二年(休假之年除外)者,加月薪二十元,其于所任学科,有特殊学术成绩者,加月薪四十元,但每年受特别加薪之教授,不得过该年加薪教授总数十分之一。

第二十二条　本大学教授月薪,最高以四百元为限,但于所任学科有特殊学术贡献者,得超过此限,加至五百元。惟月薪超过四百元之教授,不得过全体教授总数五分之一。

第二十三条　本大学合聘教授之薪俸,由本大学与合聘学校,共同订定之。

第二十四条　本大学讲师之月薪,每学期授课一学分者,三十五元,授课一学分以上者,每多一学分,加二十五元。

第二十五条　本大学专任讲师之月薪,自一百六十元起,至二百八十元止。其增薪之年限及多寡,视其于所任学科之学术成绩定之。

第二十六条　本大学教员之月薪,最低一百二十元。每服务满两年者,加二十元,至二百元止。

第二十七条　本大学助教之月薪,最低八十元。每服务满一年者,加十元,至一百四十元止。

第五章 授课、兼课及兼事

第二十八条 本大学专任教授,授课钟点,至少须每周八小时,或每学年十六学分,至多每周十二小时,或每学年二十四学分,惟受聘学院长或系主任者,得因公务繁重,酌量减少其授课钟点,但至多以减少每周三小时或每学年六学分为度。

第二十九条 本大学专任教师,授课时间,由注册部全权排列。

第三十条 本大学教授,在本校任课之钟点,不超过最低限度者,不得在外兼课或兼事,惟无报酬(薪金车马费及其他一切收入皆在内)之事,不在此例。

第三十一条 本大学教授在外兼课或兼事,须先得本校许可,其所兼课或兼事机关,应先函商本校。

第三十二条 本大学教授在外兼课,每星期至多以四小时(试验钟点与演讲钟点同样计算)为限。

第三十三条 本大学教授在外所兼之课程,以在本大学所授之课程为限。

第三十四条 本大学教授在外兼事,其所兼之事,必须与所授之课,性质相同,其办公时间,每星期不得过四小时。

第三十五条 本大学教授在外兼课,而又兼事者,其授课及办公时间之总数,每星期不得过四小时。

第三十六条 本大学教授兼课或兼事,区域以北平为限。

第三十七条 本大学专任讲师、教员及助教,不得在外兼课或兼事。

第六章 请 假

第三十八条 本大学教师,因病或因事请假,须先期通知注册部,其因事请假逾一星期者,须先得系主任同意。

第三十九条 本大学教师,因事请假,每学期不得超过授课钟点总数五分之一,但因特别事故,经校长先期许可者,得超过此限。

第四十条　本大学教师,因事请假,每学期逾授课钟点总数五分之一者,其请假期内之薪金,由本校扣除,但有由学校认可之人代课者,不在此限。

第四十一条　本大学教师,因事连续请假逾三星期者,其请假期内之薪金,由本校扣除,但因本校公事请假者,不在此例。

第四十二条　本大学专任教师,因病长期请假时,须具有本校所承认医生之证明书。一次连续请假不逾两月者,得支全薪;一次连续请假逾两月者,得自假期第三个月起,按其服务年数,每满一年,多支一个月全薪三分之二,但若第二次应用本条规定时,第一次已经适用之服务年限,不得并入计算。一学年内数次请假,合计逾两个月者,与一次连续假期逾两月者,同样待遇。

第四十三条　本校非专任教师,因病连续请假过一月者停薪。

第七章　休　假

第四十四条　本章各条于本大学专任教师适用之。

第四十五条　本大学教授如按照本规程连续服务满五年而本大学愿续聘其为教授者,得休假一年,如不兼事支半薪,或休假半年如不兼事支全薪,但曾经休假一次者,须连续服务六年,方得再享休假权利。

第四十六条　本大学教授,如欲在休假期内做研究工作者,应先填写《教授请求休假研究单》,详具研究计划,经评议会通过后,方得享受下列第四十七、四十八、四十九、五十各条之待遇。

第四十七条　本大学教授,在休假期内,赴欧美研究者,除支半薪外,由本大学给予来往川资,各美金五百二十元。此外给予在外研究费,每月美金一百元。

第四十八条　本大学教授,在休假期内,赴日本研究者,除支半薪外,由本大学给予来往川资,各日金一百五十元。此外给予在外研究费,每月日金一百五十元。

第四十九条　本大学教授,在休假期内,赴欧美或日本研究者,由出国日起,至起程回国日止,须满十个月,不满十个月者,其研究费应按月减发。

第五十条　本大学教授,在休假期内,留国研究者,得支全薪,如赴远地调查者,其旅费得提出详细预算,经评议会核定支付,但其总数,不得过五百元。

第五十一条　本大学教授,曾享受本规程第四十七、四十八或五十条之权利者,于休假期满后,至少须返校服务一年,并须详具研究报告,至下次请求休假研究时,评议会应以上次研究成绩为参考。

第五十二条　本大学如在课程或经费上,有特殊困难情形,经评议会通过,得请已届休假期之教授延期休假一年。其延期之一年,应计入下届休假前之服务年限以内。

第五十三条　本大学教授,已届休假时期而请求延期休假者,如继续在校服务,得保留其休假权利,但延期之年限,不得计入下届休假前之服务年限内。

第五十四条　本大学教授,每年休假人数,每学系教授人数在十一人以下者,不得过二人,满十二人者,至多不得过三人。

第五十五条　本大学各学系,不得因教授休假而增聘教授,但于必要时,得酌聘讲师。

第五十六条　本大学教授,经特种契约聘定者,不得享受本章权利。

第五十七条　本大学专任讲师、教员及〈全时〉助教,连续服务满五年,成绩优异,愿在国内专作研究,拟有具体计划,经评议会通过,而同时不兼他职者,得休假研究一年,支全薪,如须赴远地调查者,其旅费得提出详细预算,经评议会核定支付,但其总数不得过五百元。

第五十八条　本大学专任讲师、教员及全时助教,连续服务满五年,成绩优异,愿赴欧美或日本专作研究,拟有具体计划,经评议会通过,得支领学费,并照本规程第四十七、四十八条,按半数支给川资及研究费,但不得支薪。

第五十九条　本大学专任讲师、教员及全时助教,改任他种专任教师者,其未改任前在校服务年限,仍计入休假前服务年限内,且休假待遇，照改任后之地位办理。

第六十条　本大学专任讲师、教员及助教休假者每年每学系共不得过一人。

第六十一条　本大学专任教师，在休假期内，作研究工作，得有本校津贴者，应于休假年终，将研究结果报告本校。

第六十二条　本大学专任教师，因事连续请假二月以上，不过一年者，或因病请假二月以上者，须于休假前补足服务年限，方得享受休假权利，其因事请假过一年者，其假前服务之年限，不得计入休假前服务年限内。

职员服务规程*

第一条 本大学职员须对于所任职务,有充分之学识与经验,并富有办事能力,其主任以上之职员,须在国内外大学毕业,得有学位,或具有相等资格。

第二条 本大学教务长、秘书长由校长聘任,其他职员由校长委任,概不得在校外兼职。

第三条 本大学职员任期,以永久为原则,但遇有学校认为不称职,或不需要时,得辞退之。

第四条 本大学职员薪俸,除教务长、秘书长另行约定外,特规定如下:

主 任	360	340	320	300	280	260	240	220
甲级事务员	200		180		160		140	120
乙级事务员	140		120		100		80	60
甲级助理	100		90		80		70	60
乙级助理	80		70		60		50	40
甲级书记	60		55		50		45	40
乙级书记	45		40		35		30	25

主任初任职务,得按其资格及在他处任职成绩,定起薪等级,如任职著有成绩,每满二年,得进一级,至最高级为止。事务员、助理初任职务,得按其资格及在他处任事成绩,定起薪等级,如任职著有成绩,

---

* 1937年2月24日评议会修正通过。

每满二年,得进一级,至最高级为止。书记初任职务,得按其资格及在他处任事成绩,定起薪等级,如任职著有成绩,每满一年,得进一级,至最高级为止。

第五条　本大学职员薪俸,除有特别规定者外,余概每年以十二个月计算。

第六条　职员办公时间,以每日八小时为原则,遇有必要时,得延长之。

第七条　本大学职员每年暑假,有暑假一个月,但因职务关系,不能享受此项休假者,得于他时期补足之。其平时请假,积满一个半月,或一次请假一个月者,皆不得享受此项休假。

第八条　本大学职员,因不得已事故请假在一月以上者,须征得校长同意,请人代理,但代理期间不得过三个月。

第九条　本大学主任以上之职员,如服务在五年以上而成绩卓著者,得休假半年,如不兼职者,仍支原薪。事务员以下职员,如服务在五年以上而成绩卓著者,得休假三个月,仍支原薪。

第十条　本规程自公布日施行。

原刊于《清华一览》(1937年)

本科教务通则[*]

第一章 入学及转学

第一条 凡在公立或曾经立案之私立高级中学或同等学校毕业之男女学生，经本大学审查合格准予参加考试并经录取者，得入本大学本科一年级。

第二条 凡在其他公立或曾经立案之私立大学本科修业满一年或二年之男女学生，携有原校之修业证书及学科详细成绩证书，经本大学审查合格准予参加转学考试并经录取者，得转入本大学肄业。

第三条 本大学于每学年始业前，招考新生一次，其招考规则另定之。

第四条 本大学得于招考一年级新生时，举行转学考试，其详细规则另定之。

第五条 已经录取之学生，须依限定日期前来本大学注册部报到，逾期无故不到者即取消其学籍。

第六条 新生入校时，须填写志愿书，并请常川在北平、现在职业而能负责者二人为正副保证人，照式填具保证书，署名、盖章，交本大学存查。

第二章 注册及选课

第七条 本大学学生每学期开学时，须于规定注册日期内来校注

---

[*] 1932年8月27日第四十一次评议会修订通过。

册，逾期注册未请假者，每逾期一日，以无故缺课两小时论。

第八条　学生于开学后，逾二星期尚未到校而又未请假者，以退学论。

第九条　学生选修课程，于每学期始业后，两星期内行之，逾期不得增选或改选。

第十条　选修及增改课程，须得系主任之允许，除党义、体育及军事训练之学分外，每学期所选学分以十七学分为标准，不得少于十四亦不得超过二十（工学院第一学年必修学分总数另有规定）。

第十一条　退选学程限于该学程始业之学期开学后十星期内行之，逾期退选者以已经选修不及格论。

第十二条　凡选修全学年学程已修毕一学期、成绩及格而自愿退选者，得于第二学期增改课程期内，请求退选之，但该学程上学期之成绩不得学分；逾期取消者上学期成绩不得学分，下学期成绩以已经选修不及格论。

第十三条　凡选修全学年学程已修毕一学期而成绩未及格或因故请假未受第一学期大考者，若于第二学期改课期内，请求取消该课，其成绩以上学期不及格论，逾期取消者，以全学年不及格论。

第十四条　学生于开学时请假满二星期者，其所选课程不得超过十七学分，满三星期者不得超过十四学分，满四星期者即令休学一年。

第三章　选系及转系

第十五条　新生入学后，应就本大学各学院所设学系中，选择其一以为主系。

第十六条　学生中途欲转入他系者，须于学年始业时陈明理由，经相关之系主任及教务长核准方为有效。

第十七条　学生转入某系后，应由该系主任按照该系规定课程重行审核其原有学分，并决定其年级。

第十八条　转学学生入校后第一年不得请求转系。

第十九条　学生毕业后，得继续留校转系肄业，其详细规则另定之。

第四章　学分及成绩

第二十条　本大学采用学分制,但学生毕业期限至少四年。

第二十一条　本大学学程,由各系分别规定为必修、选修两种,除各系共同必修学程外,学生须按照其本系规定之学程切实习完。

第二十二条　各学程按学分计算,每学期每周上课一小时,或实验二小时至三小时者为一学分。

第二十三条　学生在修业期间须修满一百三十二学分及党义二学分、体育八学分、军事训练六学分。

第二十四条　第一年级以上之学生,其年级依所得之学分编定之,已得三十三学分者编入二年级,已得六十六学分者,编入三年级,已得九十九学分者编入四年级,党义、体育及军事训练之学分不计在内。

第二十五条　转学生入二年级者,至少必须在本大学修业三年,修满九十九学分;入三年级者至少必须在本大学修业二年,修满六十六学分。此项学分之支配由本大学各系主任按照各该系课程之标准及该生等在原校已习学程之成绩,审核定之。

第二十六条　凡一年级学生在其他大学习过与本大学相同之学程、成绩及格者,经本大学系主任承认得免习各项学程,但不给予学分。

第二十七条　学业成绩分为五等如下：

超、上、中、下、劣

凡某学程成绩列劣等者为不及格,不给学分并不得补考。

第二十八条　学业成绩计算方法如下：

（一）成绩等级各系的等数如下：

超＝1.2

上＝1.1

中＝1.0

下＝0.9

劣＝0.0

（凡等级附有＋或－符号如上⁺、中⁻者，照上定等数增或减0.025）。

（二）以学程之学分数乘该学程所得之等数为学分积。

（三）学生所选各学程学分之总和为学分总数。

（四）各学程学分积之总和为总学分积。

（五）以学分总数除总学分积为成绩总平均。

（六）总平均之计算包括劣等在内。

第五章　缺课及请假

第二十九条　学生缺课无论曾经请假与否均由教师填写缺课报告单送交注册部。

第三十条　因事不能上课者须先期亲到注册部填写请假单，注明所缺学程及时数，如有未经准假而缺课者，以无故缺课论，事后不得补假。

第三十一条　因病请假者，须得校医之证明。

第三十二条　凡请假满二日者须经教务长之允准。

第三十三条　学生一学期内，无故缺课（体育及军事训练在内）满十六小时者，由注册部予以警告；满二十小时者由注册部报告教务长酌予训诫后而仍无故缺课满五小时者，即令休学一年。

第三十四条　一学期中，因任何事故于某学程缺课逾三分之一者，不得参与该学程之学期考试，该学程成绩以劣等计。

第三十五条　无故不与学期考试者，其成绩以劣等计并不得补考。

第三十六条　学生因病不能应学期考试者，须得校医先期之证明，并经教务长核准，始得补考。

第三十七条　学生因重要事故，在学期考试期间请假者，须经教务长先期核准始得补考。

第三十八条　补考于每学期始业前一星期内举行之,逾期不得再补,成绩以劣等计。

第六章　休学及退学

第三十九条　在校学生因不得已事故,得陈述理由向教务长请求休学,其因病请求休学者,须有医生之证明书。

第四十条　学生休学以一年为限,逾期不到校者作为退学,但因特别理由经教务长准许者,得延长休学期间至多一年,并只得延长一次。

第四十一条　学生休学期内,如在他校得有学分,不得作为转学学分。

第四十二条　学生全年成绩,于所修学分有二分之一不及格者,即令退学。

第四十三条　学生全年成绩于所修学分有三分之一不及格者,作留校察看;如次年成绩仍有三分之一不及格者,即令退学。

第四十四条　学生如有品行不端或违犯规章者即分别记过或令退学,凡记过积满大过三次者,即令其退学。

第四十五条　自愿退学之学生须在校肄业已满一年者,始得发给修业证明书。

第四十六条　学生如患慢性病症至一学期尚未痊愈照常上课者,即令其休学;离校医治过第四十条规定休学之期间者即令退学。

第七章　毕业及学位

第四十七条　学生在第四年级上学期始业时,当商承本系主任及教授选定题目并受其指导撰作毕业论文一篇,至迟须于学年考试终了时呈请审核。

第四十八条　凡学生曾在本校肄业满四学年,修满本校规定课程及学分,而党义、体育、军事训练亦均及格,并缴清一切规定校费,经教授会审查通过后准予毕业。

第四十九条　本大学依据"国立清华大学规程"第二十七条得授予毕业生学士学位。

第五十条　学位之授予每年以暑假前一次为限。

第五十一条　本通则自公布之日施行。

原刊于《清华一览》(1932年)

清华一年来之校务概况

吾校在过去的一年期内,遭逢两层困难。一层是外患的紧迫,敌兵侵入,日深一日,校址所在,几成前线地带,使我们常常感觉工作要被停顿的危险。一层是经费的缺乏,校中自去年二月,美庚款停付以后,收入骤减,直至今年二月,只有财政部陆续拨到一百万元,暂资接济。而今年三月以来,因政府又有庚款再停付一年之议,学校常款,仍未领到。吾校处此两层非常的困难之中,精神与物质方面,同受打击。然而经全校师生的合作,与外界朋友的帮助,各事尚大致能按照计划进行。统算此一年期间,尚得有相当的发展。此在外患益急、经济益艰之今日,缅述往事,尤以为深幸者也。

(一)学科上之新设施

本校自四年以前改成大学,按照部定本大学规程,设有文、理、法三学院,每院分若干系,工程方面,只有土木工程学系,暂附于理学院。自前年春间以来,学校迭奉部令谓宜着重理工各科,社会人士亦因目前需要以发展工程相期,遂于去春呈准教育部,告于土木工程系之外,添设机械工程与电机工程二系,以此三系组成工学院。该院遂于去夏成立。惟成立之后,因经济困难,设备建筑,多尚未能进行。幸土木工程系原有设备,尚足供目前需要。而将来学生程度加高,人数增多,各种实验室,必须扩充;或更为添设此项计划,在下年度虽于万难之中,必当设法进行。盖吾人既认工程学科应予发展,而自去夏工学院成立后,新生志愿选入者,占全班人数三分之一而强,是尤不可以草率敷衍者。但当此国难严重时期,各事更应力求节省,期以最廉之代价,求得最高之效率而已。

法学院之法律学系,于大学成立之时规定,暂从缓设。但法律课程为其他各系(如政治系等)所需要者甚多,故数年来颇感系统上之不便,乃于去春呈准教部成立专系。盖本校之拟设法律系,非欲使国内各校已嫌太多之科门,再增一个。实因吾辈认法学理论之研究,为大学中所应注重,而为普通法校所忽视者,故愿于此方向,一为矫正。惟法律系成立未久,复奉部令暂缓招生,嗣经本校再三商恳部中,除于去夏已收法律系学生,本年准予备案,下年预会改系外,以后招生问题,仍未能准许。但法律系即无专修学生,于该系之存在不生问题,而学术上之研究,与师资之延致,校中当仍有需要而应力予维持者也。

(二)一年来之财政与下年之需要

本校常年预算为一百二十万元。留美经费按照在美学生人数逐年减少。惟因金价高涨之故,以往一年仍需国币九十余万。此外别特经费之用于建筑事项者,自受庚款停付影响,力求缩减。惟工程之已进行者,势须仍旧进行。其工程已完而款未付清者,亦须继续支付。故过去一年内建筑费共尚支出六十余万元。兹为便利阅览起见,特将最近十二个月——即庚款停付期内(自去年三月至今年二月)收支概况开列如左。(见第一表)(略)

左第二表(略)所列者,为以后十二个月(自今年三月至明年二月)经费需要之估计。观此二表,则知上年之所以能勉强度过者,赖有特别存款,可以暂为挹注;今后一年内,不但存款已尽,而外欠且日益增多,此中困难不言而喻。至第二表之最末两项,或可酌为延缓,或先作一部之进行,则需要总数,可减至最低限度,为二百五十万元。

庚款二次停付之举,闻关系各国已有表示,似或不致实行。如此则不但目前本校经济较有把握,即将来所依赖维持之基金,亦不致大受损失。不然,假使政府当局对于本校现年之需要能予补助,但庚款一停再停,势必致于久停不已。若然,则校务亦将年年延挨,决难有积极发展之计划矣!吾人固深知政府财政之困难,但吾人尤信教育为救国之根本要图,虽于十分困难之际亦应尽力扶持,而尤不可轻予破坏者也。

(三)留美学生及将来之派遣留学计划

清华留美学生,自十八年以后未曾添派,故人数逐年减少。本年留美及在英欧者,总数为八十余人。今秋以后,仅有留美预备部之最后一班,计三十八人。合旧生因工作未完,准予展期,及今夏研究院毕业生择优派遣留学者,约不出二十人。总计人数不过五十余人。管理事项不如以前之繁重。故本校定自今夏以后,将驻美监督处裁撤,而以管理学生事务,暂托在美其他机关代管。至于二十三年夏间以后留美人数,又将减少三四十人。其仍在美者应不过二十左右。且以后赴美者,皆为大学毕业,已曾在国内研究有年,其年岁长大,学识已有根底,对于入校及研究工作之范围,亦均可预为规定,然则管理问题尤为简单。即或由校直接办理,当亦无不可矣。

派遣留学之举,吾以为应永为清华之一部。以清华经济言,倘不受意外变动,每年可供给二三十人留学,而不致影响于全校之发展。至于校外各界所望本校仍行选派专科学生之办法,足与本校派遣研究院毕业生之旨相同。固然,人才之可深造者,不必皆于本校研究院求之,且亦不必尽以学校研究之工作为标准,此理至明。惟此事之能否办到,全视本校将来经济状况如何。倘将来基金无问题,学校收入稍得宽裕,则本校正愿扩充留美学额,每年加派外选专科学生数人,以应外界之需求也。

(四)毕业同学之联络与职业介绍

职业介绍之应为大学事业之一部,此理或不难知,而每为学校当局所忽视。夫大学之设立,其目的之一,必为造就人才,供社会之使用。其果能造就适用人才与否,固为一难答之问题。但苟假定每年所准毕业之学生,已具有相当知识与技能,可为社会服务者,则其是否果见用于社会,且能用得其当,又为造就人才者,所应尽而担负之责任也。此事不必从个人生计方面着想,而应从教育事业之真实收效方面着想。教而不可用,是教育的失败。教而不能用,是整个社会的损失。况大学毕业生之无相当职业者,势必流为高等游民,反增加社会之负担,是非徒无益而又害之耶?虽然,此事在今日,固甚难言也。去春本校曾试行方法数种,向政学工商各机关团体设法接洽,以期供与求两方面得有适当之接触。孰知结果几等于零!幸而得有机会介绍数人前往任职者,则多因个人关系而发生。且十九对方负责者,为本校之旧同学。是则旧同学之联络与新同学之出路,至有关系。学校今后当于此方面力为提倡,如毕业同学干事之设置,各地同学会之组织与通讯,皆当次第进行,以期母校与同学日益接近,而同学相互之间亦得日益亲密。近来校中编辑毕业同学录,因有多数同学日久不通音讯,调查颇感困难。近承各方协助,结果差可满意,不久即当印出,庶于同学联络上不无小补。附带言之,想亦校内外诸同学所乐闻也。

附各有关处系情况:

教务处

教务方面,本年度一切虽照常进行,然有一事可为将来重要变迁之张本者,即教授会议决大一学生课程不分系是也。按本校现行规则,一年级生入校,即应选定一系为其主系;按照该系课程之规定,选习各学程。然一二年之后,因兴趣才具不宜,往往有改系之必要,而改系时,发生种种障碍与牵就,实则初行择系之时,未经充分探求本人性情,与某种学问之适合与否之所致也。本校教授有鉴于此,遂有大一学科不分系之提议,意在使一年级生入校后,对于各种学问共同必需之工具与基本知识,得有充分训练。同时可有长期时间为适当择业之考虑与准备。此事在教授会经数次讨论,并有小组委员会之审查与建议,再经辩论。最后决定:文理法三院(工学院因其性质关系,暂时除外)之大一课程(除体育、军训、党义为部定必修科外)定为五门,(一)国文,(二)英文,(三)通史(于本国通史、西洋通史中任选一门),(四)自然科学(于物理、化学、生物学中任选一门),(五)算学或论理学。此五门功课内容之分量与取材,及其教法,由各系会同商榷后分别订定,再行汇刊,可成一新生学科指导书。此种学科变更,将于本年秋季开学时实行。至一年级以上功课,将由各系重行支配,期在三年中可以修毕;不以一年级选习学科不同,而生年级上之差别也。

本年招考新生,三月间招考委员会曾开会一次,讨论下列各种问题:

(一)时期:根据教部训令,将在七月下旬举行。

(二)地点:仍定北平、上海两处。但因两广同学及西南有志投考本校学生,曾有请求在粤招生之议,刻正调查北方他校在粤招生之投考人数与成绩,下次开会当可决定。

(三)人数:拟取人数多寡,有关方面甚多,当时未经定夺,刻正征集各方事实,待下次开会再行决定。

秘书处

秘书处是事务行政的总机关,所负的责任是如何使校中各院、系、部及教职员、同学,在物质上有充足的供给,在事务上得顺利的进行;所做的工作都是根据事实的需要,促成各部的计划,本身并无所谓设施,所以很难报告。

去年一年内所执行的事项,大小合算,不计其数,其中以关于建筑及庶务的居多。新教职员住宅的建筑、男女生宿舍的设备、图书馆新书库的装置、化学馆的落成,都是建筑事项中重要的。关于庶务有数项大批采购,如化学馆、卫生实验室、水力实验室的设备。煤炭之购买亦是采办的一大宗。本年并采用科学化验标准,亦为可记的事。

关于事务工作以外,秘书处曾举办两事可以附记。一为与同学举行个人谈话,讨论个人问题。来处谈话者有数十人之多。虽不能说对同学有实际的辅助,但与同学接近的地方很多。还有一事,即为贫寒同学介绍课外零星工作。成就者人数虽极少,但已开其端始,将来或可造成风气。

工学院

本校原有土木工程学系,附属于理学院。数年内,几经风波,变更学制。赖工程系师生,数度奋斗,于民国二十一年春季,由校呈请教育部,添设机械工程学系及电机工程学系,与原有之土木工程学系,合组成立工学院,于去年二月中旬奉到教育部指令,准予备案。本校即着手筹备,聘请教授,预备招考等事。当时因电机、机械两系教授尚未聘定,故工学院院长由校长自兼。今春始正式聘任顾毓琇先生为工学院院长。关于本院设备情形详见各系概况报告,兹不复赘。

机械工程学系

设备方面。就原有土木工程系,一二年级基本训练所需之金、木工厂及锻铸工厂等,稍加扩充。金工厂现有上等车床九具,小刨床一具,铣床一具,钻床一具,锯床一具。本学期因榆关失守,制造防毒面具,增加自动压力机,及大小压力机三四具。下学期已订购德国车床五具。如此每次金工实习人数,可增加至十五人。木工厂原有木车床十三具。上学期增加中国自制木车床七具。现每组实习,可容二十人。锻铸工厂,原有房屋,不足应用,拟即扩充。

书籍方面。上学期购置重要书籍,关系机械工程者,共计五六千元。凡重要机械杂志,亦均订定,现已陆续到校。

现有教授三位:前本校专科留美、康奈尔大学机械工程硕士、芝加哥电力厂工程师庄前鼎先生,前美国麻省理工大学硕士、京华印书局经理王仕倬先生,及前北洋大学校长、东北大学机械系教授及主任刘仙洲先生。教员一位:前东南大学理学士、北平工学院助教褚士荃先生。现有学生共二十二人。

预定计划:本系设立之始,原定开办费三十万元。预定计划,先将原有工厂扩充改造,建筑中文编目股办公室、西文编目股办公室于二院旧址及大礼堂旁。所有各项计划草图,均已绘就。实验仪器等,亦已征求估价。惟本学年国难严重,校费拮据,此项建筑,须待来秋,方可进行。至于锻铸工厂,或须待二院学生迁至新宿舍后,将房屋稍加改变,布置为学生工厂实习之用。

本系拟定暂分三组:原动力工程组、机械制造工程组与飞机及汽车工程组。原动力工程组,训练发电厂之筹划,注重试验、工作及设计等。将就本校原有电力厂扩充，或另建新电厂，作为实习及试验之用。暑期中再须定学生在校外电厂工作数月，藉增经验。机械制造工程组，训练机械创作及制造步骤。此次制造防毒面具，赖师生合作，得以于一二月内，制就七千副，甚为欣幸。此后对于国内各种机器，如三轮洋车、木炭汽车、车床、打水机等，亦将注重试制。飞机及汽车工程组，注重飞机及汽车之制造。于发动机之装卸、试验及比较等，均施与充分之训练。将来须与政府航空机关或学校合作，然后于学理制造及航空试验，均有充分之训练。

电机工程学系

（一）设立经过：本校电机工程学系成立于去年秋季，聘前浙江大学电机系主任及中央大学工学院院长顾毓琇博士为主任。原定开办费为三十万元，经本校评议会通过，并呈报教育部核准。最近因庚款继续停付一年，学校经费异常拮据，故实验室之建筑及仪器之购置，均未能按照原定计划进行。惟对于一切必需之设备，如下年学期电三直流及交流机实验所用之机器及附属品等，仍竭全力设法购置。至建筑实验室一事，大约俟今秋方可开始。

（二）现在状况：本校原有电机设备，仅可供土木系学生实习之用。计有直流发电机四具，交流发电机、直流马达及交流马达各两具，变压器四具，及直流、交流电表各一套。最近向德国西门子电气公司订购MG若干具，约定七月底交货。连同原有之设备已足敷下学期三年级生电机实验之用。至西门子公司捐赠电机系之自动电话接线机一副，不日亦可运到。关于电机工程之图书及杂志，上学期曾向国外订购一批，价值四千余元。该项书籍，现已陆续到校。

法律系概况

本校法学院，按大学规程应有法律学系。经数年之筹备，于本学年始照章实行添设。现在只有一二两年级班，三四年级自当逐年增设。

图书设备，因先有政治学系数年之工作，法律书籍业有相当基础。本学系本年度图书费，合计普通、特别两项，共有一万八千元，由图书馆陆续购置。新订购之图书,截至现在,合计英文、法文及中文法律书籍,其价已达一万元之谱。其中所收集之中文旧书,尤为各大学图书馆中所仅见。俟下学年开始时,本学系之图书,尽够普通参考之用。

本学系之宗旨,系对于应用及学理两方面,务求均衡之发展,力避偏重之积习,以期造就社会上应变之人才,而挽救历来机械的训练之流弊。本校当局历年筹备之计划与努力亦即在于此。

但现在中央教育当局好像业已具有决心停办本校法律学系。本学系之生命是否以本年始并以本年终?目下尚在不可知之数焉。

图书馆扩充经过及现在状况

本馆自民国八年馆舍成立以来,图书逐渐增加,前两任馆长(戴志骞、洪范五两先生)皆图书馆界之先进,一切计划具有远大之规模。自民国二十年扩充馆舍竣工后,馆舍地位较原有者大三分之二;而新书库之地位,则超出原有者四倍有余。馆舍扩大后,不特设备上煞费经营,而管理方面尤感支配困难,今乘本校二十二周年纪念清华周刊刊已纪念册,得少序篇幅,略将扩充经过及现下状况括述于后(详见图书馆一览另册)。

(一)扩充之部

本馆原有之馆舍为东部建筑,成立于民国八年,分上下两层,下层为办公室及教员研究室,上层中部为出纳处,左端为西文阅览室,右端为中文阅览室,同时可容二百二十二人。馆后为藏书库,共分三层,每层列架十四座,可容书十万册有奇。及本校改为大学,图书骤增,图书人数已较多。十八年秋,前校长罗志希先生乃谋馆舍之扩充。扩充部分计中部四层、西部两层,共计面积为四万二千二百十四方呎①(新书库面积见前序言中)。三层新旧书库之容书量,可容书三十余万册。兹将扩充后馆舍(合新旧而言)分配情形略述如下:

甲、关于阅览者,共有五室。第一为期刊阅览室,第二为中文阅览室(俱在中部二楼),第三为西文阅览室,亦即指定参考书之阅览室(在

---

① 1方呎≈0.093平方米

西部二楼），第四为新闻阅览室（在中部第一层），第五为特种书阅览室（在中部西楼），同时可容六百余人。

乙、关于藏书者有书库三：

1. 原有书库（由东部馆舍展向南部成丁字形）。

2. 扩充书库（由原有书库展向东部至扩充馆舍极东部止）。

3. 指定参考书库（在第三阅览室）。至中西善本书籍则分藏于东部馆舍二层之两储藏室内。

丙、关于办公者有主任室，事务股办公室，参考股办公室（均在中部二楼）；阅览股办公室，期刊股办公室（均在东部二楼）；登录股办公室，购买室，装订室（均在中部下层）等。

丁、关于各院系办公室及研究室分设于东西两部馆舍之下层。

全馆分三部，中部四层，东西各二层，每室编有号数。第一层从一〇一号起，第二层从二〇一号起，第三层从三〇一号起（均为史地图表室及地理学系教室与办公室），第四层从四〇一号起。至其地位因限于篇幅，另详于图书馆一览中。

（二）一年来设施概要

1. 用人方面：本馆成立十余年来，任用馆员异常慎重，非有特别紧要工作，不轻增加一人。年来旧馆员概未更动，原有人员不敷分配，且对成绩优良者概加升擢。因事务倍繁时，只增加低级职员。迄最近止，正式馆员只二十四人，练习生在外。上年增加之书记及练习生俱经公开考试，以示平允，惟新馆竣工后，因地位扩大，办事手续较前繁杂，一切工作均经另行支配，以利进行。

2. 工作方面：本馆为统一事务，增加效率起见，特将图书馆分为事务、登录、中文编目、西文编目、参考、阅览、期刊等七股。其因特殊工作而另为一组者则为整理金石拓片处。（兹列表见表1）.

各股办事，俱有一定计划，其效率进度亦经分别预加估计，每日依据标的按部就班进行。各股并皆备有工作报告，逐日逐月据实填报，以资考核办事成绩。实行以来，结果颇属满意，同人洽事精神亦甚佳。

①书库制度：本馆书库，以前为便利阅览者计，开放时间甚长，而

积久弊生,竟遗失书籍四千余册,外间且常有误会,认为本馆保管不力。一年来对此制度已加以改革,每日仅上午十一至十二时开放,此外教授同学欲入书库者须经相当手续。初改革时,亦有人认为不便,表示不满,及实行已久,书库内果绝少失书情事,本馆设法使图书馆成为公共利用书籍之机关,阅览者遂亦逐渐谅解而习惯。此乃一年来制度上一重要改革也。最近新书库落成,并决添设研究书桌(Research Tables)百张,每桌可容书五十本,以备在书库内研究专门题目抄写材料之用,详细办法,容即公布。

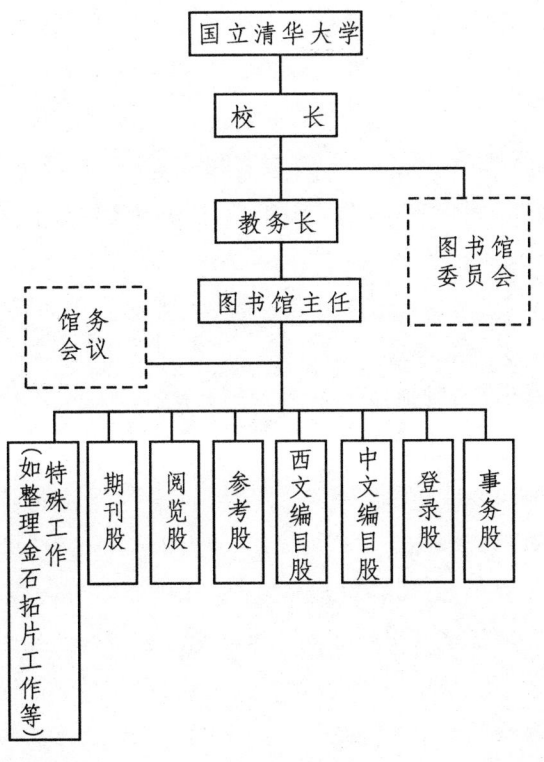

表1

②期刊办公室及出纳之集中:期刊办公室及出纳处,原分设楼上楼下两处,保管陈列,殊多不便,年来已另辟阅览专室并设出纳柜台于期刊阅览室内,而办公室亦设其旁,集中之后,颇为便当。

③改良借书办法:本馆往时,普通书籍、期刊及参考书之出纳皆在

一起,甚为紊乱。及新馆成立,遂分三处,即期刊、参考书籍及普通书籍出纳处。如此,既免紊乱,并可增高效率,便阅览而利保管者不少。至借书方法,则取消临时借书,而增加同学借书数目——以前每人只可同时借书三册,今则本科同学同时得借五函,研究院同学倍之。其借书证亦由三张改为一证。证分三种:借普通书籍时可借五函,遂时登入普通借书证。借未装订期刊得借二册,登入期刊借阅证,证由个人自己携带。而借参考书时(每人一册),则须以全证作抵。证上并贴本人相片,以免冒用致误,实行后,亦颇便利。

④编目加速:本馆以前堆存杨氏藏书等未编者四千余种,一年以来经编目股加紧工作,甚为迅速。填写书背、书片及装订与赶做书套者,亦均有相当成绩。今杨氏藏书,业已编毕,他书亦无堆多积久情事。

⑤布置:本馆因迭有扩充,致甚多时间,用于布置方面,如一年来第一、第二、第三阅览室之桌椅书架,及书库内之钢架、地板等之装置,与应用物具之设备是。

⑥图书增加:本馆图书年有增加,而过去此一年间,增加尤多。兹将现在藏书数目简列于下。

图书馆藏书统计(截至二十二年二月底)

中日文书籍:163 401 册;

西文书籍:45 412 册;

装订本中日文杂志:3 341 册;

装订本西文杂志:15 360 册;

中西文装订报章:2 272 册;

总计:219 786 册。

清华体育概况

清华对于体育,素以普及为原则,以养成全体学生有乐事运动习惯为目的。经二十年来逐渐之进步,加以近年学生人数之激增,已十分感觉原有设备不敷应用,兹将最近体育概况,简略报告如后。

(一)扩充方面:

(甲)就原有体育馆西首,添建新健身房一所(长一百三十呎,宽百呎)。

(乙)添设女生浴室及更衣室各一所。

(丙)添设男生浴室两所。

(丁)添热水箱四座、锅炉两座。

(戊)添设排球场三所。

(己)添设网球场六所。

(庚)添设室外国术场一所。

(辛)室外跑圈重修,并全场向外侧增宽一米。

(二)改进方面:

(甲)提倡学生吃苦耐劳:本校体育部基于上述目的,自前年起,于上体育课时,加授一英里之长程跑(跑时之快慢,按各人气力大小随意进行,以跑完全程为止)。

(乙)从事体能标准测验:吾国大学生之体能标准,尚无确表,兹为鼓励大学生为达到其各人可能体能成绩起见,体育部按历年清华学生体育成绩之大概,已编制一体能测验表,每年按项测验全体学生两次,预计四年之后,即可以拟制成一清华学生体能标准表,更可备吾国各大学参考之用。

(丙)着重基本训练:本校自民国十七年改大学以来,因招收来自各方之中学毕业生,入学年龄既较长,而其以前所受之体育训练,尤不一致。初经体育部短期精密之试验,深知欲达到体育普及之目的,此后非着重基本训练不为功。故本校近年来,极力注意于此项体育工作。

(丁)鼓励学生各自比赛:吾国提倡体育,近二十年,所以尚离普及甚远者,率多偏重提倡与人比赛及小团体之比赛之故(如一校中之球队,以全体言,固一小团体也),不知各人禀赋不同,环境不同,因上述原因,故不能强人人以能代表某团体向外比赛为惟一促进体育之方法,诚以提倡方法愈偏,而技术稍次者愈裹足不前,而离普及之道益远矣!故本校体育部,极力鼓励学生各人对于自己比赛,但有进益,即嘉勉之。如此各自留意,既易周到,兴趣亦浓,久之养成人人能比赛,随时随事是比赛,则普及目的自达矣。

(戊)注意运动道德:从事运动者,道德为重,精神尚次之,否则虽力大如牛,将如无羁之马,奔放逐斗,无往而非害事之母,如此影响其将来一生事业,实非浅鲜,故体育部极为注意于此。

(己)提倡国货:清华从前所用运动器具,率多购自外洋,近年国货运动出品日多,故体育部近年对于体育应用物品,除本国无出品者外,已一列改用国货。

(三)将来计划:

(甲)扩充更衣室及添置衣箱柜:现在清华男女学生已一千有零,学校所预备之学生更衣箱,目下仅仅够用。故下年如增招新生,必得添置。

(乙)添置新健身房器械:新扩充之健身房,内各样设备,均感缺乏,下年势必添置,以资应用。

(丙)另辟广大运动场:现在运动场,不敷设备各种运动场所之用。原有分设之各种运动场所,既不方便,又感精神散漫,故此后亟应另辟一广大运动场。

(丁)添设室外游泳池:本校原有游泳池,实过狭小,夏季百十来人群集一池,转动已觉不便,遑论游泳。故于最近之将来,拟添设五十米长、十米宽之室外游泳池一所。

(戊)添设浴室:男生浴室,虽已添设两小所,但地位太狭,仍感不敷应用,故添设浴室,亦系急务。

(己)鼓励女生运动:近年清华女生对于运动兴趣,虽较以前较为起色,然自动从事体育锻炼感觉运动有浓厚兴趣者,究系少数。此后拟严订女生体育训练规程与标准,勤加领导,俾渐养成全体女生有乐事运动之良好习惯。

(庚)创设体育系:清华注意体育,以及清华体育设备之完善,与夫环境之良好,当为全国人士所公认。当此全国缺乏良好体育人才之时,全国人士无不属望于清华即时创设一完善之体育系。现下我国国立大学中虽有北平师范大学及南京中央大学,设立有体育系,而所造就人才有限,不敷社会需要甚巨,清华已有此完善体育设备,又当全国人士属望之殷,既不必费巨款,何不趁时创立体育系,造就人才,以应社会急需?是以体育部拟即商诸学校当局,从速设立清华体育系。

原刊于《清华副刊》第 39 卷第 7 期二十周年纪念特号

(1933 年 4 月)

关于组建工学院等问题

　　今早阅报纸，所载的上海方面的消息不见好，日兵已到嘉定，尚欲派遣两大将来中国，局面如何变化，殊难测度。上星期四晚上吾们所听见的得胜的消息，不知是何人恶作剧，使吾们空欢喜一场。大家在这样忧愤苦闷的空气里，几乎无心谈别的事情。不过近来有几件事发生，关系学校前途，一定是大家所注意的。所以今天特将概略报告报告。

　　——平津院校向本校榷商借款事。（略）

　　——关于扩充学科一事。前者学校已经决定添设机械工程及电机工程两学系，合以原有之土木工程学系，组为工学院。再有法律一系，在当时订定本校大学规程时，是暂定缓办的，现在亦应成立起来。以上计划，经评议会议决后，即已呈报教育部。上月底接到部文准予备案，至于本校所以成立工学院的理由，一方面是迭奉教育当局明令，特别主张发展理工学科；一方面是应社会的需要。国内工校很有几个，惟完备者不多，且不足以应需要。虽说曾有多人在某某工校毕业，现在仍投置闲散者。这总因近年来内战的关系。实业无从发展，遂少出路。将来时局一定，实业振兴，需用人才之处就多了。本校土木工程学系学生人数，去年由六七十人增至一百三四十人，可见社会对于工科之需求。再一方面，是因为本校举办的便利。本校已经有了一个工程学系的基础，再谋扩充，增加设备，也较容易。此次改院，固然工程学系学生有很热心的表示，但亦因所请求者与学校政策相合。所以结果大家似都满意。不过诸君不要有一种印象，以为必待学生运动，学校才决定；亦望诸君不要想再请设某系某院，便亦得学校允可。至于工学院各系的政策,我们应当注重基本的知识。训练不可太狭太专,应使学生有基本技能,而可以随机应用。此类人才,亦就是最近我国工业界所需要的。不过有句俗话是"样样通样样松",这要请大家注意,要通不要松。

——收容寄读生事。近来南方各校,因受军事的影响,有许多学生请求来校寄读。亦有由同学方面介绍者,已经教务处尽校内宿舍地位所能容者,共收三十余人,现在还没有到齐,各同学中如有熟悉者,可即转告,务在本星期三以前到校。因为开学已久,再迟就不便上课了。

——图书馆内秩序的问题,这是本校师生所极应注意的。近来馆内有一种不好的情形,就是常常发现失书的事情。大家应当守秩序,借书者应依照借书的手续,不要以为让你写一纸借书单,就认为是侮辱了人格,因为这种手续,不仅使书籍借出,容易查考,且可防范校外的人随便进馆取书。如果不经过借书手续,就是外人进去取书,办事的人一时无从认辨。所以从书库取书出馆,必须签一借证,方可免去流弊。馆内还有同学数人在那里帮同司事,一方面为校内服务,一方面可以得些经济的补助。不过在执行职务的时候,就不要以学生自居,要各尽办事的责任,应破除情面,同时借书的人,也要视他为办事员,互相尊重。即如美国哈佛大学,他们那里也有丢书的事,馆内检查,很是困难。后来在图书馆前面做一栅栏,一人守门坐司检点。一日,虽校长亲去,亦须受检查的手续。我们要守法则,维护公益,不要以行动自由为可以骄人。将来图书馆新的工程在布置及管理方面,须有一番整顿。希望大家尽力合作,不然虽有极好的方法,亦难生效。

原刊于《国立清华大学校刊》379号(1932年3月)

毕业生的职业指导

现届本校二十一周年纪念，《清华周刊》编辑诸君请我说几句话，我乃地位所在，不能推辞。关于学校过去历史的事实，大家都知道很多，不必在这时节多说。至于前途发展的方针，我已屡次与校内师长同学们谈过，所以亦不必重提。再有一事拟就这机会简略提出的，即是我们常认为课外事业而实在是应看做学校工作重要的一部分的，就是职业指导和职业介绍。学校造就人才是为求实用。假若学生没有用途，学校的教育全归枉费，是极大的损失。学生受过相当训练，而不能展用他的才能，生活上受影响，精神上受损伤，是一件极悲惨的事。有人说"大学生失业的众多，即是革命的伏机"，不是没有相当道理的。所以学校今后对于这项工作的进行，想特别注意。还有一事拟藉这机会一谈的，即学校与毕业同学的联络，每年在纪念日的时候，我们都注重毕业生回校的事。今年因为困难的关系，我们纪念的仪式很简单，但是对于毕业生回校的事，还是照常预备，使毕业同学与学校至少每年有这一次接近的机会。国立学校的学生，在学校时，依赖学校辅助的地方特别多，差不多一举一动，都要请学校津贴。在校四年可以说是享受权利的时候，出校以后，若是将学校抛弃脑后，不加爱护，可以说是不尽义务。清华同学向来是对母校有热心的，但是具体的表示，还是不多。希望毕业同学在实际上——经济上，意见上，或其他方面，对于母校多尽爱护扶助的责任。

原刊于《清华周刊》536、537合期所附《校庆增刊》

（1932年4月）

请拨圆明园遗址俾充农场及院舍的呈文

呈为拟先研究农业亟应改良各问题,按照研究结果招生训练,庶切实际需要,并请拨给圆明园旧址,俾辟农场暨建农学院舍事。案奉钧部第五八二五号训令,内开"案查农业问题之探讨及其专业人才之培植,亟关重要,该校应力筹添设农学院,关于设备农场及设系诸端,应即由该校妥速筹划,拟定切实办法及实施步骤,呈部审核。至该校工学院,应力求切合华北需要,其设置学系,倘无绝对必要,应对平津同项学院力避重复,以期特殊之发展,并应即由该校妥善办理具报,此令"等因奉此。窃按农业问题,在我国农村衰落,农民饥困之今日,诚宜切实研究,以图兴复,奉令前因,仰见钧部注重农工教育,培植专业人才,以谋振兴实业之至意,本校自应遵令极力筹划进行,庶得完成使命,为国家略尽一部之贡献。惟以培植农业人才之始,应先对农业亟宜改良之各项问题详加研究,以期洞明其相,及研究稍有基础,然后按照需要设系招生,施以相当训练,俾学成后能在乡间做推行改良之实际工作,则效验可收,复兴可期。否则农科人才虽已养成,不能深入乡间,致于衰落之农村毫无裨益,则非国家提倡农业教育之本旨矣。此本校对于农院设系招生诸端拟稍从后,而于研究改良农业诸重要问题认为应亟先谋进行者也。关于农业研究之计划,拟就地方需要情形,复尽本校力所能及详切规划,分序进行,容俟定有具体办法,再行呈报审核。惟以农事之研究,非有广大之农场供其试验,则所定计划,不易实现。溯本校二十年以来,嬗递改进,建筑频增,去岁工学院成立,已感舍址不敷,目前校内更鲜余地,足供辟设农场及建立农学院舍之用者。查圆明园旧址,幅员约数千亩,与本校西北隅密接,自英法一役,园内殿宇燔毁,久沦荒墟。近年以来,破坏尤甚,倘以此园废址拨归本校,堪为建设农场及农学院舍之需,而一代名园遗址亦得有正当归宿。按该园旧址现归北平市政府管理,而处置之权应在中央政府,拟请钧部俯察本校需要实情,即予提请政府核准拨归本校,以为扩增农科之用。该园址内所余残余故物,有得存之价值者,本校自当设法保存,勿使毁弃。再园内建有之三一八烈士墓及十三师义冢各一段,共占地数亩,本校可特为划出保存,或于其四周酌植林树,尤足用资纪念,借重久远。其余空地有由经管人招人领垦者,本校可暂酌令原户领垦,或更减收其地租。惟于种植等事应受本校指导作为合作试验区。此外尚有一小部分,据土人言已向地方当局留置,但本校接管后于必需时至少应有按照原价收回之权。再查圆明园与本校两界相距之间,尚有隙地数十亩,亦属官地,应请一并拨归本校,俾园校壤地连贯,利便实多。至本校工学院,设有土木工程、电机工程、机械工程三系,均属切合社会需要。土木系办已有年,系内分设水利、卫生、道路等组最切实用;电机、机械两系,系于去秋呈准添设,规模渐次成立,将来发展途径,应以避免重复,寻求特殊发展为原则,用副钧旨。所有本校对于发展农科拟先注重研究农业各问题大体计划,以及请拨圆明园废址俾充农场及农学院舍址各缘由,理合备文据实呈报,仰乞钧部鉴核,俯如所请办理示遵,以利进行,实为公便。谨呈教育部部长王。

国立清华大学校长梅贻琦

原刊于《国立清华大学校刊》525号
(1933年10月)

关于举办特种研究的呈文

窃查上年度本校经费预算，留美经费计为美金十七万二千九百六十元，惟因去夏考取之留美公费生二十五名，均经遵照本校留美公费生管理规程之规定，分别循依指导员之指导，先在国内调查研习，未即派遣出国，计于去冬今春先后赴美者，仅五六人，其大多数皆于今夏工作完毕，始派遣出国，是以上年度留美经费未经支用者，约有美金六万元之数。

本校近来鉴于国情需要及理工特别设备之急需，凡属应行特予注重发展之事项，除于本校常款尽量拨用外，尚须数项特种研究设备，在势不宜延缓，而非有特款无从举办者，经将此项计议，提由本校评议会决定，拟以上年留美经费余款，筹办此项特种研究及理工科特别设备，其计划谨列举如下：

一、增多有关国情课程计划，拟定经费六万元

案本校社会科学各系，如历史、政治、经济、社会等，近来鉴于国家之需要，拟多设有关国情之课程，俾得造就青年，益切实用。惟是收集材料整理研究，非三数年不易见功，而非有特款补助，其计划亦难实现也。

二、航空讲座设备，拟定补加经费三万元

案去年本校与国防设计委员会商定于本校工学院设航空讲座，自今年起每年由该会补助常费一万元，惟设备所需在十万元左右，除由工学院开办费移拨六七万元备用外，尚不敷三万余元。

三、水工研究，拟定经费三万元

案水工问题目前最为迫切。本校前经建筑水工实验室，今春已全

体完工,于水工研究所需大致粗备,惟研究专家尚待征聘,拟于三年内,每年以一万元作水工特别研究之用。

四、工业化学设备,拟定经费五万元

案应用化学在今日于国防于民生皆应特别注重,故本校今后拟于化学系发展工业化学方面,除教授已聘有二人、场舍亦经指定外,其设备所需,以最经济之估计为五万余元。

以上各项计划均属重要而且实用,所有应需经费拟恳准以上年度留美经费之余款约美金六万元拨充,俾便早日起始举办。

所有本校拟请准将上年度留美经费余款拨充特别研究及设备用费缘由,理合备文呈报,仰乞钧部鉴核照准示遵,实为公便!谨呈教育部部长王。

国立清华大学校长梅贻琦

原刊于《国立清华大学校刊》603号

（1934年10月）

关于航研所事

案查本校在南昌设立航空工程研究所,迭蒙贵会指导,并拨给经费,以利进行,实深感荷。该所本年度预算书,前经连同研究工作报告,抄陈贵会,蒙委员长本年六月二十四日电谕开:"铣电诵悉,南昌航空研究所准予补助十八万元,希知照"等因,当于七月间向贵会领到第一期协款洋四万五千元。现当全面抗战开始,我空军忠勇将士,在贵会训导指挥之下,屡建奇功,扫除敌氛。凡我国人,咸深感佩。本校南昌航空工程研究所之筹设,本为应国家航空发展之需要,今夏特约世界航空工程权威冯·卡门①博士来华,对于研究工作切实指导。七月中旬,复蒙委员长及秘书长面嘱积极进行。当此国家需要迫切,敢不益加努力,以副国人之望。兹将该研究所最近工作情形略述如下:

一、航空研究风洞之土木工程,现正加紧进行,虽在敌机轰炸威吓之下,未尝稍懈,预计两个月后可以完工,其他机件运到后即陆续装配。

二、航空研究所教授华敦德(美籍)②、冯桂连③、秦大钧④、林同骅等现正协助贵会第二修理工厂设计某种驱逐机,以便实际制造。

三、本校航空组教授、学生,现已蒙贵会电准,借用航空机械学校房屋在南昌授课,他校学生亦可借读。

---

① 冯·卡门,匈牙利犹太人,后加入美国国籍,被誉为"美国航空之父"。我国著名科学家钱学森为其亲传弟子。

② 华敦德,时任清华机械系航空讲座教授。

③ 冯桂连,清华大学1929届毕业生,时任清华航空工程学系教授兼清华航空研究所筹委会成员之一。

④ 秦大钧,时为清华航空研究所教授。

以上三项，对于航空研究及设计制造、训练学生同时进行，期以最大之努力，收最大之效果。惟经费方面，本校因战事影响，收入紧缩，而航空工程研究所工作又不容中途停顿，拟恳贵会仍照委员长原批之数，按期补助，并请将第二期协款四万五千元即日赐拨，实为公便。除本校工学院顾院长毓琇①携带印领前来贵会面洽领款外，相应检送"请领第二期协款申请理由书"，函请贵会查照，即予赐拨，以利进行，并祈见复为荷！此致
航空委员会

校长　梅贻琦

（1937年11月）

---

① 顾毓琇，字一樵，著名教育家、科学家、作家，清华大学1923级毕业生，时任清华电机学系教授兼工学院院长。

关于"特研所"事（一）

案查本校前与贵会商定特种研究合作办法，并蒙贵会慨允拨助经费在案。现无线电研究所工作已在汉口、长沙二处积极进行。汉口方面，真空管实验室业已设备完成，现正着手制造真空管，以利军事通讯之用。贵会电气室一部分人员及仪器，最近亦因首都工作困难，迁入本校汉口无线电研究所，共同合作，收效当更可观。长沙方面，现在一面从事短波无线电之研究，一面训练电机、物理两系学生，注意于无线电之实用。现专任研究之教授，计有任之恭博士、孟昭英博士、叶楷博士及范绪筠博士等，均已到所工作。汉口方面除与贵会电气室技术人员合作外，并得华中大学卞彭年及……教授之协助。长沙方面，兼有北京大学教授朱物华博士及南开大学教授张友熙硕士加入研究。此外贵会电工器材厂蒋葆增先生处亦曾取得联络。当今全面抗战开始之时，无线电之研究，实觉刻不容缓。惟本校近因战事关系，经费来源紧缩，而无线电研究所创办伊始，需款尤多，拟恳贵会依照补助本校无线电研究所经费半数之原议，拨给本年度补助经费，以利研究，而便进行，不胜公感。除派本校工学院顾院长毓琇携带印领前来贵会面洽领款外，相应函达，请烦查照，即予赐拨，并希见复为荷！此致
军事委员会、资源委员会

校长　梅贻琦

（1937 年 11 月）

关于"特研所"事(二)

敬启者。敝校为求对于我国人口及相关问题获得研究技术及搜集材料,以便对于政治、经济及社会的建设有所贡献,并期为辅助学术的研究做试验的调查工作,乃于迁滇之始,设立国情普查研究所,并选定贵省呈贡县为人口普查试验区,业于民国二十七年组织顾问委员会,聘请贵省行政长官为名誉顾问,计有:省政府秘书长袁丕佑、绥靖公署秘书长赵宗瀚、前任民政厅厅长丁兆冠、现任民政厅厅长李培天、教育厅厅长龚自知、建设厅厅长张邦翰、财政厅厅长陆崇仁诸先生,以期多获指示,俾利推行。随即商请民教两厅分令呈贡县政府,合组人口普查研究委员会,除聘本校教授数人参加外,并聘前任呈贡县县长李晋笏、现任县长李悦立两君及敝校国情普查研究所所长陈达为常务委员,主持该县普查工作。该会成立以来,其工作已告一段落者,计有呈贡县人口普查,并已出报告一种,名曰"呈贡县人口普查初步报告",兹特随函奉赠一册,敬希察收,不吝赐教。至呈贡县农业普查调查工作,已于今年春季完竣,其材料现正在整理中。人事登记工作已于民国二十八年九月在呈贡县二十七乡村试办,业于今年二月推及全县。兹因性质上之需要,或须于短期内将上项普查工作扩充于邻县,用特备函奉达,尚祈贵省政府查照,惠予指导,俾利进行,无任企幸之至!
此致
云南省政府

校长 梅贻琦

(1940年)

国立西南联合大学要览

一、学校沿革

民国二十六年七月,平津陷于倭寇,北方各大学南迁,北京大学、清华大学、南开大学奉教育部命于长沙联合筹设新校,定名为长沙临时大学。以北京大学校长蒋梦麟、清华大学校长梅贻琦、南开大学校长张伯苓、湖南教育厅长朱经农、湖南大学校长皮宗石,及教育部代表杨振声等为临时大学筹备委员会委员,于十一月一日筹备就绪。理、法商、工三学院在长沙韭菜园圣经学校,文学院在南岳圣经学校分别上课。迄年终首都沦陷,武汉震动,乃西迁入滇。大部员生步行,于二十七年二月二十日离长沙,四月二十八日到昆明。并奉教育部命,改校名为国立西南联合大学,仍由三校校长为常务委员主持校务,于五月四日恢复上课,租借蒙自海关旧址等地为文、法商两学院校舍,租借昆明西门外昆华农业学校为理学院校舍,并租借昆明拓东路迤西会馆、全蜀会馆为工学院校舍。总办公处则设于城内崇仁街四十六号。同时在城西三分寺附近购地百二十余亩建筑校舍。是年夏以文、法商两学院远在蒙自,管理不便,并奉教育部命增设师范学院,因此又增租西门外昆华师范学校、昆华工业学校,并向云南省政府商借城内昆华中学南院、北院为校舍。师范学院即设于昆中北院,以南院为女生宿舍。文、理、法商三学院则分别在农校、工校等处上课,总办公处则迁设于才盛巷二号。二十八年春,复为办事便利计,迁至昆华工校。是年夏,新建校舍落成,勉敷理、文、法商三学院之用,并恢复各科研究所,仍由北京、清华、南开分别办理,以存三校之旧。二十九年夏工校租约届满,迁总办公处于昆中南院。是时安南屈服于倭寇,云南戒严,奉教育部命于四川叙永筹设分校,置一年级生于分校上课,以备万一。是年冬,昆中南、北两院被敌机炸毁,复将师范学院迁入工校,总办公处迁至新校舍。三十年夏,以昆明局势稍稍稳定,复将叙永分校结束,另租昆华中学新校址一部为一年级生课室及宿舍。八月中新校舍又遭敌机轰炸,旋赶即修复,十月初仍得按期上课。自去冬以来,因空袭渐少,省立各校陆续迁回昆明,至今夏昆中新校址及昆工之一部均须让还,而本年学生人数较去年复稍有增加,校舍支配遂更感困难。去年曾有于距城五里之龙院村附近购地另建师范学院校舍之计划,嗣以经费无着,而年来工料价目又复大涨,盖亦难望进行矣。

二、行政组织

本校行政由常务委员主持。遵照部章分设教务、训导、总务三处。教务处分设注册组及图书馆(兼理讲义印刷事宜)。训导处分设生活指导、军事管理、体育卫生三组(设校医室)。总务处分设文书、事务、出纳三组。

三、校舍及设备

本校仓促迁滇,员生众多,值当地各学校疏散至各县,乃得租借应用,同时并购地鸠工赶筑新舍,其间因租约及敌机轰炸等等关系,仅工学院始终设于拓东路迤西及全蜀、江西三会馆内;此外,各学院屡经播迁,二十八年夏自建校舍落成,文、理、法商三学院乃有稳定校舍。自总办公处迁入新舍后,全校重心,亦移于此,计占地一百二十余亩,位于昆明大西门外,负山附廓,远隔市廛,地既清静,宜于读书。图书馆即设于此,阅览室可容八百人,拓东路工学院分馆阅览室系一会馆大殿改造,可容四百人,师范学院分馆可容二百人。分设于各学院之专门期刊室,每室可容三五十人不等。截至三十年底自购藏书,计中文书籍二万九千七百余卷,西文书籍一万二千一百余册,其中大部分系三校藏书迁运来滇供本校利用者,其余系在湘滇就地采购及由国外购来或经外人赠送者。至于理工方面设备,本校成立时,曾得中华教育文化基金董事会补助十万元。

又管理中英庚款委员会补助二十五万元,用于理工设备者约二十万元。是时物价尚未上涨,海外交通未受阻隔,本校得以购备急需之物品,嗣后三校运滇之仪器机械已有相当数量,加以本校历年经常费内陆续增购者,以较三校原有设备虽相去甚远,尚能勉敷教学之用。各系实验室自新校舍落成后,亦粗具规模。工学院学生所需实习工厂,则就租用之会馆房屋,商得业主同意,加以改筑,一切设备,皆由理工设备设计委员会负责筹划。本校成立之初,每年预算保留百分之二十作添置图书设备之用。近两年来一因海外交通断绝,一因物价腾涨,薪津、办公各费常感不敷,不得不将设备预算酌为匀减。此亦目前权宜之办法耳。

四、院系情形

本校现设文、理、法商、工、师范五学院,计分二十六系。工学院附设电讯专修科,师范学院附设初级部。三十一年度注册学生,计男二千四百五十一人,女三百二十七人,共二千七百七十八人(梅注:"此数最后尚有增加,请与注册组核对。")。分院统计文四百一十二人,理三百二十二人,法商八百九十一人,工七百八十四人,师范二百七十六人,先修班九十三人,研究所六十人,各院系教师计文七十七人,理一百零六人,法商四十二人,工七十三人,师范三十六人,连同先修班及各系共同修习之体育、军训等教师共计三百五十八人。历年毕业生共计五百八十一人(三校旧生在联大毕业者未计入),除入研究院深造者外,大都服务于军政学及各实业机关。每届暑假,各界纷纷来函征用,供不应求,尤以理工两院毕业生为甚。然本校各科研究所系由三校分别办理,已见上述,现设科部,计文科研究所设有:(一)中国文学部;(二)外国语文部;(三)历史学部;(四)哲学部。理科研究所设有:(一)算学部;(二)物理学部;(三)化学部;(四)生物学部;(五)地学部。法科研究所设有:(一)法律学部;(二)政治学部;(三)经济学部;(四)社会学部。工科研究所设有:(一)土木工程学部;(二)机械(附航空)工程学部;(三)电机工程学部。

五、学生生活

本校学生大多数来自战区,生活至为艰苦。全校学生二千八百余人,持贷金及补助金生活者,达十分之七八。但贷金仅勉敷膳食。年来昆明物价高涨,以较战前在百倍以上,各生必需之书籍、纸笔以及布鞋等费,最少限度亦月须二百元左右。惟在艰难困苦中,反易养成好学勤读之习。每值课后,群趋图书馆,宏大之阅览室,几难尽容。其经济来源完全断绝者,率于课余从事工作,稍获酬报,以资补助。

学生团体主要者为学生自治会、三民主义青年团及各系学会、各级级会,此外尚有临时组织之各种学术讨论会。每每敦请学者名流作公开讲演,对于社会服务,亦颇能尽力,如举办平民夜校、兵役宣传、防空宣传、征实宣传等等,咸能利用余暇,尽力以赴。又因年来社会上对于话剧已有相当爱好,复经有识者提倡,本校学生对于话剧兴趣亦颇浓厚,曾于募损劳军时上演数次,颇得好评。对于劳作方面,亦渐知重视,除分任清除校园外,并于校中隙地芟夷草莽,种植蔬菜,以佐餐食,则于训练之外,兼得补助生活之益也。

六、学术研究

本校播迁来滇,三校旧教员大多随校南来。虽在颠沛流离之中,并受物价高涨影响,几至饔飧不继,然对于学术研究,仍一本旧贯,不稍懈息。各教员研究所得,除由三校学术刊物量为发表外,并在本校各学会公开演讲,或将稿件分送中外各杂志刊登,以昆市纸价昂贵,印刷困难,未能自行出版。又如冯友兰教授所著《新理学》,金岳霖所著《论道》,华罗庚教授所著《堆垒素数论》,许宝骒教授所著《数理统计》论文,陈铨教授所著《野玫瑰》等书,已由教育部学术审议委员会审定给奖。此外呈送著作尚在审议中者复有多人。又如北京大学出版之四十周年论文集,清华大学出版之三十周年纪念学报及《社会科学》、《工程季刊》——理科论文在沪印刷者,因太平洋战起未能完成——虽所收各不过二三十篇,要以见诸君数年来努力结果之一斑耳。

(1942年12月)

西南联合大学教学、行政机构系统表

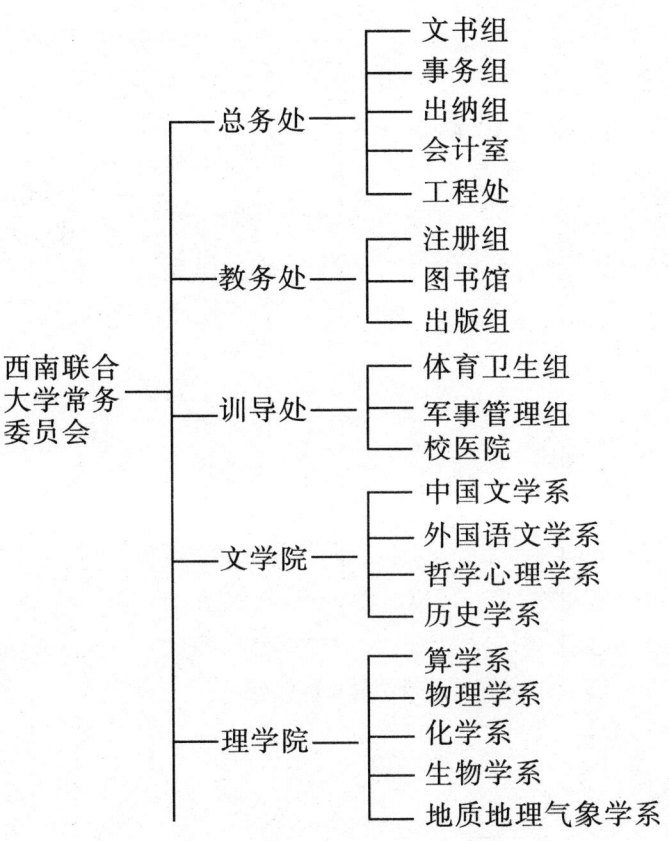

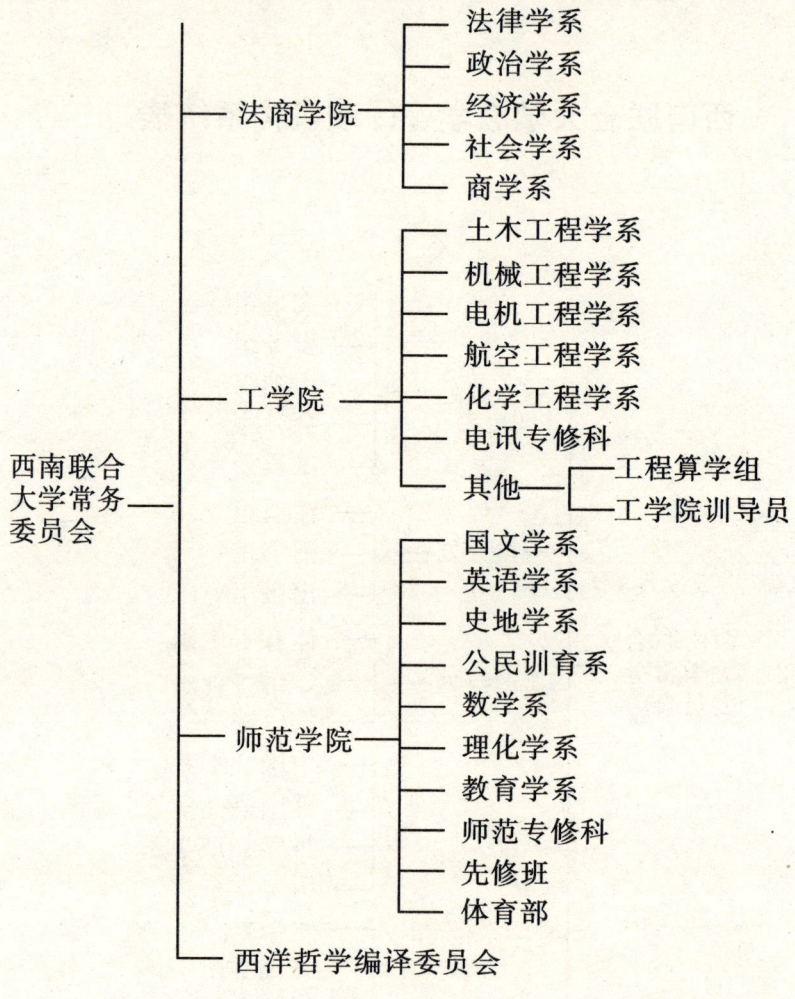

(1942年12月)

清华大学国情普查研究所拟办呈贡县试验工作大纲、目的及办法

(一)试验的初步工作

(1)社会调查(包括人口普查):

(甲)试验近代式的人口普查;

(乙)供给战时及平时行政的一部分事实。

(2)人事登记:

(甲)生育登记;

(乙)死亡登记。

(3)农业普查:

(甲)土地利用的情形;

(乙)农作物及食粮的生产及运销情形。

(二)材料整理的方法

由中外流行的统计方法里,选择最重要的数种,每种算出结果,以资比较及研究,特别注意下列各点:

(甲)可靠程度;

(乙)计算员的人选及人数;

(丙)计算及整理所需的时间;

(丁)整理的经费。

(三)试验目的

(1)有些事实的搜集,对于云南省政府及中央政府的行政,有适当的需要,如:

(甲)壮丁的选拔;

(乙)选举的推行；

(丙)租税的举行；

(丁)义务教育的推行；

(戊)公众卫生的推广；

(己)贫穷的救济。

(2)有些方法的试验，是搜集前述事实的必要工作，特别关于：

(甲)可靠性；

(乙)经费；

(丙)人才的训练与利用。

(四)为实现上述目的，最有效的办法是政府与学术机关的合作，前者负行政及推动的责任，后者负技术及经济的责任。

(1)政府与学术机关的合作，国内他处的前例已日见其多，如河北的定县及山东的邹平县。

(2)今略述资源委员会(包括金陵大学)与江苏句容县的合作如下：

《试办句容县人口农业总调查报告》第一部第二节调查以前的筹备(第一段)：

"我国行政区域，最小为县。此次试验调查，亦以县为试验范围，以图行政上之便利。句容县的财力人力，在江南各县可算中等；距离南京，亦不为远；粮食生产的情形，也还复杂。进行此县调查，既合试验目的，且便于工作进行；所以在试验调查计划中，即拟定句容为施行调查之地点，并为办事手续上便利起见，特函商江苏省政府指令句容县自行清查全县农业状况，本会即以政府聘请名义，主持其事。时句容县县长为许荣氏，对于此项工作深具热心，遂于一月十日起开始进行。"

(3)为本次试验的方便，最好请民政厅令呈贡县与鄢所合作，由呈贡县负行政及推动的责任，由鄢所负技术及经费的责任。

(1940年3月)

第四辑　大学之史记

抗战期中之清华

一

自卢沟桥事变迄今已二十一个月矣，在此期间，吾校之所遭遇固多有与他校相同者，然吾校校舍之被敌人占据摧毁，同人南迁后之艰苦维持，与夫目前校务之推进状况，凡我校友，必欲闻其详。今兹所述，犹虑未能详尽。盖前年夏间，琦因事赴京，七七变作，即未能再返清华园，关于园内经过情形，皆同人事后南来或通信相告者，琦今据以转告校友。虽其间详略不齐，或近屑琐，然皆目睹心伤，垂涕而道者也。

本校因地处平西，毗连宛平，当七七之夜，敌人进攻卢沟桥，枪炮之声，校内清晰可闻。斯时正当暑假，一二三年级学生在西苑兵营集中受军事训练，四年级已毕业学生，为谋职业及准备研究院与留美公费生考试，留校者二百余人，教职员除少数南下参加庐山谈话会与做短期旅行者外，大部分仍留校中，对于时局演变，严切注意，校内秩序，则力予维持。自七月八日至二十七日，地方当局举棋不定，谣言繁兴；迨二十八日我军后撤，北平遂于二十九日沦陷矣。当二十八日晨，敌机大举轰炸西苑，同日午前，二十九军与敌战于沙河，炮弹有落入园内者；迨二十九日，我军退出北平之讯证实，留校同人，乃纷纷向城内迁徙，学校情形，暂时最为惊慌，盖敌军所在，已去本校不远，随时有窜扰之虑。斯时也，琦已由庐山到京，因平津交通中断，无法北上，除与校中同人函电询商外，日惟向京中各方探取消息，每闻及沙河激战，西苑被炸,念我介乎其间之清华校园,不知被破坏至何程度矣。某日报中载有清华学生二百余人在门头沟附近被敌人屠杀,更为焦急,凡兹传闻,虽事后幸未证实,然在当日闻之者,实肠一回而九折也。

七月二十九日下午三时,即有敌军在校内穿行。尚无若何举动,但以后来者益多,应接不暇。校中同人,于八月中决定疏散办法,并组织保管委员会,保管校产。九月十二日,日本宪兵队带俄籍翻译来本校搜查,凡校长办公室、秘书处、庶务科、学生自治会会所,及外籍教员住所,均被搜查,旋封闭学生自治会所及噶邦福先生住宅而去。

十月三日,日本特务机关人员及竹内部队长来校参观,临行将土木系之图书、气象台图书、仪器、打字机、计算机等,用大汽车装载以去,是为敌军自由窃取本校什物之始。自此每日参观,每日攫取,虽经保委会交涉制止,全无效果。

十月十三日,敌军实行强占校舍,此批军队,即为卢沟桥事变祸首牟田口部队,占住之房舍,为工学院,办公楼,工字厅,甲、乙、丙三所,女生宿舍,二院宿舍,大礼堂等处,是为敌军驻入本校之始,斯时在本校保管人员,被逼退至学生宿舍"四院"。

二十七年一月二十日,敌军又要求迁移科学馆、生物馆、化学馆为驻兵之用,中间几经交涉,终于二月初强逼搬完,并限校内员工,一律迁出旧校门,保管人员退住旧南院,自此以后,旧校门以内情形,不堪言问矣。迨至八月中,敌军驻本校者,增至三千余人,又将校外住宅区占去,即保管委员住之旧南院,亦被侵占,于是清华园内,遂不复有我人之足迹矣。今年春,有新自北平来者谈及园内情形,云图书馆已被用作伤兵医院,新体育馆、生物馆用作马厩,新南院用作敌军俱乐部。各馆器物图书,取用之外,复携出变卖,有时且因搬移费手,则随意抛弃或付之一炬者。夫敌人之蓄意摧残我文化机关,固到处如是,清华何能例外,虽然,物质之损坏有限,精神之淬励无穷,仇深事亟,吾人宜更努力灭此凶夷,待他日归返故园,重新建设,务使劫后之清华,益光大灿烂,斯琦于缕述母校情形之余,愿与同人共勉者也。

二

自北平沦陷，战祸延长，我政府教育当局，爰于八月中命本校与北大、南开合组临时大学于湖南省会之长沙，琦于八月底赴湘筹备，为谋本校员生来湘之便利，商托天津、南京、上海、汉口四处同学会，一方举行登记，一方指导行旅。斯时也，我校员生家属之来询问其子弟消息者，函电纷驰，亦赖各处登记报告，得知行止，各处同学会之热心帮助此项工作，至可感佩。长沙临时大学赁得校址于湘垣圣经学院，乃于十一月一日开学，本校学生到者六百余人，教职员到者百八十余人，烽火连天，弦歌未辍，虽校舍局促，设备缺乏，然仓猝得此，亦属幸事。本校原在长沙河西岳麓山南起建房舍，最初计划，原为各研究所在湘工作之用，兹三校南来，爰由本校扩大建筑，由二所增至六所，预计可于二十七年春间完工。乃敌人破坏计划，渐及我后方，长沙虽去前线尚远，亦因空袭时来，渐感不安。二十七年二月，临时大学又奉命迁于云南省会之昆明，四月底全部到达，改名为西南联合大学，本校学生到者六百余人，同年七月毕业者二百余人，教职员除由湘随来者外，由平南来者，又增数起，共达二百人以上。关于西南联合大学之组织，可约略述之者，在行政方面，由常务委员会主持全校事务，常务委员以三校校长任之，合秘书主任为常务委员会。常务委员会之下，设教务、总务两处，每处各设若干组，分司经常行政事务，此外另设工程处，办理建筑校舍事宜。（目前联大所用房舍，全系租赁或暂借性质，布置上极感不便，计划上已时虑变迁，故不得不自筹建造简单之校舍，以应自身之需要。）在教学方面，院系之分设，系参酌三校原有情形，共分四院，文、法、理、工；十八学系，中国文学、外国语文、历史社会、哲学心理、物理、化学、生物、数学、地质地理气象、法律、政治、经济、商学、土木、机械、电机、化工、航空；去夏复遵部令，设立师范学院，以教育系并入该院，今年二月，在电机系附设电讯专修科，期以较短时间（一年半）造就电讯技术人才，备国家抗战之用。联大经费之来源，系北大、清华原定经费之四成，及南开应领教部补助之四成拨充，合计每月不足八万元。

在开办之初,幸得管理中英庚款董事会及中华教育文化基金董事会之补助,图书、仪器稍稍添购,但因外汇价涨之故,所能购得者,质量均尚差甚多。至建筑费,则系以中基会补助费之一部,即三校节余之款,凑合共得二十万左右,当此工料均贵之际,联大建筑之力求简单,一因符抗战节约之旨,而亦因经费所限,不得不然也。自去夏秋季,学生人数骤增,课程设备,一切均有增加,联大每月经费,遂益感不敷,幸于二十八年度经商准教部,以上半年清华节余之款拨助,每月可增一万五千元。至设备方面,清华除以前(三年前)由平南运之器物尽量供应外,清华在滇所设各研究所,在可能范围,谋于合作,于联合教学之需要,亦可稍有补助耳。

三

至清华之事业,近年以来,吾人在平时即认为学校在充实大学本科各系之外,应并注重于研究工作之推进,故南迁以后,除农业研究所(原设清华园)、航空研究所(原设南昌)、无线电研究所(原设汉口、长沙)均次第迁设昆明外,更因地方与时势之需要,于去秋添设国情普查及金属学二所。凡此五所,现均布置大致就绪,工作已有相当进展,虽设备方面,一时因经费与时间所限,未能尽敷工作之需要,但同人之努力,益形紧张,以求适应环境,于抗战期中对国家多少有所贡献。盖吾人以为研究事业特别在创始之际,规模不宜扩张,贵在认清途径,选定题材,由小而大,由近而远,然后精力可以专注,工作可以切实,至于成效,虽不可预期,然积渐积久,必有相当之收获也。

清华留美公费生,自前年夏间,因战事关系,暂停考送,以前派出留学欧美者,现尚有四五十人,各生成绩,均甚良好,抗战以来,尤知奋勉,学校虽于经费困难之中,仍设法维持,使于学业各能有所成就,但川资及生活费两项,已酌予减少,一以节省用费,一以使诸生知与校中同人共甘苦也。

此外关于母校情形欲为各校友述之者,尚有庚款停付之问题,盖自本年一月财部当局,因海关收入十九为敌人所扣留,遂将庚款债款

（为关税担保者）一律停付，本校经费，一时遂竟无着落，庚款停付之事，在民国二十一年三月至二十二年二月之间，政府曾有是举，当时学校赖有财部拨垫之款，未致中断。此次政府之出此，其困难必更甚于前，但学校之各项事业，同人之所日夜努力者，亦实国家抗战后方重要工作之一部，而在建国因素中，尤不可废弃，故吾人深信，政府当局，亦必有维持之办法。最近已商请教部转呈行政院长，准令拨垫，虽详细办法，尚未确定，但校务之得继续进行，约可无虑也。

原刊于《清华校友通讯》第五卷第三期
（1939年5月）

抗战期中之清华（续）

昨岁五月在《清华校友通讯》五卷三期上发表《抗战期中之清华》一文，为我校友叙述抗战中之母校情形，想各校友业经阅及。岁月不居，韶华易逝，兹忽忽又一年矣。琦乘此母校二十九周年纪念之日，再将此一年中学校情形，缅述大略，想为我亲爱校友所乐闻者。

一

抗战迄今，为时两年又九月，我整个民族在此艰难困苦奋斗中，已使敌人陷于不拔之域，失地虽未尽复，前途实具乐观，吾辈重睹"水木清华"之日或不远矣。据最近所得平中消息，清华园情形，仍如昨岁所述，工学院，办公楼，工字厅，三院宿舍，甲、乙、丙三所，女生宿舍，新南院等处，仍为敌军盘踞，新体育馆、生物馆被作马厩如故，图书馆、化学馆、科学馆、四五等院宿舍，则尽作伤兵医院，伤兵有时多至二三千人，各处零星器具，时被盗卖。独图书馆书库，闻大部尚未遭殃，本校留平之保管人员，偏居城内，园内情形，未能过问，间遇旧校工来自园中者，探知一二耳。本校长沙岳麓山麓之建筑，已全部完成，前年长沙大火，昨岁湘北会战，本校建筑依然无恙，校址中一部分农产物，且获丰收，此堪为我校友告慰者。自来昆明，瞬息两载，学校办公处所，大多系租民房，差敷应用，独各研究所自在昆成立，因所址不定，一再迁徙，殊感不便。去春租得本省农场百余亩，一部作农验所实验之用，一部备为二三研究所建造之需，但近来工料特昂，所能造者不过茅屋数十间，差敷研究工作之用而已。

二

西南联合大学情形，自二十八年起，学生人数，遽增至三千余人，本校旧生计三百一十六人，上学年终本校学生毕业者一百六十七人，抗战期中，本校三批毕业生，计二十六年二百五十六人，二十七年二百零七人，二十八年一百六十七人，共为六百二十人，皆能在此大时代中为国家服务，亦堪嘉慰者。联大在昆明大西门外新建校舍，已全部完成，但其教室及宿舍之容量，尚不及全校所需之一半。此外则总办公处，仍须设工业学校内，而昆华中学及昆华师范之一部，仍须租作教室及宿舍之用，工学院则仍设城东迤西会馆，自去春租得附近之江西会馆，而工学院各系之实验室得以布置，今已粗见规模矣。至联大行政上之组织，院系之设置，均无改变，一如昨岁所述。经费方面，今年较去年经〈费〉①总数，增加十六七万。但因学生人数之骤增，各物价格之飞涨，入不敷出，反较去年为甚。学校设备，两年来，幸得中基会、英庚款董事会，及教部分批之补助，陆续购置，外有清华由汉运渝、由渝转滇之器物，尽量供用。最近南开之一批书籍仪器，不久亦可运滇，则普通教课上之参考与实习之需要，可以勉强应付，尤以工学院增设实习工厂，接受外间委托制修物件，使学生参与实际工作，收效最多。盖自二十六年秋，迄二十七年春，长沙临时大学时代，学校情形，可谓最坏。校舍一再迁移，师生转徙数千里，其间颠沛流离，困苦难状。经两年来之惨淡经营，校舍既定，设备渐充，学生程度，亦年有进步，三校原有之精神，已潜滋默化融洽于整个联大之中。斯琦于叙述学校情形之余，所至感欣慰者也。

三

至清华之事业，五研究所（农业、航空、无线电、金属学及国情普查）之成立，已于上年报告中，略述梗概。一年以来，各所工作，均极努

---

① 〈 〉内是增补的脱字。

力,各有若干之成就,其进行之详细状况,将逐次在《校友通讯》上发表,兹不赘述。吾人常以为学校之任务,在为国家培育人才,然培育人才,未可咄嗟立办,而我国家又正值需才孔亟之秋,吾人于此在推进各研究所工作外,就政府需要,与有关部分,合办二事,一为云南水力之探勘,一为公路研究之实验(一为资委会,一为交通部),斯二者由合办机关供给一部分经费,本校则贡献其人才与原有设备,合力进行。前者已获有相当结果,并为有关机关采用,后者虽开办未久,工作颇为紧张,预期于将来公路修造问题上,必能有所贡献。清华留美公费生,自二十六年夏停止考送,瞬将三载,以前四届派赴欧美学生,皆将陆续期满归国,吾人固知抗战期间经济之困难,吾人尤知建国事业需才之迫切,不及今储才备将来建国之用,后将有才难之感。爰于今春请准政府,自今年起,继续招收留美公费生二十名。考选门类,及一切章程,均已拟妥,定于今夏八月举行考试。此外更自今夏起,加设留美自费研究生奖学金十五名,每名年给奖金(美金)四百元。凡此虽当学校经费不裕,外汇难得之际,皆以仰体政府求才之殷望,勉继吾校三十一年以来所负之使命耳。虽然此究需费较巨,名额有限,效用未宏,揣诸实情,亦非长久之计,本校为此,爰自二十八年夏间恢复研究院,裨一般大学生有深造之机会,除原有各部门外,文科研究所:(一)中国文学部,(二)外国语文部,(三)哲学部,(四)历史学部;理科研究所:(一)物理学部,(二)算学部,(三)生物学部;更增加工学院之土木、机械及航空、电机三部,去夏共收新旧生二十五名,政治、经济二部及化学部,则因设备未完,暂未招生,今夏当视各该部情形,酌为恢复。

四

清华本身事业,具如上述,其有为各地校友经办之事业,而又经本校赞助者,如贵、渝、蓉等地之私立清华中学是,原各地清华中学其经费组织,皆由各地创办校友,着手进行。经过相当时期,办有相当成效,经本校酌于可能范围(不牵动本校经费预算)予以人力物力上之帮助。本校历届招考新生,投考者累千,录取不逮什一,一般中学程度之低落，无可讳言。夫中学阶段，为学校教育之中坚，大学之基干，此而未臻健全，此而或有缺陷，大学教育，实未易推进，我各地校友，本此方针，致力于中学事业，斯琦所最感兴奋而极愿予以赞助者。虽然，此数中学者，皆创立于抗战军兴之后，后方中等学校之需要，骤形迫切，同学诸君为济此需要，毅然为之，不畏困难，刻苦维持，与此抗战精神，同可钦佩，但一旦战局平复，各地情形，在教育需要上将大有变更，则此数中学，应否皆继续维持，而自人力物力方面言之，能否皆继续维持，凡此种种问题，不可不于今日辛勤推进之余，一为念及者也，虽然，吾人做事，手已把犁，义无反顾，在今日只有奋勉前进，成败听之将来可也。

原刊于《清华校友通讯》第六卷第五期
（1940 年 9 月）

抗战期中之清华(二续)

自本校迁来昆明,瞬逾三载,前昨两年,琦曾将本校在抗战期中之大略情形,写成《抗战期中之清华》一文,揭载《校友通讯》上,想我校友诸君当已阅及。兹忽忽又一年矣。抗战前途,日趋胜利,而本校之成立,亦届三十周年,吾人缅怀往昔,体会来兹,宜如何兴奋而愉快。窃愿仍循往例,在此校庆日,将过去一年间之本校大略情形,写成《抗战期中之清华(二续)》一文,再为我校友诸君告焉。

一

清华园情形,过去一年中,几无报告前来。沦陷三年零八月之校园,尽为敌兵占作营房马厩,虽未能尽夷为废墟,要已荆棘满地,他日胜利归去,纵金瓯无缺,修葺补罅之功,将亦煞费经营矣。再本校在长沙岳麓山麓之建筑,原为特种研究之用,经始于抗战之前,嗣因临时大学成立于长沙,稍加扩充巨厦六幢,先后于二十七年春初完成,而临时大学又迁昆明,遂未住用,仅堆积少许器物而已。乃敌机既于二十七年四月轰炸一次,震坏楼顶数处。复于昨岁九月三日及今年三月三日,两次对此空屋,大举投弹,巍巍建筑,屹立如故,仅东楼墙角略受损伤及少数窗门间有破坏,旋即酌予修复。敌人之摧残我教育,此不过其一端,而我长沙校舍倘非借兵麓为之屏障,则其所受之摧毁,恐必不只于此也。本校在昆明年来亦有小部建筑完成,为农业研究所、无线电研究所、金属学研究所之用,地点在昆明北郊,房舍皆为简单平房,只以使各项研究工作在城郊得以稳定进行而已。

二

本校与北大、南开合组西南联合大学——初为长沙临时大学——自二十七年春间,迄今恰已三年。联大情形,院系组织,一如昨岁所述,五院二十六学系,学生人数,增至三千人,在敌人进占安南,滇境紧张之日,敌机更番来袭,校舍被炸之下,弦诵之声,未尝一日或辍,此皆因师生怵于非常时期教育事业即所以树建国之基,故对于个人职守不容稍懈也。自昨岁秋间,因滇边紧张,联大奉到准备迁移之令,经二三月之筹划,乃于四川叙永勘定校址,作一年级新生(近七百人)上课之地,是为联大分校;二三四年级学生仍在昆明,除工学院仍在城东迤西会馆、江西会馆及全蜀会馆外,文、理、法商三学院,均集中于自建之新校舍内上课,总办公处亦于去冬迁至新校舍,惟师范学院自去年十月旧址被炸后,迁于昆华工校新楼之东区,凡此各部校舍,类多因陋就简,但于图书馆,系图书室、实验室等部,则尽量使之充实,以使教学工作维持相当水准,不因环境困难,而草率从事也。此外联大研究院,仍由三校依分工合作之旨,负责办理,清华部分,计设国文、外国语文、历史、哲学、物理、化学、算学、生物、政治、经济十部。本年计有新旧研究生二十四人。工科之土木、机械、电机三部,亦于二十八年夏设立,但去夏投考者,成绩较差,未予录取,故本年未有研究生。

三

清华自办之事业,五研究所次第成立(农业、航空、无线电、金属学及国情普查)亦有年矣,工作计划,逐步实施。此五研究所者,皆为我国家迫切需要,故不仅吾人本身兢兢业业,不敢稍懈,即社会人士所期望者,亦至弥切,惟以研究之事难期速效,且有涉及国防,未便缕述。兹可得而言,且为各研究所去夏报告所未提及者,国情普查研究所之《呈贡人口及农业调查》初步完成,近又推广及于邻县。农业研究所之《云南经济植物之病害调查》亦告竣事。航研所近与中研院气象研究所合作,对昆明附近高空气象进行探测。此外另与政府有关机关合办二事，一为云南水力之探勘，一为公路研究之实验。前者已勘妥一处之水力为有关机关所采用，另作其他一处之探勘矣；后者，初步研究已有相当结果，现方拟进一步做较大规模之实验。凡此仅由合作机关供给一部分经费，本校则贡献其人才与原有之设备，政府最近曾命令各学校应就学校所在地，尽量与当地有关机关合作，以本校过去经验言，此实事半功倍之举，今后本校仍当尽其所能，以增进其贡献于国家于社会。

四

清华留美公费生，昨岁八月举行招考，是为二十六年停办以来之第五届。办法一如往年，先由校呈部，组织考选委员会，委员九人，除本校校长任该会主席外，另聘本校教授三人，校外专家四人，及部派代表一人；所有考试规则、录取标准，以及各科命题阅卷之人选，悉由该会决定。至命题阅卷者，计共须聘四五十人。但除国文、英文由本校教授评阅较为便捷外，在其他门类科目，则尽量向校外征聘。本校教授参与评阅者，仅占三分之一。考试地点初拟分港、渝、昆三地举行，旋因敌人进占安南，港地积极设防，疏散居民，本校只得将香港一区临时取消。为便于平、沪一带应试者得转地应考，特将报名期限展缓两周。在考试时，渝区曾遇空袭，幸事先有所准备，得能按时考试。两地应考者共四百余人，考后因命题阅卷人散居各方，邮寄又多迟缓，各科试卷，于今年二月中始全部汇齐，比即开会决定，录取汪德熙等十六名，其中造舰、枪炮、水力发电、航空（发动机）四门，因应试者全部成绩欠佳，暂付缺如。录取各生，已分别为聘定导师审定计划，希望能在本年六七月间赴美，此十六门录取名单另载本刊《通讯》中。留美自费生津贴办法自去夏试行以来，申请者甚多，成绩优良者亦复不少，但因限于名额，未能尽予津贴，至感遗憾。溯自二十八年一月，政府将庚款暂行停付，本校经费只以基金利息拨充，收入因而锐减。而自去年仍行恢复考送留美公费生及津贴留美自费生二事者，实因自抗战以来，专门人才，需要迫切，而清华派遣留美学生，向为其特殊事业之一部分，故虽在经费困难,乃至借款补充之今日,不得不勉力筹办,以符政府之期望,而应社会之需要耳。

五

由本校校友主办之清华中学,已详具昨岁所述,现下计有重庆、贵阳、成都三所,皆经过相当时期,办有相当成效,本校酌于可能范围(不牵动本校经费预算)并斟酌各所情形,予以人力物力上之帮助,而三处校友,亦能协力同心,培此基础未固之中学,至堪嘉慰。最近桂林同学分会、西安同学分会,先后提议各就所在地举办中学一所,各地同学热心当地教育事业,此实最好现象,允宜力予鼓励。惟琦以渝、筑、蓉三地中学经过之困难,不能不提示桂林、西安两地同学,请于着手举办之先,对于经费、校址、校董人选三者务须有充分准备。经费不充,则无以为继;校址不定,则学校难久;而校董人选倘无地方上热心人士参加,则校务亦不易维持。故愿诸同学详慎考虑,倘对以上三点无十分把握,切勿轻于尝试,否则今日之一片热忱,反造成来日之困顿,诚可惜也。昨岁昆明同学分会,提出"一个建议",揭橥六端:"(1)如何策应建国大业;(2)如何团结校友;(3)用新的方式发展同学会;(4)把学术研究结果付诸实施;(5)我们可做事业;(6)我们如何去做。"其详细计划,刊在《校友通讯》六卷十二期上。又渝、筑两地同学分会为母校成立三十周年又值周寄梅先生六十大庆,及琦服务母校二十五年,倡导征募六十万奖学基金运动。凡此二事,规模较大,允宜经全体校友共同商讨。琦所能在此致其一己意见者,则来年校友诸君,多能致力于福利社会国家之事业,同学会原为联络同学间感情之组织,兹欲借此组织在联络感情外,举办如许巨大计划,此实创同学会未有之先例,此实扩大同学会之功用,用意实可佩慰,惟所应熟虑者,以目前国内交通情况,抗战局面最近尚难结束,以及各地校友经济之困难,此种计划稍缓时日以图之,似更易于成功尔。

六

纪念母校成立三十周年。

母校成立,今年恰为三十周年。琦自一九〇九(宣统元年)年,应母校第一次留美考试,被派赴美,自此即与清华发生关系,即受清华之多方培植。三十二年来,从未间断,以谓"生斯长斯,吾爱吾庐"之喻,琦于清华,正复如之。今日清华校园沦陷在敌骑之下,举校同人流离于西南边隅,勉强工作,北返无期,偶一回思,心伤靡已。值母校成立三十周年,允宜扩大庆祝,但国难校难,夫何庆祝可言!无已,则惟有吾辈工作之努力,作母校纪念之贡品,爰与同人商定恢复本校原有之四种刊物:一、清华学报,二、理科报告,三、社会科学季刊,四、工程季刊。另于纪念日前后,举行一周之学术讨论会。凡此措施,一以尽吾人学术救国之责任,一以寄对于母校之忧思耳。纪念之日,各地同学,当均有集会,希于欢庆之余,亦各以尽力职守之决心,作贡献母校之最上礼品,则他日母校之光荣,其清其华,不系乎一园之水木矣。

原刊于《清华校友通讯》第七卷第一期

(1941年4月)

抗战期中之清华(三续)

抗战军兴,我校避地南迁,于今为第五年;我校于昆明举行周年纪念,此次亦为第五届,且可望为最后之一届。盖去年十二月八日太平洋战事之开始,实为我国抗战胜利之转机;而旬日前东京之轰炸,亦即敌人势力崩溃之肇端。则一年之后亦或半年之后敌我消长之势必更大见,而我军修复燕京之日,当亦即我校重返故园之时,然则明年此日,此跄跄跻跻者安知不重见于水木清华之工字厅耶,言念及此,已不禁"漫卷诗书喜欲狂"!兹将我校一年来之校务,为我校友诸君作一简短之报告,曰:"抗战期中之清华"者,仍其旧也。

一、故园之情形

据最近由平南来校友叙及,清华园仍为敌人占作伤兵医院。大礼堂中一部分之坐椅最初曾遭破坏,逮敌人亦用以为集会之所,始不再续予损害。图书馆之出纳部分为会客室,阅览室为食堂,书库内藏书,西文书之贵重部分被抢一空,运往敌国,中文部分近年出版之各种期刊,悉遭焚毁。其他中西典籍,于去秋扫数移至伪北京大学,于是插[满]架琳琅之书库,已告一空矣。生物馆之东半已沦为马厩,后进课室为酒排间。化学馆所受摧残最烈。工学院全部机器,被运去南口修理厂,专供敌人修械之用。新南院住宅区,竟成妓馆。旧工友零散,留者仅二人,旋被逼一再输血,死于非命。去年中条山之役,敌人自该区掳去我军官数人,现亦囚于园内,再三被逼作无聊之广播。凡兹所述,当不逮真想[相]之什一,已足以令吾人痛心疾首矣。

二、播迁期内之学校建筑

本校长沙岳麓山麓之建筑,去岁第二次第三次湘北会战时,均遭敌机投弹,略有损坏,但已次第修复。他日者,校友倘道出长沙,参观若干次伟大之战绩,我岳麓山麓之校舍,亦足供诸君之盘桓也。本校在昆明西北郊之建筑,一年来亦略有增益。现研究所第一部之大部分,及第三部第四部之全部,均在彼工作。去年又复在东北郊建屋数椽,专为研究所第二部之用。本校办事处所租用之民房一所,昨岁八月十四日,敌机狂炸联大新校舍及昆明西北城一带,办事处四周落弹甚多,其东院为余与家人分住者,直接中一巨弹,致全部倾圮,私人什物亦略有损毁,西院之办事处,被波及者,仅门窗屋瓦及一部分墙壁,公物均获保全,诚不幸中之大幸。该院各屋旋经修复,仍勉敷各部办公之用,办事处之移设于此,于今亦且三年余矣。今人每好言迁地为良,苟不知其为良实不若不迁之为愈也。

三、西南联合大学之情形

西南联合大学由五院二十六学系,及其他部分组织而成,一如昨岁所述,无烦再赘。本年学生人数,将及三千人,原在叙永之分校,亦于去秋因一年级生归来升学之机会,全部移回。自敌人进占安南,昆明已由后方转成前方,迨太平洋战起,星洲沦陷,敌人进窥缅甸,昆明局势益见紧张,然而幸职教同人均能闹中取静,持之以恒,故一切计划,尚能按步进行。师生之一部分且能抽暇直接间接为抗战工作努力。同学中应征入战地服务团及航空学校者,为数亦复不少。由西南联合大学毕业之学生数,四年来亦年有增益,去夏毕业者共三百零六人,而由清华毕业者,去年亦有九十一人。

联大之研究院系由三校各就原设所部招生训练,在清华所部者本年共有三十一人,在书籍仪器极度缺乏下,学生研究精神,尚属良好。窃念目前海外交通困难,大学生毕业后欲求深造者,将惟国内各大学研究院是赖,如何充实研究院之师资与设备,实为校中要图之一。最近教部允拨联大二十四万元作研究院补助费,清华方面亦拟筹拨二十五万元作三校研究补助之用。联大同人之研究工作,可有更多之进展矣。

去年八月十四日,联大自建校舍遭敌机大批轰炸,落弹至数十枚之多,其间凡常委办公室及事务组、出纳组、图书馆书库一部分、理院实验室数间均被炸平,学生宿舍亦有四分之一被毁,经月余之赶工修理,幸终能于预定日期内照常开学。去年八月十日至十五日为敌机进袭昆明最猛烈之时期,而十四日一日专为摧毁我联大而来,但除校舍一部分被毁外,师生数千人均经安全疏散,无一死伤,诚大幸。

联大自建校舍,容量有限,工学院仍在城东,租用会馆三所,师范学院租用昆华高级工业学校校舍,一年级新生租用昆华中学新建校舍之一部。工学院而外,文、理、法、师范四学院现均集中于西北郊,尚感便利。

四、本校于参加联大外之事业

本校所设立研究所,各按既定计划,逐步进行,大致具如昨岁所述。研究所第四部国情普查部分,今年接受内政部一部分经费补助,与本省民政厅合作,组织一户籍示范委员会,举行环湖四县一市人口普查,动员昆明全市及四县县内小学教员,先予初步训练,继则着手调查。目前调查已将完毕,统计工作即将开始。此项比较大规模人口普查与人事登记,所及人口多至七十万人,在国内尚属创举,将来所得结果,将拟具详细报告,提供内政部,为他日举行全国普查与人事登记参考资料。其他各所研究工作,均照常进行,惟图书设备添置困难,不能有充分之进展耳。

本校派送留美公费生,二十九年秋恢复举行招考一次,是为第五届,计录取十六名,已于去夏遣送出国。其中仅两人,一因沙眼,在港疗治,一因由闽去港,道路迟滞,值太平洋战事骤发,致均未得成行。第六届考试,本拟于今年继续办理,一切组织门类,均经教部核准考试日期及地点,并已登报通告,旋亦因太平洋战事发生,只得展缓举行。

自美国封存各国资金后,本校大部分美金全陷冻结,待太平洋战起及我国对日宣战，本校所赖以维持之基金利息，已告断绝。近年来，本校经费一部分即赖借贷维持，现下全部将惟借款是赖。凡此情形，自须待战事结束后，始能重加调整也。

五、校友举办之清华中学

我渝、蓉、筑三处校友热心举办之清华中学，现均颇着成绩。昨岁起，成都清华中学首班毕业生，已有应考联大者。重庆清华中学在该区中学内，曾获得数项奖励。贵阳清华中学经周寄梅先生之热心创导擘划，经费比较稳固，自建校舍，亦已大都完成。三处清中，皆有三四年以上历史，基础已立，亟须培养，所望我渝、蓉、筑以及热心中等教育之校友诸君，仍本过去提倡与维护之精神，继续努力。最近由渝区校友分会发起之百万基金运动，现正分头劝募中。琦昨岁曾言"经费不充则无以为继"，我三处清中，仅贵阳一处，基金稍裕，渝、蓉两校，似很拮据，故百万基金运动，明知在今日不易劝募，然为该校前途计，不可不努力以促成之也。上海校友会发起之寄梅教育基金劝募运动，自必乐予赞助，踊跃解囊，有不待琦之烦言者。

六、去夏川行经过

去岁琦因联大校务入川视察，曾在川境旅居三月之久，沿途于重庆、泸州、叙永、李庄、叙府、乐山、峨嵋、成都、内江等地，各做数日之勾留，得与当地校友欢晤，借知各校友最近在军、政、学、工各界之努力，至今引为快慰。各地校友亦殷殷以母校播迁期间之情况见询，其关切之情绪倍逾曩昔。琦因念及我校同学会之组织尚未臻巩固，今后应使团结更趋健全，消息更趋灵活，事业合作，更能收效，亦当前之一大问题也。归途本定取道贵州，借与遵义、贵阳一带之校友一图良晤，因交通关系，卒未如愿，惟有待于来日矣。

七、三十周年纪念会之余韵

去年我校举行三十周年纪念会，循国外大学先例，曾函达国外较著称之大学，截至去冬为止，接获贺函贺电凡四十余件，其中奖励之词固多，而情意关切多方勉励者亦不一而足，尤以牛津之来函为最恳挚，美国大学来函中有"中邦三十载，西土一千年"一类语气，盖亦极言我校进步之速。实则在以往三十年中，我校对于吾国教育、学术、文化，究已有几许贡献，此我校同人于聆受奖许之余当更加惕励者也。此项函电，将来俟印刷较易举办时当汇印成册，以作纪念。

八、校友陈三才君为国牺牲

最后尚有一事，虽至可悲，不得不向校友诸君报告者，即校友陈三才君之殉国是。陈君以前年殉国，然因真相未明，不及于去年报告中及之。三才系江苏吴县人，为本校旧制一九二〇级级友，民国九年留美后，为麻省渥斯德大学电机系高材生，得有电机工程师学位。民十四归国，在上海工商界历任要职，一·二八之役，以及八一三沪战开始后，参加救援工作不遗余力。及汪逆叛国，设伪政权及南京，陈君在沪上以为巨奸苟除，群丑自败，遂决心图谋暗杀，不幸机密泄漏，功败垂成，卒至以身殉国。陈君于民国二十九年七月初旬，被汪逆党羽绑赴南京，备受刑毒后，于十二月二日被汪逆枪杀于南京雨花台。陈君殉国之经过，大要如此。我校校友于抗战期内杀身成仁者，以陈君为最著，亦以陈君为最惨，今后应如何于文字上及事业上纪念陈君，永垂久远，一部分校友正在筹划中。鄙意事平以后凡校友为国家抗战直接间接捐躯，而校中应有一伟大而永久之纪念物品以慰英魂，以励来者，所望各位校友随时随地留意访察，倘有所闻，希以见告。其作奸附逆者，当亦有人，亦应给予相当之处置，但吾人深信前者大光辉，足以掩后者之污点耳。

原刊于《清华校友通讯》第八卷第一期

（1942年4月）

抗战期中之清华（四续）

上一年校庆的时候，我因事滞留在重庆，一年一度在《校友通讯》上和诸位相见的《抗战期中之清华》，竟因此间断了一年。时间真过得快，自七七抗战算起，马上就是七周年，我校迁来昆明，于今恰满六年。我们面对着战争，我们在战争里生长，我们相信可以获得最后胜利，我们是临深履薄，兢兢业业地谋所以把握着胜利。当兹第三十三年校庆，在向我全体校友报告校务之前，我以坚决的态度，要求我全体校友各在其岗位上加倍努力，使盟国与国家的胜利，早日来到。

一

故园情形，过去两年，渺无消息，在敌人盘踞之下，殆亦不堪闻问。历年向诸位曾经报告到各院所建筑以及设备仪器等等被破坏的程度，但似乎没有提到图书馆和书库的情形，近据第十六卷第一、二期合刊《中华图书馆协会会报》内刊载：

"清华大学图书馆，被占用后，即作为病院之本部，除新扩充之书库外，其他部分，殆全被利用，楼上大阅览室为普通病室，研究室为将校病室，办公室则为诊疗室药房之类。病者多系骨伤，故病室多标为'骨伤病室第几××'等字。各阅览室、研究室、办公室内之参考书及用具，多被移集一处，有移入书库者，有焚毁者，亦多有不知下落者，例如大部参考书，如大英百科全会[书]，韦氏大辞典及打字机之类，无一幸存。迨至今年（三十年）五月中旬，日本华北军司令部（多田部队本部）始有整理清华图书、标本模型之议。二十九年底，满铁北支经济调查所，及华北交通会社，即有整理清华图书之倡议，因故未成事实，并拟有规程四种:(一)押收图书,标本,模型整理中央委员会则;(二)北京清华大学押收图书,标本,模型整理实施要领;(三)押收图书,标本,模型整理要纲;(四)押收图书,标本,模型整理实施要领(以上均日文)。同时指定得参与之机关七处,及各机关得遣派之整理员若干名(略除),于五月十四日起,即开起整理。关于图书馆方面,各机关所担任之部门如下:(一)多田部队本部:总记辞典,卫生,建筑;(二)兴亚院华北联络部:政治,外交,法制,移殖民,文化关系;(三)华北政务委员会:灾害关系及联络部分但[产]业之一部援助;(四)新民会:禁书关系;(五)'满铁北支经济调查所'及'北支那开发株式会社':地志,一般经济及产业,财政,金融,社会关系;(六)华北交通株式会社:交通,治水,运输关系。其整理手续,系先按门类依次排架,然后再行各按所需,从中挑选,只以年来书库内无人清理,且他处书籍之移入书库者,率皆随意业置地上,因之书库内,颇形凌乱,而窗破之处,亦所在多有,以致尘土积封,蛛丝牵挂,故整理上,亦煞费手续,直至七月初始行葳事。风闻此次整理清华图书之目的,及参与斯事各机关,原可各就所需,携归私有,故挑选时,争先恐后,不遗余力,费时数周,始可选竣,嗣因他故,遂罢前议。后又拟将清华图书,全部寄存北平近代科学图书馆,该馆馆长山室三良氏曾往清华视察一次,以数量过多,该馆无地容留,乃又作罢。至此始有将各机关所挑选者寄存现代科学图书馆,余者拨交'国立北京大学图书馆'保存之议,几经伪教育总署(华北教部今称)与日方磋商,始成事实。除关于军事图书若干,禁书(抗日、共产、马克思,社会等主义,国民党及国民政府宣传品,及反新民主主义图书)约一万册,各机关所选图书(其中以方志及应用科学图书为多,方志一本未留)约四万册(内中多有以一函为一册者,故确数当不止四万册),于七月十五至十八日之间,由军部、新民会及近代科学图书馆分别运走外,拨交北大者,约二十万册,于七月三十一日始行搬运。除教署、北大及清华保管处,均派有多人从事料理外,并雇有伕役数十名,负装卸搬运之责。每日雇用汽车五辆,每辆约载二千册,每日运送两次,至八月二十一日,始全部运完。此外书库第一二层钢架,北大本拟拆用,嗣以与上层之顶力有关,拆后恐至坠落,遂拆用第三层之钢架。北大分得十八列(每列十格,每格钢板七层,双长,合每格钢板十四块),近代科学图书馆分得十列,新民会分三列,日病院留一列。钢架以外,尚有全部目录柜,亦由北大取走,又书档六千余个亦归北大所有,至此,历史悠久,宝藏丰富之国立清华大学图书馆,其寿命遂告终焉。"

至此,整个的清华园,实质上已被破坏净尽,我们只有等胜利来临,再与敌人清算这一笔账。

二

自民国二十六年以后,至于今日,学校本部,暂不单独生存,初则与北大、南开在长沙合组临时大学,移滇后,又合组为国立西南联合大学,前后已将七年。联合大学计分五学院二十六系,电讯专修科,初级部,先修班。学生人数几三千人。校舍除自建一部分外,工学院、师范学院,尚系租赁房屋,十分局促。图书仪器,各项设备,至感缺乏。

在此非常时期,我国虽没有像英美一般地停闭若干大学,好教大部分的员生直接间接地参加作战,但本校在此时期,于照常教学外,尚能顾到国家抗战期内在人才方面的种种临时需要。六七年来,如国家需要某项人员,为大学生胜任者,必令学生踊跃参加,教员从旁襄助。如二十七年春,政府发动训练机械部队,我清华工学院二三四年级生,几全部参加交辎学校受训,并于受训后,分赴各地工作。三十年,三十一年,美志愿队来华及我军远征,均需要通译人员,联大学生之参加是项工作者,占全数之百分之二十二强。迨三十二年秋,盟军大量到华,通译人员,需要陡增,联大更动员全体四年级学生,以应急需,教员之自动参加帮忙训练者,达十余人。

清华研究所,现有文、理、法三所,共十二部门。文科研究所下设:中国文学、外国语文、哲学、历史四部;理科研究所下设:物理、化学、算学、生物、心理五部;法科研究所下设:政治、经济、社会三部,共有研究生四十二人。为研求高深学问,本校虽在经费极拮据下,亦乐于继续进行。

清华留美公费生考试，原为本校特种事业之一，南来以后，曾举行一次，是为第五届，去年八月复举行一次（第六届），分成都、重庆、桂林、昆明四地考试，四区报考人员，共三百七十余人。共分二十四门类，共应录取二十四人，试卷大致评阅完毕，仅差一门，付邮在途，尚未到达，兹已将各项手续办理如式，俟该门试卷送到，即可召集会议，当众揭晓。此项留美考试，如将来财力允许，希望能继续进行。

三

本校除参加联大以外，尚有五个特别研究所。这五个研究所，事实上包括七个单位，工作同人六十余人。农业、航空、无线电三所，皆着手于抗战以前；国情普查、金属学二所，来昆明以后，才分别成立。这五项研究事业，均系针对着国家迫切需要而设。六年以来，在同人努力之下，多少都还有一些贡献，现在将各所情形，及工作状况，举要写在下面：

（A）农业研究所病害组：原定研究计划中共有十余个项目，其中一部分业已结束，一部分尚在进行。此十余项目可归纳为：（1）抗病育种；（2）病原菌生理分化研究；（3）植物病害研究；（4）真菌分类研究；（5）出版刊物。

（B）农业研究所虫害组：该组因为国内昆虫学专门人才的缺乏，故自成立以来，即以训练专才为中心工作。工作范围包括应用与纯理两方面，应用方面，涉及农林、医学、工业方面的种种问题；纯理方面，分昆虫天敌与分类研究。（1）稻螟内疗防除研究；（2）果树钻虫防除研究；（3）松虫内疗防除研究；（4）疟虫感染率之测定；（5）家蝇天然防除研究；（6）紫胶培植应用研究；（7）白蜡虫卵缓孵研究；（8）昆虫天敌研究；（9）幼虫分类研究。

（C）农业研究所生理组：工作程序分为三期，工作范围也分应用与纯理两方面。关于纯理方面：（1）新陈代谢及生物氧化程序之研究；（2）生物之生长及发育之研究；（3）生物感应性之研究。关于应用方面；(4)利用植物原料以制工业成品；(5)桐油之生理及利用；(6)以电解方法制造各种有机药品；(7)出版刊物。

(D)航空研究所：该所于两年前，由昆明北城迁到昆明东郊白龙潭，其设在嵩明之气象台，最近迁至白龙潭。本年工作，在应用方面：(1)为滑翔总会制造初级、中级滑翔机；(2)航委会及中央气象局委制水银气压表；(3)第一飞机制造厂委托试验E—16飞机模型之改良；(4)日新滑翔社委托试验滑翔机翼剖面模型；(5)试验630号机翼剖面之性能。在研究方面：(1)设计直升机；(2)试制三层板；(3)研究牛酪胶及其他胶类；(4)制造试放无线电高空探空仪；(5)研究紫胶；(6)研究风洞扰乱度表；(7)研究飞机制造材料；(8)建造布置航空陈列馆。

(E)无线电研究所：除一部分仍继续以往工作外，在研究题目上，各有更改，以适应国外技术的新发展和国内的新需要。近两年来的研究工作如下：(1)氧化层阴极之发射；(2)调速电子管超高频振动器之研究；(3)新式无线电测位器之实验及试造；(4)氧化铜整流器；(5)栅柱对于束射之贡献；(6)短波定向仪；(7)粉碎铁心之制造；(8)轻小铅蓄电池之制造；(9)超高频电波产生之新法；(10)荧光现象及冷光灯之试造。最近该所又与中央电工器材厂订定技术研究合作办法，从此，和目前工业上的实际问题，有了进一步的关系。

(F)国情普查研究所：该所近两年来，经与内政部云南省民政厅，及云南省经济委员会合作，从事于云南省环湖市县之调查，结果已编印成《云南省户籍示范工作报告》一种。其他完成的研究为：(1)呈贡县农〈业〉普查；(2)呈贡县社会组织；(3)呈贡县汽车路的研究；(4)近代中国国势普查(Toward a Modern Census in China)。尚在进行中的研究，则有：(1)滇省三县社会行政；(2)呈贡及昆阳人事登记。所中同人个人的分题研究，则有：(1)各国及中国人口普查方法的研究；(2)我国人事登记制度的研究；(3)我国战时移民运动与社会变迁；(4)农民家庭的出款与入款；(5)昆明农民的阶级流动性；(6)呈贡县的民风。

(G)金属学研究所：该所在进行中的工作如下：(1)配合X射线数据决定晶体构造之新法；(2)由X射线的相对强度，决定晶体的第二种熄灭系数；(3)锌锑合金单晶之制成；(4)一系高热电压合金之发明；(5)锌锑合金之 X 射线研究。为适应实际需要，该所对于采矿冶金的技术问题，亦随时加以注意，同时帮忙各矿业机关解答诸种疑问。

四

去年秋天，本校同人，又以其教学余闲，创办了一个清华服务社，开办之初，为了征募股本，曾和全体校友通过一次信。截至去年十一月止，共集股百五十余万元。半年以来，机械工程部机制木材组发展特别迅速，单单为供给美国陆空军供应处建筑材料一项，营业数目达数千万元之巨，各锯木厂彻夜工作，尚有供不应求情形。他如应用化学部，化妆品制造厂，牙水、发油已在市上流行。农艺部，除碾米厂外，增设酿造组，制造味精酱油及普通酱油等。服务社共分八部三十三组，去年结算，自六月至十二月终，盈余约二百万元，一面可以调剂本校及联大同人生活，一面可以帮忙社会生产，在这个抗战期中，本校同人，可算各尽其力了。

五

清华校园的情形，联大状况，本校各研究所的事业，简略地向诸位报告过了。抗战期中的母校，虽失去了美轮美奂的校舍，虽颠沛流离地偏居在西南一隅，一切的教学研究，总算勉强照旧进行，从未间断。还有不属于本校而由于本校校友举办之渝、蓉、筑三地清华中学，近两年来，也都有一些进步，也都有了固定校舍。渝清中一再受嘉奖；筑清中并经蒋主席誉为模范中学；蓉清中亦经川省教育督导团特予嘉许。三处中学，全赖三地领袖人士及校友的支持，才有今日。而他们都印有学校概况，可以索阅。

近两年来，我个人曾几度到过四川，一度到过贵州，随在可以遇到我们的校友，他们一秉"厚德载物，自强不息"校训，努力他们的职务，真令人十分感奋。《校友通讯》虽未能按期出版，亦未能时常出版，但本校于去年四月设了个"校友通讯部"，负责校友间的联络，答复校友的询问，希望散处各地的校友，都能以最近状况函告。对于有校友分会的各较大都市的校友，如重庆、成都、北碚、泸州、贵阳、遵义、柳州、桂林、砰石、长汀、泰和、西安、洛阳等，更希望由各分会干事，将各分会最近的会员名录寄来，如能在本年六月以前全部寄到，当交校友通讯部汇编成一种"抗战期中清华校友通讯录"。印好后分送给各地校友，为了使校友的消息更趋于灵通，结合更趋于巩固，还似乎是不能少的。

原刊于《清华校友通讯》(1944 年 4 月)

抗战期中之清华（五续）

我校举行校庆，于兹为第三十四届，而自抗战播迁，亦已为第八届。目前西欧战场即将结束，东亚战场亦与胜利日益接近，本校于斯时举行抗战期中第八届校庆，吾人追怀往事，感慨靡穷，而瞻念前途，希望亦自无限，胜利到来之前，尚有最艰巨之一段，自尚需吾人最后之加倍努力，琦所希望我全体校友者，亦曰百尺竿头，更进一步而已。琦仍循往例，将本校过去一年间各方面情形，当我校友诸君述之。

一

故园情形，渺无消息者，已数年矣，昨岁曾于中华图书馆协会会报见到关于本校书库中图书被掠夺经过，至仪器设备，则久已荡然无存，时至今日，揣想园中景况，恐更将兴"无复旧池台"之感，他日胜利归来，总须逐一补充修理。本校在长沙岳麓山南麓之建筑，昨岁湘战再起，在保卫长沙战中，被包围在炮火圈内，嗣后长沙沦陷，在敌人占据之下，该建筑遭破坏至何程度，亦尚不可知。故园新址，同遭厄运，尤使吾人未能一日去怀。所幸抗战结束，为期已近，一般建国工作开始之日，亦即吾人复校努力实现之时，刻已与同人在切实计划之中。

二

我校与北大、南开合组之西南联合大学，顺利进行，于兹已七足年。自来昆明，虽迭经战事威胁，幸均化险为夷，未遭再度殃及，似此小康局面，谅能维持至抗战结束。属于三校学籍之学生，皆相继毕业已去，由联大毕业者，逮今年夏，亦已四班，计共一千五百余人。校内情形,大都如旧,惟自年来物价飞涨,同人及学生生活极度困难,最近二三月,窘迫尤甚,同人住舍问题,亦因房价之增加而形严重,去秋幸得借款若干,建筑及改造小房若干幢,作教职员眷属住宅之用,但此不过局部之解决耳。学校设备,因四五年前稍有添购,各方亦偶有捐赠,尚勉敷教学之用。为求实验工作之进行,往往出诸以有易无办法,将学校剩余无用之物售出,购取学校迫切需要之化学药品及其他资料,惟为量不多耳。图书方面,固甚感缺乏,数年前曾得教部拨款订购,但仍未运到,近来幸得英美人士,时有捐赠,稍济渴望。联大学生从军服务者,包括译员在内,颇称踊跃。三年以来,应征及志愿充任译员者,共四百余人,最近加入青年远征军及空军者亦二百余人,成绩都甚良好,学校除予以鼓励外,并予以种种便利,以便青年报国之志,得以表现。

三

本校五特种研究所,年来工作情形,兹举要报告如下:
A. 农业研究所:
一、病害组:抗病育种。此项研究素向三方面进行:(一)育种;(二)测定作物品种之抗病力;(三)鉴定病原菌之生理小种。所获结果,已载历年报告中。本年度之工作,系将以往工作作初步之结束。兹将所获结果,分别报告如次:

(一)育种——决定繁殖品种,本年度之大小麦及黄豆均在第三年之高级实验中,历年保留作实验之品种,仍较标准品种为优。

(二)测定作物品种之抗病力——在鉴定病原菌生理小种实验中,曾将各作物品系分别做抵抗各生理小种之测验,现已获得抵抗力极强之品种若干,可利用作杂交育种之材料。

(三)鉴定生理小种——已经鉴定生理小种之病原菌凡七种,详细结果,已缮成报告待刊。菌类研究——关于藻状菌之研究,本年度发现一新属,已撰成报告待刊,其他水生藻状已经鉴定者,共计三十八种。历年在滇所采,以及川、甘、豫等省寄来之白粉病菌,经鉴定有新种二。锈病菌标本,经鉴定者达六百号以上,得锈病菌二百十三种,多为我国之新记录,内有新种二十五。其他关于伞菌之研究,已陆续撰成报告,在英美发表。

二、昆虫学组:除训练专门人才外,研究工作应用纯理并重而尤致力于以实验方法研究各项问题。应用方面,以与农工医有关之问题为范围;纯理方面,则以昆虫天敌、幼虫分类、昆虫染色体数等研究为主题。兹将主要研究问题简述于下:(一)稻螟内疗法,此项研究已获初步结果,现将加以扩充。(二)疟蚊唾液与疟原虫配子母细胞之关系,目的在研究能否利用以诊断疟疾。(三)先成现象发生原因,迄未明悉,现将寻求其引起之因素,并试以人工方法促成之。(四)家蝇天然防除之研究。(五)果树蠹虫之研究。(六)幼虫分类。已较鉴认种类,作进一步之研究。(七)昆虫天敌研究,已发现希罕之天敌多种。(八)昆虫染色体数之研究。染色体可用人工方法引起突变,若应用于昆虫类,或能使害虫减少其为害,益虫增加其效能,染色体数之研究,为此种实验之初步,故进行是项研究,迄今已完成四十余种。

三、生理组:本年度除继续以往各项工作外,曾做青薰素(盘尼西林)及滴滴特(DDT)等药品之实验,幸有小成;并做无种子果实实验,曾得无子黄瓜,其味与普通黄瓜无异。

B. 航空研究所:

(一)完成设计直升机。

(二)完成设计三层板机器。

(三)利用国产材料设计制造中级滑翔机。

(四)试验直升机控制模型。

(五)制造三层板机器。

(六)研制牛酪胶及豆类胶。

(七)研究紫胶。

(八)研究风洞扰乱。

(九)完成自制弹性力学设备。

(十)完成建造航空图书馆。

(十一)嵩明气象台迁建于联大校址内。

(十二)编译航空书籍,完成:(a)空气动力学;(b)飞机材料学;(c)航空木材学;(d)飞机模型制造;(e)理论气象学。

今后计划:(一)试验第一飞机制造新机翼模型二种。(二)校正航空风洞标准工作。(三)进行弹性力学试验工作。(四)继续编译工作。(五)试放高空无线电探高仪及进行高空气象研究工作。(六)研究飞机制造材料。(七)建筑航空陈列馆。(八)捐集航空图书。(九)计划试制直升机等。

C. 无线电研究所:

该所于本学年度之研究,大部偏重于超短波及微波方面。研究题目可分为二项。(一)磁电管之设计与制造及微波振荡之实验。(二)超短波之强大振荡及辐射特性之实验。前者结果可得十数公分之微波波长,后者结果在一公尺半之波长可得数十瓦特之电力。二者在实际问题上,具有重要应用,正在从事研究中。

D. 国情普查研究所:

(甲)已印行的工作:本所有几种集体研究,其工作已于数年前完成,但在以往一年中才付印者,有下列三种。

(一)云南户籍示范工作报告(铅印本,三十三年二月)。

(二)云南户籍示范工作附刊(油印本,三十三年六月)。

(乙)继续进行的工作:

(一)呈贡县人事登记,自民国二十九年二月以来继续进行,未曾中断。昆阳县一镇三乡人事登记自三十三年八月以来亦在进行中。

(二)呈贡龙街的零售物价,自民国二十七年以来,逢街子日调查,逐项登记,编制统计图表及物价指数。

(丙)进行中尚未完成的工作:本所有些专题研究,由同人个人负责研究,其工作尚在进行中,包括下列数种:

(一)昆明市的贫穷研究(张莘群)。

(二)战时我国人口迁徙与社会变迁(廖宝昀)。

(三)呈贡乡村劳力制度(罗振菴)。

(四)昆阳农民的阶级流动性(周荣德)。

E. 金属学研究所：

有数部工作仍系继续以往问题，本年可提及者如下：

(一)整理关于"决定晶体新法"已发表及已得到之结果，制成有系统的长篇论文，俾该项新法之内容，可全部发表。

(二)应用上述新法，作"锌锑合金"及"麻黄素"之晶体构造分析。

(三)改进以往发明之热电压合金，已可增加热电压三倍。

(四)探讨铸铁性能之改进。

其他对外技术问题合作，仍继续进行。

四

前年秋举行之第六届留美公费生考试，因邮递迟缓，待至去年夏，始将试卷汇齐，评阅揭晓，计共录取二十二人，又因种种关系，久未能遣送赴美，目前各种手续，均已完毕，短时间内，如交通无问题，当可陆续成行。

本校同人于业余创办之清华服务社，经营迄今，瞬将两载，营业情形，向称发达，年来于同人收益，遂及分配，不无小补，参加之同人自助助人之精神，尤堪欣慰，然此究属权宜之计，他日战事终了，当即随同结束。

校友创办之三处清华中学，皆有报告前来，皆能于困苦中照常进行，本校限于资力，未能多予补助，仍望渝、筑、蓉三处校友力加维护，使日臻完善，至其前途发展，以及与母校可能有之关系，当俟本校复员后，再相与妥为筹划也。

五

今年八月，琦服务本校，将满三十周年。溯自一九○九年(宣统元年)应母校第一次留美考试，被派赴美，自此即受清华之多方培植。待民国四年秋返国，即在本校服务，流光如驶，忽忽三十年矣。吾昔曾言："在这风雨飘摇之秋，清华正好像一个船，漂流在惊涛骇浪之中，有人正赶上负驾驶它的责任，此人必不应退却，必不应畏缩，只有鼓起勇气，坚忍前进，虽然此时使人有长夜漫漫之感，但我们相信不久就要天明风定，到那时我们把这船好好地开回清华园，到那时他才能向清华的同人校友说一句'幸告无罪'，此天明风定之日，不久可望来到。"今春教部召集各大学开会，对于战后各校复员，有所决定，清华必在复员之列，此亦琦可为校友诸君告慰之一端。惟维持现在，绸缪未来，有待于我校友诸君襄助之处正多，一旦复员开始，北返有期，自更盼校友诸君能与在校师生共策共力，使涉世三十四年之母校得以重新奠定于清华水木之间，更从而有一番簇新之发展，以与一般建国事业力求配合，斯则琦历年艰苦支持中所时刻馨香祷祝者也。

原刊于《清华校友通讯》(1945年4月)

复员期中之清华

去年九月，敌人投降，抗战终了，本校奉命复员。历年来在抗战期中，琦每借《校友通讯》，叙述故园情形，及南来景况，想我校友诸君已知其梗概。兹将即返故居，重新建设，爰再将复员计划，及最近情形，趁兹第三十五届校庆日，为我校友诸君约略言之。

一、故园情形

北平系于去年十月中由第十一战区受降，本校于同年十月下旬由本校教授张子高、陈福田先生会同教育部特派员前去接收。琦于去年十一月二十七日偕同陈岱孙、施嘉炀、毕正宣三先生到平，翌日到清华园察看，接收尚未蒇事，缘数年来校园由敌人一五二兵站病院占住，最初有伤兵四千余人，职工一千三百余人，全部校舍，均被占用，破坏甚剧，如卫生设备，完全摈弃不用，改用日式之洋灰池槽，上下水道，凌乱不堪，亭钟铜炮，已被日方窃去，新图书馆全部改为外科病室手术室，旧体育馆为仓库，新体育馆为大厨房，凡斯种种，不及备述。本校于十二月初组织一保管委员会，由陈岱孙先生主持其事，陆续约用职员十余人驻校办理接收修葺等事。截至现在，日伤兵已全部离校。惟自今年一月杪，我后勤总部第五补给区司令部派员接收日一五二病院，并就地组织第三八病站医院，虽言明借用三个月，但在此期间，殊影响本校修葺整理之进行，现已向主管当局交涉，早日腾让。关于修理工程，去冬即约基泰工程司，先详细勘察估计，嗣因经费无着，未敢动工。最近得教育部核拨修建款，数虽尚不敷用，不得不于本月初赶即开工，预计到秋间开学，大致可以就绪。内部设备家具，拟先就必需者，简单制备。旧有之仪器图书，被剽窃一空，以后在伪北大及其他机关寻获图书若干，约抵原有册数之一半，而仪器、机器则完全无法追还。以目前物价之高涨，经费之拮据，即努力撙节挹注，亦非三数年期间所能恢复旧观，但谚云："旧的不去，新的不来。"则吾校同人苟能于此时用最经济之设计，购求科学最新之设备，则今日正一改造扩展之良机也。

二、复员计划

校园之物质情形，略如上述。秋间复校后，为应国家社会之需要及本校学科顺序之发展，就院系言之，将成立农学院，即以农业研究所之基础，设置四五学系。文学院增设语言人类学系，以注重边疆民族语言文化之研究。理学院地学系原有气象组，今另成一系，以提倡高空气象之探讨。法学院将添设法律系，以实现十年前原拟之计划。工学院添设之化工系在今日之重要，固无待赘言，而建筑系则目前欲应社会之急迫需要，解决人民居室问题、城市设计问题，于人才训练上，于学术研究上，皆当另辟蹊径，以期更有贡献于社会者也。下年学生名额，约必有相当加增，但现有宿舍及设备，尽量容纳，不能超过二千人。师资方面，当亦须增聘，除随校南来各教师，夏间当设法妥送返校外，其休假或请假在国内或国外者，已敦促务于秋间返校任教，另再增聘若干位，务使新旧院系，即设备尚多欠缺，而师资必蔚然可观，则他日诸校友重返故园时，勿徒注视大树又高几许，大楼又添几座，应致其仰慕于吾校大师更多几人，此大学之所以为大学，而吾清华所最应致力者也。

三、联大结束与三校迁校

今年五月初，西南联合大学之战时使命完成，三校之复员随即开始。在联大之学生，依其志愿，分发于北大、清华、南开三校。但北迁之举，三校师生仍联合发动。一因大家路线相同，联合自多便利；一亦以表现八年来通力合作之精神，彻始彻终，互助互让。固非欲以标示国人，抑吾三校同人所同感之快慰，或亦非局外人所能领略者耳。至迁校办法，实亦大难。全体师生及眷属，共约五千人，公私物品，共约五百吨，自西南边陲之昆明，迁移到辽远之平津，在现状下，水陆空交通工具,均感缺乏,行不得也,其谁助之? 只得自行设法,分头接洽,有机可乘,有路可通,便当分段分批逐步进行,希望于夏间三四个月之时间可以陆续开动,十月前后可以到达平津,故三校已共同决定于十月十日复校开学,则国庆校庆同资纪念矣。

四、表扬忠烈

在抗战期中,本校校友以身殉国,死事之烈,若沪上之陈三才,赣北之姚名达①,缅甸之齐学启②,皆足名垂清华史,实亦母校之光,将来拟于清华水木之间勒碑纪念,或更编印纪念册,以资流传。惟目前消息尚多阻隔,必有甚多壮烈事实,未为校中所得悉者,所望校友诸君,各就所知,尽量函告,即有重复,尤利参证,以慰忠魂,以励来者。

此外所欲向诸校友谈述者,事项尚多,但有尚在筹划之中者,有须待确息方好报告者,有仅属希望尚难办到者,只盼来年今日,更有好消息,可为诸君报告。最后琦有不能已于言者,即吾清华三十五年之差有成就,实由于吾校学风之纯良,学术空气之醇厚,三四千学子之出其门者,已成为今日社会上有力而有益之分子,则其宗旨,其方针,其做法,吾辈应认为确当,而在亟谋复校之今日,尤当坚定信念,努力以赴。精力愈集中,则收效愈宏达。校内同人,或有未逮,则望各方校友,多予协助。琦不敏,愿鼓其余勇,以追随于诸君之后也。

原刊于《清华校友通讯》(1946 年 4 月)

---

① 姚名达,清华国学研究院 1926 届毕业生,字达人,江西兴国人。1942 年 5 月,日寇犯赣东,他当时为中正大学教授,奋起组织战地服务团,自任团长,当年 7 月 7 日遇敌,他杀死一名日寇,自己也中弹身亡。

② 齐学启,字梦赉,湖南宁乡人,清华 1923 届毕业生。

复员后之清华

自七七抗战，平津失陷，二十六年九月，本校奉命与北大、南开合组长沙临时大学，初拟利用本校原在长沙岳麓山南为特种研究所建筑之房屋，作暂住之计，乃战事扩大，南京陷落，临时大学又奉命迁往昆明，改名为国立西南联合大学。抗战八年，本校在昆明亦八年，此八年中本校情形，逐年《校友通讯》上皆有报告，想我校友均经阅及。待三十五年五月四日西南联合大学之战时使命完成，举行结业，本校复员于焉开始，三校学生自五月至八月分批北返，三校教职员亦自六月起，分由陆路或航运经湘汉上海或重庆来平，但一部分同人须待联大事务完全结束及三校物品迁运就绪，九月底始全部离开昆明。琦于九月六日离昆，十一日到平。时我校派在北平负责接收修理之保管委员会已经数月之赶工，校舍各部逐渐修妥，本校乃于三十五年十月十日在清华园故址开学，十一月五日第一学期始业。学生由昆明随来者九百余人，北平临时大学补习班分发者三百七十余人，夏间招考录取者，一年级及转学生、研究生共九百余人，外加先修班二百余人，共二千三百余人，人数实超出战前一倍。教职员初有五百余人，以后数月，则因需要，陆续添聘。复员阶段至此，可算初步完成。本校校友及关心本校人士每以本校复员后情形为念，爰不辞缅缕，再详述"复员后之清华"。

清华园校舍，经敌人八九年长期占住，最初驻兵，继改作伤兵医院，破坏甚重。去年春间，一部分房舍又为补给区军医院占用数月，待至七月中本校全部接收时，主要楼房虽外观大致依旧，而门窗残缺，内部装修，均须重新添置。图书馆、体育馆破坏最甚，时至今日，图书馆新书库尚未修好，纵能修好，亦尚缺一层，因钢架被拆卸残缺，最近期内无法亦无力配全矣。战前藏书数目,中日文书二十五万余册,西文书八万余册,合订本期刊三万余册。兹复员之后,自北平各处收回书籍,约中日文书十三万五千余册,西文书四万三千余册,合订本期刊二万余册。以册数言,损失约为一半,但收回者往往残缺,配补困难,则损失实在一半以上。故图书之补充,实为复校后重要问题之一。体育馆之前部运动场,因敌人用作食物仓库,七八年间污秽溃烂延及地板,接收之后,须全部改修,健身设备荡然无存,锅炉遗失,故供暖设备尚未修复,最近仅能供给浴室热水。新运动场敌人用作大厨房,地板全部拆毁,目前因木料甚贵,暂时改用洋灰地面,勉强应用。游泳池尚未大坏,更衣室衣柜,则散失甚多。以今日学生人数之多,内部各种设备之添置,实为一大需要,在时间上在经费上只可分期办理耳。

大礼堂损坏尚轻,惟软木地板磨穿多处,讲台帘幕为士兵撕毁,门窗须修,顶漏须补,但修理工程较为轻易耳。一院大楼楼上仍为学校各行政部门办公处所,楼下为教室、办公室及学生临时宿舍。二院最后一排,前为敌人拆去,其未拆去部分,全部改作课室。同方部现仍存在,作小集会大班教室之用。三院房屋最老,经八九年之摧残,更形圮坏,修理困难,故后部各排均由校拆卸,以其砖木作他方修理之用。科学馆、生物馆、化学馆、土木馆、水力馆、电机馆、航空馆,各建筑外观如旧,内部设备,全部无存,一桌一椅,均须新做,所幸经同人多方努力,临时稍稍添置,加以自昆明运回之一批仪器,普通教学实验,勉敷应用,但为树立教学基础,为提倡学术研究,则各系之设备,有待大量补充,无待赘言。

农学院去秋成立,校园内难觅适当房舍,幸得教部拨给敌伪建立之土木专科学校校舍(在颐和园东)加以修理,暂可敷用。

学生宿舍,新、平、善、明四斋,共有五百六十八间,原来设计,每间住二人,事实亦以住二人为合适,兹因学生增多,改住三人,共容纳一千七百八十余人,原为工友预备者,亦经住人,拥挤情形,住过此项宿舍之校友,可以想象。女生宿舍之静斋,共有六十八房间,每间原住二人,现亦改住三人,共住二百人。其以上斋舍不能容纳者,男生尚有五十余人现暂住在一院楼下,女生亦有四十人住在古月堂,宿舍内设备,除铁床几经交涉,幸得保留外,其他家具均须新置。先修班学生二百余人,暂住在农学院。学生宿舍之问题,至今秋将更为严重,因倘如去秋情形,再收录新生一千左右,而今夏毕业者只有二百余人,则此增多之六七百人,如何安置,在工料高贵之今日,添建宿舍,将不可能,则惟有就现有房间估计容量,对增加人数而加以限额录取耳。

教职员宿舍,原有之学务处(工字厅)前部,怡春院,均经大加修葺,仍作单身教职员宿舍之用。此外在体育馆后面,敌人建有平房三十六间,迤逦逼近气象台,俗呼为三十六所者,暂仍保留其大部房间,亦供作单身教职员宿舍之用。至于教职员住宅,旧有之三所、北院、西院、新旧南院,经修理改造之后,可住一百四十余家,另于小河之南,加建小房四十所(名胜因村),但仍不敷分配,盖因近来本校院系扩充,学生加多,教职员人数亦须相当增加,且本校僻处郊外,延聘教师,如有眷属者,不能不供给其住宅,若使往返城郊,不仅影响教学,且额外消耗,对其菲薄之收入,将更不能维持,此住宅问题,本校独感困难者也。

清华园户外景象,骤观如旧,但各区道路,犹待修整,敌人遗弃之灰堆煤屑,尚在清除。所最幸者,全校树木,竟未被敌人砍伐,但年久失修,有枯死者,有丛生过密者,亦需检查修整,则俟天气稍暖,即当进行。冀于初春花发之际,园林整洁,溪池清澈,一复水木清华之旧观,我校友一时重返校园,第一印象,将有风景无殊之感,然而内在之创痕,固深且巨,则非以数年之人力财力不易恢复矣。

本校复员之后,院系有所扩充,现共有五学院二十六学系:计文学院有中国文学、外国语文、哲学、历史、及语言人类学五系;理学院有数学、物理、化学、生物、地学、气象、心理七系;法学院有法律、政治、经济、社会四系;工学院有土木、机械、电机、航空、化工、建筑六系;农学院有农艺、植物病理、昆虫、植物生理四系。行政方面,遵照部令,分设三处:教务处、秘书处、训导处。教务处下有注册组、图书馆。秘书处下有文书组、出纳组、事务组及校医室。另有校长办公室及会计室。此外设有各种委员会,协助校务之进行,属于行政部分者,有聘任、工程、图书、仪器、燃料供应暖气设备、供电管制、校景、出版、大学一览等各委员会。属于学生生活指导方面者，有训育委员会（下分三组以负责：一、学生食宿指导，二、公费及学生救济，三、学生课外活动指导等事项），及一年级课业指导、奖学金等委员会。属于同人福利者，有住宅宿舍分配、教职员互利合作两委员会，及教职员消费合作社，借此群策群力，本校复员工作得以顺利进行，至可感也。

本校复员后之情形，大致已如上述，因经济上之困难，目前仅能达到勉可工作之阶段，至于补充恢复，盖非以数年之人力财力不易完成，而吾人之希望则又不应以恢复旧观为满足，必使其更发扬而光大，俾能负起清华应负之使命，是则我校同人在复校工作大致就绪之今日，犹日夜孜孜不敢不努力以赴者也。

清华今日之问题，在物质方面为校舍（教室、实验室、宿舍、住宅等）之不敷住用，图书设备之需大量补充。在政策方面，则于计划训练大量青年之外，尤应注意于学术研究之提倡，此在战前，即已推行，今后更应促进。盖我校既因容量之关系，学生人数，终须加以限制，则毋宁多重质而少重量，舍其广而求其深。最近添加建筑，既不可能，房舍支配，势须拼挤，但内部设备，则必力求充实，各系老师，则必多方罗致，庶使青年之欲来我校者，虽不能尽量收容，其出我校者，则必使各具专长，而于学术研究方面，清华在战前，即在抗战期间，已有若干之贡献，今后成就，故不可以预期，但譬如种树，倘选种优良，种植得宜，培养灌溉，尽力维护，则春华秋实，将为自然之收获矣。

此外考选留美公费生，为清华一贯之政策，如与国外学术机关之联系、交换，亦为应予注意之问题。至于如何实施，将来当详为筹划，相机进行。

最近各地校友，每有探询本校事物之需要，预备捐助者，校友爱护母校之热诚，实深可感，以今日校中情况言，大至校楼一座，小至图书数本，无一不欢迎能有大家捐输。如稍具体言之，若图书馆新书库之一层钢架，若新体育馆之木块地板，若校友招待用之校友楼，若某类之中文或西文图书，若某批之实验设备等，倘校友诸君能集体捐输，任捐一项，皆足为永久纪念，所谓及时之义举，诚遗惠于无穷也。

再者，自去年五月着手复员，至十月中开学，此五个月中，三校师生及眷属老幼，共四五千人，自西南边陲之昆明，迁回平津，间关万里，水陆空并进，单就本校言，师生已达二千左右，沿途得各地校友及社会人士之热诚帮助，使全部得如期安全到达，琦特于叙述本校复员情形之余，谨代表全体同人致其衷心之谢忱。

原刊于《清华校友通讯》复员后第一期（1947 年 3 月）

复员后之清华（续）

在上一期《校友通讯》中，曾将本校复员以来一般情形，大略报告，兹当本校成立三十六周年纪念，爰再综集各系在抗战期中及复员之后一般设施，择述概要，以告我校友诸君，并请指教。盖本校复校工作，实甚艰巨，琦与在校同人，既感恢复旧观之不易，又不欲即以恢复旧观为满足，而在今日人力物力缺乏之情形下，虽夙夜孜孜究不知能有若干成果，此则深有赖于诸校友之指助者也。

（壹）文学院

一、中国文学系

抗战期中——本系并于国立长沙临时大学文学院，是时文学院分设衡山，系主任朱自清先生兼任临大本系主席，与浦江清及新聘陈梦家先生参加授课，王力、许维遹二先生与李嘉言先生则在长沙担任大学一年级国文课程。二十七年临时大学迁至昆明，改为国立西南联合大学，文法学院分设蒙自，是时系主任仍由朱先生兼任，王、许、李三先生仍留昆明担任大学一年级国文课程。

是年八月文法学院迁回昆明，朱先生因病辞联大系主任职，由北京大学教授罗常培先生继任。二十九年度朱、浦二先生休假，闻一多先生代理本校中国文学系主任。三十年度朱先生回校，辞本校系主任职，即由闻先生担任，成立文科研究所。三十一年上学期浦先生回校。

文科研究所设昆明龙泉镇司家营，从大普吉本校图书馆移用书籍甚多，其他距城八公里，系一小村落，安静宜于工作，同人及研究生多寓所中，入城上课。研究所至三十四年停止，但所址至去年（三十五年春)复员时始结束。五年之中同人研究工作,有许维遹先生完成《管子集释》《韩诗外传集释》《国语校补》《尚书义证》四稿,待印。其他同人亦各有所作,零星发表。又李嘉言先生研究《唐诗》,何善周先生研究《左传》,研究生先后七人,毕业者王瑶、施子愉二人。王君论文为《魏晋文学思潮与文人生活》,现任本系教员。施君论文为《唐代科举制度与文学》,现考取自费留学,即将赴美。季镇淮、范宁二君通过毕业初试,现任本系助教。李君论文题为《魏晋以前的观人论》,范君论文题为《魏晋小说研究》,均仍在搜集材料,期其完成。

八年中本系最不幸者厥惟去年闻一多先生在昆明惨遭杀害一事,闻先生研究中国语文,功力深,造诣高,又能运用人类学等新知识,其贡献于中国神话及文学史者甚大,壮年被难,不特本校本系之损失,抑亦中国学术界之损失也。

复员之后——本系计到校教授四人,尚有王力教授,经广州国立中山大学借聘为教授兼任文学院长,请假一年,陈梦家教授留美研究中国古代铜器,工作未完,请假一年,新聘兼任讲师张政烺先生、张清常先生分任文字学及古音研究训诂学等课,又蒋荫恩先生任新闻学概论课。原有教员一人,新聘二人。新聘助教十人,半时助教一人,又与历史学系合聘助教一人。各位教员、助教及半时助教,除王瑶先生兼任中国文学史分期研究学程外,均专任大学一年级先修班国文及作文课,其与历史学系合聘之一位,系帮助陈寅恪教授工作。

本系课程照上年度教育部规定办理,但增中国文学史分期研究、中国文学史专题研究、现代中国文学讨论及习作及新闻学概论等课。系务会议并议决下年度增设文学概论,为二年级必修学程,各体文习作及图书馆学翻译,为选修学程。文学概论、翻译,与部定课程中之世界文学史配合,俾学生可比较中西文学,不致有偏隅之见。各体文习作中并拟列应用文习作一项,俾毕业生就秘书、文书之职者得有基础之练习。本系研究所分文学史、语言文学、文学批评三组。现有研究生萧成资、王忠二人,均属文学史组。萧生论文题为《李白的生活思想与艺术》,导师朱自清先生;王君论文题为《唐代藩镇与文学》,导师陈寅恪先生。

闻一多先生遗稿，去年开学后经梅校长派定一委员会整理，委员计有朱自清、雷海宗、潘光旦、吴晗、浦江清、许维通、余冠英七位先生，由朱先生召集。委员会开会二次，决定完整各稿即由朱先生负责收集缮写并编辑全集初稿，请何善周先生助理其事，初稿编成后即交闻先生家属付印，付印时须重编与否由家属决定。其未完成各稿，委员会请许维通、陈梦家、浦江清、余冠英诸先生分别负责整理，并请朱自清先生负总责，何善周先生协助，此类稿本整理需时，俟竣事再商印行办法，其全集初稿则已在编辑中，不久当即可交闻先生家属也。

二、外国语文系

在抗战期间，本校与北大、南开三校合办西南联合大学于昆明，外国语文系同人与同学对抗战曾尽极大力量，尤其是珍珠港事变后，美国派遣空军到中国作战，需要大量译员时期。外国语文系学生踊跃参加译员工作，其中有在前线成仁者。教师中于课余或则协助政府训练译员，或则编印英文报，使美国在昆明士兵能阅读当时消息，此为外国语文系师生对抗战贡献之一斑。

复员之后，本校迁回北平，外国语文系同人，多数随校北返，教授有陈福田、温德、吴达元、杨业治、赵诏熊、陈定民等六人，专任讲师有徐锡良、王佐良、文启昌、周珏良等四人，其中文、周二人为抗战胜利后参加本系者，共为十人。全校学生人数比较战前增加甚多，本系对外系负担甚重，如大一大二英文及第二外国语等均归本系负责。教师人数减少，学生人数激增，同人功课较战时繁重，可想而知。本系一向原则为每教授及专任教师担任两门必修课程，另开一门选修课程，现则多数全担任必修课程矣。因此，本年外语系不能多开选修课程，实为事实所迫，不能不如此。教授及专任讲师人数不足，其原因有二：吴宓、胡毅、陈嘉三位教授，因特殊关系，不得不请假一年，此其一。本系为维持以往的声誉，抱宁缺毋滥主义，宁愿同人本年工作增重，不愿勉强凑数，此其二。现时本系对下学年计划已开始进行，旧教授中决定返校者有吴宓及胡毅两位教授，应聘下学年来校任教者有莫泮芹及周一良两位教授。以现有教师加上销假返校及新聘教授,本系同人下学年工作或可稍微减轻,希望多开选修功课,教师可有时间作研究工作。但此不过为本系同人之希望,实则下学年教师人数必仍感不足,因全校学生人数激增,本系第一年第二年英文负担加重甚多。本系最感困难者为第一年大一及第二年大二英文两课程,学生程度参差不齐,讲教不易。英文教员师资缺乏,胜任愉快者难以物色,此二大困难为本系需尽最大努力寻求适当解决办法者。

外国语文系本年学生人数共一百三十二人:一年级四十五人,二年级四十二人,三年级二十九人,四年级十六人。三四年级人数在三十人上下,各课程只开一班即可,至于一二年级人数在四十以上,则非开两组不可,尤其是英文作文及第二外国语等功课,此亦为本系战后负担比战前增重之一理由。学生程度比较战前稍差,此为全国学生普遍现象,任何学系皆然,非独本校本系如是,但本系于复员北返后,决心将学生水准逐渐提高。本年同人讲授功课均极认真,教师指定阅读课外参考书甚多,学生亦甚努力,想战前旧观不难早日恢复。

本系在抗战时期继续办研究所,毕业生有数人,当时环境虽极困难,尤以书籍为甚,但成绩优越者颇不乏人。胜利复员后,战后环境比战时为佳,书籍购置比较便利,将来教授在质与量两方面均希望有大进步,本系研究所工作当能本往日精神蒸蒸日上也。

本系书籍曾在七七事变前一年迁移一部分至汉口,二十六年秋运至长沙,翌年春又运昆明。在西南联大时期,本系抱定宗旨,书籍应尽量利用,不能因敌人轰炸而将书籍深藏不用,曾开放全部书籍,由本系负责管理,出借与同人及同学阅读,西南联大时代之外国语文系师生皆称便利。本校复员后,本系书籍亦由昆明运回北平。抗战时留在北方之书籍已由本校向各处收回,图书馆损失估计在半数以上,但本系损失比较尚小,或不及半数。原有重要书籍大部分仍存在,虽有损失,尚易补充。现代作品则甚缺少,几等于零。本系以后购书当循两方面着手:补充原有损失及购置五十年来新出版之作品。此为本系同人之理想,且希能早日完成的工作。

三、哲学系

长沙临时大学及西南联合大学期间,哲学系本科部分始终与北大及南开联合授课。研究所部分曾有短时期之停顿,旋即恢复,由本校单独招生办理。数年总共有研究生八人,毕业者二人。复员来平后,冯友兰先生应美国本雪凡尼亚大学之聘,前往讲学一年,今年暑假中返国。沈有鼎先生应英国牛津大学之聘在英未归。现在校教授金岳霖、邓以蛰、王宪钧、任华、张岱年,助教王玖兴,复增聘佛学耆宿周叔迦先生讲授印度哲学史,北大教授胡子华先生讲授逻辑。本年有本科学生二十二人,研究生一人,系中图书,在沦陷期间,损失过半,现已陆续添置,惟限于经费,短时期内恐难恢复旧观。

四、历史学系

课程——在抗战期中,本系同人参加联大历史学系工作,当时集三校教师学者于一处,蔚为大观,所开课程亦精辟充实,教师咸系当代权威,学子受益,诚匪浅鲜,在校诸教师皆以治学谨严蜚声士林,兹不赘述。至所开课程项目,大体如战前,复员之后所辟课程,规模如旧,但微有增减耳。

师资——联大时代之历史学系教师,除北京、南开二校不计外,本校当时应聘就职者,有陈寅恪先生(陈先生于三十四年九月一日离校赴英讲学,三十五年母校在平复员,自英返校,赓续授课)、雷海宗先生、刘崇鋐先生、葛邦福先生,抗战期间,迄未离校,复员后,随校北返,现在校执教。邵循正先生于三十四年九月二十一日赴英研究,为期一年,复员后返校执教。王信忠先生抗战前即任本校教授,随校南迁,三十二年度休假赴美,三十三、三十四两年请假,三十五年学校准假一年,赴日考察,今夏返校。孙毓棠先生抗战期间应本校历史学系聘为教授,胜利前,英国文化委员会聘往牛津大学研究,今夏返校。丁则良先生于三十四年秋应本校聘为专任讲师,现亦随校复员任教。孔繁霱先生战前系本系多年教授,因病未能随校南迁,三十五年本校复员,即聘孔先生返校,孔先生亦已应聘,惟因三十五年秋,旧病复发,本学年学校准予病假一年,下年度当可返校。抗战期间,本系莫大损失,即张荫麟先生于民国三十一年作古,奇才陨落,倍增惋惜。

中日战事史料征辑会——民国二十八年岁首,联合大学历史系与北平图书馆合作,组中日战事史料征辑会,三校各聘教授一二人指导工作,本校历史系由雷海宗、王信忠两先生负责,并由文学院院长冯友兰先生主持会务。联合大学结束时,三校同意,全部所辑史料,由北平图书馆负责保管,所辑史料中,除本国报章、杂志、小册子、文告外,日文资料,尤为珍贵。

(贰)理学院

一、数学系

抗战期中清华数学系与北大及南开数学系共同负责西南联大数学课务,数学研究所则仍归各校自设,在抗战期内清华数学研究所毕业生有钟开莱、彭慧云及王宪钟,钟及王均考取公费留学,现在英美研究。系内同人休假出国研究者有陈省身教授,现已返校,专任讲师徐贤修先生现在美研究。考取公费留学者有教员闵嗣鹤先生,现在英国,教员田方增先生,行将赴法。

复校时本系主任杨武之教授因病留滇,华罗庚教授部派赴美研究,陈省身教授在沪主持中央研究院数学研究所,专任讲师朱德祥先生留昆明师范学院,教员颜道岸先生因病留山东大学,均未克到校。幸郑桐荪教授及段学复教授到校任教,临时增聘教员及助教多人,系务始能勉强进行,本学年下学期陈省身教授已返校,惟数学系普通课程如微积分及微分方程之学生,本年已逾千人,下学年估计可达一千五百人,故普通课程之教师尚须大量增聘,清华数学研究所有悠久之历史,近年因系内教授过少,未能招生,今后宜急添聘教授,补充图书,恢复数学研究所,以继续培植我国之数学人才。

二、物理学系

物理学系自卢沟桥事变后,即随校南迁参加西南联合大学物理系工作,惟本校之物理研究部仍独立续办,在昆明期间先后毕业于本研究部者有谢毓章、黄绶书、杨振宁、张守廉、应崇福、杨约翰诸君。在联大物理系中本校参加工作人员有吴有训、叶企荪、周培源、赵忠尧、霍秉权、王竹溪诸教授。复员后，原在无线电研究所之任之恭、范绪筠、孟昭英及金属研究所之余瑞璜诸教授亦参加本系工作，最近复在欧美留学〈生〉中，聘有数人，可望于本暑假后陆续到校，系中杂志除一九三〇年以前出版者外，皆全部损失，课本及参考书损失甚多，仪器亦可谓全部损失。在目前学生之实验系以联大分到之一部分仪器及本校存留之少数零件配合使用。但在最近期内即当以本校可能分配之图书设备专款，亟谋补充，以使教学及研究工作，均得充实发展，以恢复战前成绩之水准。

三、化学系

（一）抗战期间情形。本系在战前所有之图书设备颇为完备，卢沟桥事变发生，全校南迁，本系情形，可分三部叙述。1.事实之发生于清华园内者：日军驻入校内，未几即将化学馆改为兵站病院。其中实验桌及其附属之水管、煤气管概行拆除，仪器药品悉被夺取或毁坏，即以馆内楼顶间之八具抽气机、纯水蒸馏器、馆外之煤气炉及煤气箱，不知何时撤去。总之接收时化学馆内仅余一煤气箱，此外则仅空楼一座。2.事实之发生于北碚者：战前南迁物件，除运往昆明应用者外，余均由重庆移置北碚，不幸遭炸被焚，而本系所丧失之贵重物品中除精细天秤及砝码并各种标准仪器外，尚有高崇熙教授十余年心血所制备之稀有元素之各种化合物凡数百余瓶，五光十色，美不胜收，亦复付之一炬，则尤可惜也。3.事实之发生于昆明者：在联大长期时间中，化学仪器药品之购置，实际上仅民国二十七、二十八年间之一次，以后国际交通断绝，惟能就内地所搜集及原有存余者以供教课之用。而原存物品中重要仪器，仍系二十七年本校由平经港、越运去之物。联大设备，原属因陋就简，迨归来分配，本系所得，实无几也。

（二）胜利后复员以来情形。胜利以后，本系复员情形，可为两段落。一为自昆明准备装箱付运一段：此事劳神费力，匪言可宣，幸目前运抵校园者计四五十箱，惟尚有二十余箱重要杂志未到耳。至由联大分配所得，本系获有书籍五六十册，药品百余种，仪器数十件。二为回平后筹备段落：此段自去年开始迄今所购药品仪器，皆系临时就地采购，借应急需，大宗设备实际用于购置实验桌及其装备。现有实验室十间，总有实验桌六十张。而馆内修理如锅炉、水管、电线、门窗及其饰件、卫生设备等等，在筹备期间消耗不少精力，所幸秋季开学后课务按时进行，所有实验亦尽力予学生以充分机会。普通化学甲乙两班三百余人，甲班每周三次，乙班每周一次，皆获得个人单独实验之训练。春季定性分析开始，亦复如此，并改用半微量分析法，药品消耗减少十分之八九。至定量分析，有机化学之一部分，理论化学全部，其实验莫不尽力设法，冀有以达到经常之标准。图书部分以自昆明运回者，与接收时在北平所恢复者已归并成一小图书室。复员后自国外所订新杂志十余种亦陆续来到，并陈列阅览矣，此复员至今之大概情形也。尚有一事应补叙者，即七七事变后南迁前寄存北平花旗银行库内之白金仪器（蒸发皿、坩埚、电极、丝、箔等）计四十件，重六七百克，悉数回无缺，时价甚高，此亦不幸中之幸事也。

（三）最近将来之展望。本系本学年之情形，大致已如上述，惟来日大难，应行补充者不一而足，略举如下：1. 学术刊物之补充（如抗战期间所缺乏杂志及新书）。2. 煤气炉之复建（现用火酒灯，消费既大，火力亦不足。煤气设备，势不容缓）。3. 基本仪器药品之添置。工学院学生普通化学为二年级必修科，本年该院新生八百名，除休学转院者外，明年工学院二年级生至少有六百人，再加理学院及化工系新生，以本年比例计算，恐有八九百人之多，则设备当较本年为三倍也。又本年度将本系有机化学改为三年级必修科（联大临大皆为二年级必修科）。故本学[年]有机化学实验只限于补修之一部分，此项消耗亦大，下年应须加入。4. 普通设备之补充（学生多则实验室人众，若无通风设备，小则有碍健康，大则危及生命，有机化学实验室尤为必须，本年勉强应付，明年恐不能缓矣）。

四、生物学系

抗战开始，北平沦陷，本系重要图书仪器之一部由兴华公司帮助运往西南，其余设备均被日军劫掠破坏。抗战期中本系参加西南联大生物学系,主要工作除授课外,尚有营养生理之研究,发表论文多篇。云南植物标本之采集,协助完成《滇南本草》图谱乙册。此时期中本系最大之损失为吴韫珍教授因生活困苦,工作繁重,病殁于昆明。

本系在去年十月开学时仅有空屋一所,幸昆明运来图书仪器二十余箱,前经日人搬往城内之标本收回一小部,燕京大学生物学系及北京大学概允借用实验材料,本校农学院汤佩松院长及陆近仁教授惠允担任本系课程,方能使本系课程之实验与演讲同时并进。本系简单研究工作业已开始,在校教员有专任教授及讲师五人,兼任教授三人,教员及助教七人。

五、地学系

(一)抗战期中。本系于战前乃合地质、地理、气象三组而成,系址处于图书馆三四层楼上。七七事变学校南迁长沙,改称长沙临时大学,本系与北大地质系合为地质地理气象学系,于时,图书标本丧失殆尽,只野外工作能予推进,每逢周末均由本系教授率领同学在长沙近郊或邻近诸县做地质实习,如长沙南之泥盆纪,海相标准地层,暨湘潭上五都之著名锰矿及附近之煤田,均曾一一涉足。二十七年二月战局之演变,学校再度西迁昆明,环境稍趋安定,本系之研究工作乃复积极进行,缘云南实为地质学家之乐园,其矿产种类之繁多,与夫各时代地层之完备,地质构造之复杂,在国内实罕见其俦,而又地居穷远,战前鲜为人所注意,故地质各方面之大问题,均有待解决。本系首则对滇池环湖地质作一详尽研究,以次复推及于各边远区域,今举其荦荦大者而言,则如滇缅沿线矿产资源之考察,个旧锡矿区、易门铁矿区、东川铜矿区之探勘,金沙江、怒江、澜沧江诸流域地质之调查,滇东滇南古生代地层之研究。而于敌人侵入缅甸,滇西告急之际,本系地理组张印堂教授复应军事当局之邀,深入江心坡一带做实地调查。凡此均不仅为地学研究奠一坚实基础,且直接于抗战亦有所贡献。不宁惟是,本系教授复因休假之便,远赴其他各省工作,如张席禔教授有关贵州三叠纪地层之研究,袁复礼、冯景兰二教授先后赴西康做地质矿产之调查均是。故自滇越、滇缅两交通线相继封锁,国外图书仪器来源几告断绝之际，本校其他各系之研究与教学工作无不稍受影响，而本系乃以独得地利，反益趋活跃，且由是而与云南地方当局发生密切之联系，故于民国三十一年夏，本系与云南省建设厅合作，成立云南地质调查所。此种关系，并未因本校复员而中断，盖本系毕业校友至今仍留滇工作者固不少，即本系教授等亦可随时去滇作短期之研究。就室内工作而言，本系在战时添置之图书二百余种，合自北平运出者共六七百种，杂志则除国内出版者外，英美杂志亦订购有八九种，但以道途修阻，每不能按时寄到。仪器重要者有显微镜五架，标本则多以历年在云南所采集者为主，其中矿床岩石之标本，约各五百块，古生物算本约一千块，国外之标本则有岩石、矿物、古生物三种各一套，图表则以战后在各地调查所绘制之地质图为最多，大致可敷教学之用。至附设之研究所，于战时曾招研究生五人，其中李璞已于去夏毕业，刘锦新则仍留云南个旧锡矿区搜集论文材料。大致言之，本系战时之工作，多侧重于野外之调查及实习，良以图书仪器两俱缺乏，室内工作无由进行，而大自然又原为地质学最好之实验室。就教学言，同学实习之时数愈多，则其所习书本上之知识因参证而愈明。就学理言，调查之范围愈广，则其所集材料之意义，因比较而愈显，其若有裨于矿业之发展，固不待详言矣。

（二）复员之后。复员后气象组另成立气象系，故今日之本系乃由地质、地理二组合成，地质组仍在战前旧地，地理组则在三十六所。本系教授除原有者外，又新聘本校校友孟宪民、杨遵仪二教授，孟先生以矿床学先进名于国内，而杨先生则为古生物专家，故教授阵容益较战前整齐。至若图书仪器标本，则以本系系址在战时一度被日人利用为地质工作之场所，在平未及运走之书物，或被移往他处，或惨遭损坏，其尤可痛心者，即本系在战前所藏之珍版地学名著及国内外之名贵标本，均荡然无存，此均为战前十余年一点一滴所辛苦集成，而非咄嗟之间即能置办者，现经半年来之整理，各部分已稍称就绪，图书杂志及必需仪器，均已陆续向国外订购，现一部分已寄到，欲补充发展固有待于将来，而恢复旧观则务期于今日也。

六、气象学系

（一）抗战期间。本校气象工作,已有十余年之历史,抗战前者无须多赘,在抗战期间(联大时期),气象工作与表现可举下列数点:(1)开设课程:在参考文献极端困难情形下,曾开:气象学、气象观测、天气预告、高空气象、理论气象、大气物理、气候学、世界气候、中国天气、中国气候、航空气象、农业气象、海洋气象、海洋学、地球物理、天气图实习、台上实习及专题讨论等共近二十学程。(2)探测工作:嵩明气象台,系联大地质地理气象学系与本校地学系及航空研究所合办,创设于二十八年冬,二十九年元月开始工作,迄三十年春,因人力及经济关系,暂告停顿,迁往昆明,旋于同年秋将联大新舍北区之碉堡改造,三十四年春恢复工作,直至联大结束,准备迁移时始停止。(3)研究著述:在抗战数年中,同人研究作品约二十篇,多发表于中央研究院之科学记录、本校之科学报告、地学集刊,亦有因复员关系尚未付印者。(4)特别训练:空军急需气象人员,设专班训练,本校气象同人有被邀作义务性质之参加者,历时数年,训练数期,多服务于各气象台队,三十三年美军因特殊需要,发起无线电探空人员训练班,由本校无线电研究所、联大物理系及气象组与中美空军合作,于是年夏,在联大北区完成三月余之特殊训练。(5)国外进修:气象同人与同学,先后出国讲学,或进修留学者,约如下述:赵九章教授三十三年春请假,任中央研究院气象研究所代所长,于三十五年元月赴英参加国际气象学会,旋赴美讲学,已于同年十二月返国,本年秋季将回校。程纯枢、顾钧禧已回国服务,亢玉瑾、钟达三、万宝康亦将学成返国,郭晓岚、叶笃正、谢义炳方在继续研究,高仕功已入U.C.L.A.继续进修,陈树仁、杨福先、张文仲均在英美攻读,本届考取公费即将出国者,计有刘好治、顾振潮、钱振武。

（二）复员以来。复员以来时间较短,且以馆舍缺乏,交通困难,所有建设工作,至今未能积极进行,即昆明之仪器,亦未运到,原有之气象台、气象园尚在修缮,旧存图书仪器,气象记录与家具等,均一无所存。今后计划略录于后:

今后计划希就人力物力所及依次进行：(1)增聘教师：如欲增进研究兴趣，提高工作效率，势须分工合作，系内宜分设专组，如理论气象学、高空气象学、气候预告等组，每组需二三人负责，是以增聘教师，至为迫切。(2)充实设备：本系所需普通仪器，急需补充，至于特殊仪器，恐非现在财力所能购置，且无线电探测仪、无线电测风仪与测雷雨仪，现恐均系非卖品，难以购得，更须另行设法添置。(3)建气象馆：系中现有之房舍甚不敷用，为久远计，应建气象馆，以备需要，因上述各组，各需房数间，再加图书室、工作室、实习室与教室等，势需自成一馆，地址如设于气象台之附近，则于工作上更多方便。

七、心理学系

在清华学校时代，仅有心理学课程，其后成立心理教育学系，心理学课程始加多。民国十七年左右，教育学部分撤销，心理学部分独立成系，属理学院。抗战以后，在长沙临时大学时代，因南开、北大均无心理学系，暂与哲学教育合并为一系。到昆明后，心理学仍与哲学合为一系，但另为一组，分别办理，复员回平后，恢复成系，仍属理学院。

(1)抗战以后，毕业同学考取官费或私费出洋者有二人。

(2)胜利以后，三十五年度教育部留学考试，考取自费待留学者有七人。

设备：本学系实验室大小约二十间，位于生物馆第一层，大致均已恢复原状。内有隔音室一间，可以作听觉研究实验之用。另有大教室一间，可容二百人，有戏台及放射影片之特殊设备。图书杂志损失不大，约占四分之一。仪器存在伪北大者，尚保留有一部分。迁至昆明而又迁回，及在西南联大添置者，目前已够初级实验及研究之用。至于补充计划，大部分在国内监制仿造，真正不能仿造之复杂者，则到国外购置。目前动物即行开始饲养，生理方面的设备，亦已购置。普通心理学，及实验心理学，均已开始做实验。

研究：抗战以前，教授、助教、研究生在课余颇能进行研究工作，多属动物实验、神经解剖、人类实验，及工业方面之问题。一九三六年与燕京大学心理学系合办中国心理学报，出一卷共四期，最近仍拟续办。

在抗战期间,纯粹理论方面之实验不能进行,为适应社会需要起见,三十年夏四月至八月,曾在昆明国营、私营工厂举行工业心理讲习班,并参与工人实地生活之考察。三十四年夏五月至七月,应美国 OSS 方面之委托,参与中国伞兵之心理选拔测验。随后八月至十二月,又为中国陆军第五军创办军官心理测验所,前后测验军官四次,共约一百六十八人,每人分团体或个体测验。用二十余种方式,继续举行三日,然后每人写成报告书一份。

  现状及将来:本系现有教授三人,助教二人,学生有本科生八名,研究生三名。下年度仍拟招收二、三年级转学生及研究生,分甲乙两组,甲组偏重自然科学之心理研究,乙组偏重社会科学之心理研究。本系现有教授为周先庚、唐钺、敦福堂三人,助教二人。下年度拟增聘教授二人,助教二人,并拟添聘外籍教授一人。

  计划:本系宗旨在训练心理学之教学及研究人才。在课程方面,拟将教育部所公布之课程标准,略加修订,普通心理学实验,拟大量添购重套实验仪器,务期人人能得机会参加。本科课程之修订,拟规定一二年级为基本工具学科,自三年级起,则分别开设各种专门科目,如感觉知觉、学习记忆、情感情绪、工作疲劳、性格品格、联想思想等。各专门分野,如应用心理、社会心理、教育心理、儿童心理、变态心理等,则拟改为选修,并尽量减少学分,在应用方面,拟设法在医院、教育机关、工厂及军队中继续进行研究。

(叁)法学院

一、政治学系

  在以往抗战期间,西南联大之政治系为本校与北大合办者,系务由本校教授张奚若先生主持。教授讲师八年内虽多更替,但常有六七位,最多时曾达九人,而系中必需之中西书籍,除战事前数月,本校运一部分到西南外,在抗战前期二年内,滇越铁路畅通时,亦补充若干,历年毕业生有百余人。

  本系研究所于抗战前即行成立,二十七年因战事关系,曾停止招生,而于三十年又继续招生,计分国际公法与政治制度两组,同时本系另设立行政研究室,由钱端升先生主其事,收集中外政治资料,使研究生攻读之物。在昆明之研究生,有翟维熊、罗应莱、钟一均、端木正四人。

三十五年本校复员,本系遭空前之困难,原在西南联大之教授,如钱端升、吴之椿、崔书琴三位随北大复员,本系只有张奚若、赵凤喈、邵循恪三位先生,同时张先生因病请假(下学期已上课),邵先生体亦不健,赵先生又兼顾法律学系之事,新聘教授,只甘介候先生一人到校,旧教授浦薛凤、肖公权皆阻于交通,不能到校,师资困难,甚于抗战期中。只有勉请崔书琴、吴恩裕、楼邦彦、邸维周诸位先生来校兼授各项必修课程。关于图书一层,原留平校者,残缺不堪,整理补充,尚须时日,迁往西南者,损失大半,由昆明运回者,仅有一小部分到校,本学年本系学生共有一百零九人。此本系复员半年来之概况也。

二、经济学系

经济学系,于抗战期间,与北京大学经济学系及南开大学经济学系合组为国立西南联合大学经济学系。西南联合大学经费支绌,是时国际交通又极困难,新版书籍期刊极形缺乏,本校与战前南运之书籍,虽有一部转运入滇,而全套西文期刊十余种,皆在北碚毁于敌弹,教学工作倍形困难,研究工作亦几完全停顿,惟本系教授戴世光先生参加本校人口普查研究所工作,其研究结果已由该所刊印。伍启元先生研究中国国际贸易,亦已完成。至人事之变动,则赵人㒞先生于二十六年起请假暂任教于燕京及四川大学,余肇池先生于二十七年辞职离校,张德昌先生于三十一年辞职离校,肖蘧先生于三十三年辞职就任中正大学校长。师资颇受影响,幸有戴世光先生于二十七年自美返国,以后复得伍启元先生、徐毓枬先生先后就聘来校。本系参加西南联合大学经济学系之教授人数,最多时为五人,最少时为二人。

胜利后本系随本校于三十五年秋季复员,学生除西南联合大学经济系原来学生志愿转入本校者外,尚有北平临时大学分发来校二、三、四年级生,三十五年秋季拓收之研究生,本科二、三年级转学生,及一年级新生，人数激增，远超战前，师资设备两感缺乏，幸而赵人儁先生于本年自四川大学返校任教，新聘教授刘大中先生亦自美到校，旧时同人张㷆彬先生复返校任中国财政史〈教授〉，赵锡禹先生兼理会计学等课，本学年课程得以顺利进行。至于图书馆旧存图书，经敌伪夺取分散，虽经去年保管委员会期间探访收回，册数不及战前之一半，且皆一九三六年以前出版之旧书。此半年来方在计划如何添购一九三七年后出版之重要书籍与择要补充前有之损失，而主要期刊旧本之补充尤为急务，一俟本校图书预算筹有的款，便当立即进行。

本系此后方针，当以教学、研究并重为原则，在教学方面，以同时兼顾理论与应用人才之养成为目的。在研究方面，则除各位教师以个人兴趣作自由研究外，拟侧重与国情有关问题之探讨，且若问题性质较为广泛，并希望能与其他社会科学各系协同进行，以收综合贯通之效，此则须稍假时日方克观成也。

三、法律学系

本校法律学系于民国二十一年与工学院同时成立，由燕召亭先生主持系务，嗣以国内一部分人士主张停办文法科，教部迭令停止招收法律系学生，系务遂于二十四年中断。三十五年本校复员，为调整各院系起见，又呈准教育部恢复法律学系，惟以复员伊始，图书设备及教师敦聘均感困难，故仅招收一年级新生一班，而大一新生除修法学院共同科目外，因学分限制关系，只能修习本系基本课程一二门（若民法总则等），因此三十五年度，本系系务由原任政治系教授赵凤喈先生负责，只聘请教授一位（王克勤），助教一位（李声庭），共有教师三人，下年度除照常招收一年级新生外，并拟招收二、三年级插班生十余名，增聘教师三四位。过去本校法律学系，仅有二年历史，法学书籍数量较少，目下视财力所及，正积极采购，补充各项必需之中西文书籍，期以充实设备，并希望于一二年内成立法律研究所，借符本校研究高深学术之旨。

四、社会学系

由于北大和南开未设立社会学系，战时联大社会学系的师生，在复员之后,全部回到或参加了本校的社会学系,故复员后的社会学系师生比较多,现在系中有研究生五人,大学部学生八十一人,其中四年级二十三人,三年级十九人,二年级十七人,一年级二十二人,共计比战前多三四倍。教师方面,除李景汉、李树青、戴秉衡三先生尚在美国,短期内不能回校执教外,本年度开学伊始,潘光旦、陈达、吴泽霖三先生即已到校。吴先生同时还主持全校教务,潘先生也兼主持图书馆。不久,苏汝江先生自美回国,费孝通先生又自英伦回来,离校约十年的吴景超先生也自南京返校。教员周荣德、张荦群,助教袁方、廖宝昀、全慰天等先生,也均于复员后随校来平。陈达先生于半年内教完全年课程之后,于三月中请假离校赴美,参加普林斯敦大学两百周年纪念会,预定暑期可以返校。

关于课程方面:本年度由全系教授负责开设社会学名著选读一学程,为研究生及四年级学生所必修。除指定阅读名著外,全系教师及选修学生每两周举行座谈会一次,以便师生共同探讨。此外有潘光旦先生的社会思想史、优生学、家庭问题;吴泽霖先生的社会学原理、普通人类学;陈达先生的人口问题、劳工问题、社会立法;苏汝江先生讲授社会计划、社会研究法、人文区位学和社会调查;费孝通先生讲授社会制度、社会变迁和农村社会学;吴景超先生到校较迟,暂担任贫穷问题一课程;社会机关参观一课程比较繁忙,则由周荣德先生负专责。本系之外另请本校心理学系唐钺教授主讲社会心理学;燕京社会系关瑞梧教授主讲社会工作概论;家政系倪逢吉教授主讲家政学及儿童福利。连同社会学名著选读共有二十二种课程。

(肆)工学院

一、土木工程学系

当抗日战争发生时,本系学生正在山东济宁做测量实习,故原有测量仪器得以大部保存,运至昆明。其他材料实验及公路工程实验等设备,亦有一部分先期运赴汉口,得以保存。在昆八年,学生实习虽可勉强进行,但距吾人之理想尚远。本系师资,在结构、水力、交通及市政工程各方面均尚充实,中间虽稍有更动,但各同人除正常教学工作外,尚能有相当之研究实验成绩,并协助地方工程机关及美军工程部解决困难问题,如与交通部合作之公路研究实验,与中央水利实验处合作之水工实验,为云南省经济委员会设计之水力发电工程,为云南各飞机场解决之土壤、材料及建筑诸问题,与协助云南省抗疟委员会所办理之抗疟工程等。清华工程季刊在抗战期间曾出版一期,清华土木工程学会会刊曾出版两期。本系同人所发表之专门著作,其重要者如:蔡方荫先生之普通结构学,陶葆楷先生之给水工程学与军事卫生工程,吴柳生先生之工程材料实验,张泽熙先生之铁路工程学,施嘉炀先生及阎振兴先生主编之昆明水工实验室研究丛刊及李谟炽先生主编之公路研究丛刊等。

　　复员以来,本系陆续到校之教师,计教授八人,教员二人,助教九人。学生现有一百六十九人。教学所必需之参考书,大部自昆明运来,抵平后稍事补充。国外新订杂志,亦已到校三十余种。测量仪器已使用日久,暂在平市购得少数日本仪器,尚感不敷。去岁本校在平开课,学生测量实习在第一星期即起始工作,此堪告慰者。工程材料实验仪器,去年亦由昆明运到一部,第一学期已可做水泥及混凝土之各种实验。本学期昆明第二批仪器运到,该项实验已正式开班。初级水力实验设备装置完毕,本学期亦已开班。交通工程实验室、卫生工程实验室与土工实验室均在装置中,而道路材料实验之设备已大致就绪,即可开始工作。本校与中央水利实验处合设之昆明水工实验室已改为北平水工实验所,现正协助本系装置各种水力实验设备。土木馆楼上为办公室、图书室、教室及绘图室,楼下为测量仪器室、工程材料实验室、卫生工程实验室与交通工程实验室。水力馆楼上除本系之办公室与土木实验室外,暂由建筑学系借用为该系之办公室及绘图室,楼下除初级水力实验设备外,尚空无所有。本系教学工作虽可勉强进行,但学生人数增多,旧有设备,大不敷用,新仪器之补充,实属刻不容缓之事。

　　二、机械工程学系

　　(甲)抗战期间,国立西南联合大学期间,因北大、南开均无机械

系,故在联大期间之机械系与复员后之清华机械系实为一体,兹将九年抗战期中,本系工作概况,举要列后:

(一)设备及实习——当七七事变前二年,清华大学机械系曾将三分之一设备及小部分重要杂志运存汉口,事变后,初迁长沙上课一学期,当时因无设备,仅开设理论及设计课程,后迁昆明时,将存汉口之设备经水路运输汽车转运昆明,运到后又费时数月,据装置完成,学生方能得到实习之训练。故九年内仅后六年有实习,在此期间,虽时有添设,惟限于经费,仍以清华运出者为基本部分,计有金工、木工、锻工、铸工四厂,并热工实验室及造冰厂等部分,其设备虽不能称为完善,然较之我国一般大学机械系所有者为优,且为补充设备不足,每年将三、四年级学生分别派往昆明附近之国营工厂实习,计有云南省办之耀龙电力公司,资源委员会昆明电厂,中央机器厂,兵工署第五、十三及二十一工厂,航空委员会第一飞机制造厂及第十飞机修理厂,云南纺纱厂及裕滇纺纱厂等,以上数厂,对本系学生实习所赐之协助至大,学生得益颇多。

(二)教师——本系共有教授九人,教员助教十人,八年来无大变动。同人等八年来无时不在艰难困苦中奋斗,各守岗位,未尝稍懈,学生能得其多方教导,实属难能可贵。有时常感教师不足,幸赖中央机器厂及兵工厂派高级工程师来校兼任课程,得助颇大。

(三)学生——本系学生以人数论,居工学院之冠。已毕业者八年来总计约二百五十人,联大结束时肄业之一、二、三、四年级学生一百七十余人,该生等全体随清华复员来平,现均在本系继续其学业。毕业生除一部分考取公费出国深造外,大部分均参加政府机关服务,如资源委员会各厂、交通、兵工、航空等各部门,尚能得到一般好评。

(四)教学以外之工作——其重要者有下列数项:1.与云南省建设厅合作事业(关于农具改进方面)。2.协助云南省训练本省公费留美预备班学生。3.与资源委员会合作(各项专题研究)。4.本系机械实习工厂商业化(补助学生实习)。5.民国二十七年本系三年级学生参加抗战工作。临时大学在长沙上课仅一学期,首都即告沦陷,学校又将迁往昆明,时系主任庄前鼎先生劝三年级学生参加抗战工作,有二十九人志愿入装甲兵团(后扩充为二百师)服务,后被保送至陆军交辎学校(现陆军机械化学校)受训,毕业后回二百师担任战车、汽车之修理及保养,工具材料之采购及管理,并赴前方担任汽车运输、伤兵救护等工作,成绩优良。嗣后该生等陆续回校完成学业,其中有服务达四年之久方取得允许复学者。

(乙)复员以来,去岁决定复校后,本系由五月初即着手进行复员工作,由教师十余人领导技工二十余人分别整理图书、文卷,拆卸机器装箱待运,惟工厂中一部分机器尚须继续开工,替各系制造木箱,迟至八月中始得全部拆卸装箱完毕,大小共装一百八十九箱及不需装箱之机件二十余件,总重约五十三吨,装箱工作均由同人亲自监督,时或自行动手,故运到箱件均完整,极少损伤。第一批最急运者八十五箱,重十六吨,于七月中起运,十月中抵达。其时本系教师亦相继到校,因有鉴于工作之需要,即组成工厂、热工实验室、金属实验室及图书等四委员会推进工作,并准备开学事宜,诸如馆舍之修理,课室、绘图室之布置,课程之分配,各实验室、工厂设备之装配,图书室之整顿开放,急需之工具设备材料及参考书之添购等,皆分别缓急着手进行。本系能如期开学上课,困难得以减少,系中同人之努力及合作之精神有以致之。兹将各部分情形分别简述如下:

(一)馆舍之修理——复员之初,本系原有之机械馆及金、木、锻、铸各工厂,经敌人八年盘踞,馆舍虽存,而内部设备皆被搬空,房顶漏雨,天花板、地板、墙壁、门窗等之失修,五金、电灯、暖气、卫生等设备皆被破坏无存。凡此种种,经半年来日夜赶修,虽未臻完善,然现已可勉强应用。机械馆楼上现有课室四间,可容三百五十人,绘图室三间,可容一百九十人。其余教师办公室及系图书室等亦均于开学时布置就绪。机械馆楼下为电厂及热工、金属二实验室,可容八十人之实验。金工厂可容六十人之实习,木工厂可容四十人之实习,锻工厂可容三十人之实习,铸工厂可容四十人之实习。

(二)教职员及学生——本系现任教授、副教授共十位,教员、助教十三位,职员五位。学生共二百六十七人,计一年级一百三十八人,二年级三十九人,三年级四十七人,四年级四十三人,较之战前全系一百零三人增加一倍半。

(三)课程——课程方面与在联大期间无甚变更,全系连同为他系及工学院共同必修所开设之学程共计四十余种。其中制造方法、工具学、工具设计、近代应用力学问题等,为多年来因无适当教师向未开设之学程。本年度得孟庆基、钱伟长二先生参加本系,已能开设,其他学程之说明因较长兹从略。

(四)设备及实习——本系为供学生实习及教师研究设有金工、木工、锻工及铸工四厂,并热工、金属二实验室,其中金属实验室系新设,所需最低基本设备已向美国洽购外,其余皆系原有。由昆明运回之设备,第二批运到七十七箱,连同第一批之八十五箱已有三分之二到校,余三分之一尚在途次。目前学校因限于经费,仍须以此项旧老之设备为基本部分,新添设备须视学校经费能力逐步推进,兹为增进学生了解及补充设备之不足,已向美洽购有关机械工程之活动电影及幻灯图片,在此学生课本不全、图书设备残旧且欠缺之过渡期间,利用电影幻灯片传授,实为一最优良之补救办法。本系经同人等之努力,将昆明运回之设备赶办装置,第一学期开学后五六周,各工厂、实验室已能开始实习,尚未装设之机器亦在加紧进行中。

(五)系图书室——为本系师生阅读及参考起见,在机械馆楼上专设图书室一间,现有参考书八百余册,新旧杂志七百余册,以上图书大部分系由昆明运回,小部分由校大图书馆提出,另有参考书约五千册系本系旅美之毕业同学购赠。现有图书,多版次过旧,较新之参考杂志等,亟待添购,已向各大书局索取目录,设法补充。此外,美国James F. Lincoln Arc Welding Foundation 捐赠本系有关接焊工程之图书八十余册,尚未寄到。本系为补充教学参考,曾向美国各大工厂八百余处函索说明书,现陆续寄到者已不少。本系教授刘仙洲先生现在美研究,并为本系搜集有关机械工程之著述及实验报告等。

三、电机工程学系

在卢沟桥事变之前二年,我校因鉴于局势恶化,将一部分仪器设备装运汉口,本系一部分仪器随同南迁,抗战军兴辗转至昆明,经一年有余之跋涉,始于民国二十七年在昆明东郊之迤西会馆权作偏安之计,以会馆为讲堂,以庙宇作实验室,虽物质之设备较差,然向学之精神则无异往日,更赖我同人积极努力,不周年而实验室之设备,均已勉强装添完成,一切实验,皆次第恢复,八年间,用以训练数达百十之电机工程师,皆赖于此。胜利后,学校当局宣布迁平复校,消息传来,至为兴奋,但自复员以来,吾人所遇之困难,并不减于抗战期间,然吾人亦加倍努力,共同克服艰难,而谋发展,兹将半年来本系之工作,简要报告如后:

(一)布置实验室:数月来,本系之中心工作,既为积极布置各种实验室,以便恢复各学程之实验,并力图其内容之充实,但由昆明北运之仪器、图书,除一部分急运者外,余均滞留沪汉等地,故开学之日,一切仪器设备,皆不足以应付实验。为应急之计,一方面派员多方探听在市上搜购廉价之日货仪器,一方面利用原有材料,积极改制用之仪器,并将各种实验之讲义,重行编写,以配合近年来各方面之进步,计自去年十二月中起,本系各学程实验,均已陆续恢复。

(二)延聘教师:本系教授随校由昆返平者仅二人,在国内外邀请各教授中,已于上学期到校者二人,下学期到校者二人,另请兼任者二人,教员助教共十一员,故目前所开学程,应付较为裕如。但因本系学生本年人数激增,下学年须增开班次,刻正分别敦请国内外知名学者充任教授,已有良好之收获。

(三)改订学程:本系现行学程,大致系参照数年前之部定学程,及考虑抗战中之特殊情形而拟,今抗战胜利结束,而科学进步日新月异,旧学程亟有修订之必要。本系于开学以来,积极收集参考资料,商讨改订,今已重拟学程表一份,不久将由教务处公布,自下学年起实行。

(四)增加选修学程:本系自本年度下学期起,添授对称分量等二学程,予学生以选习机会,并计划于将来增开选修学程,以为加设研究院之准备。

（五）举行学术演讲：本系为唤起同学对于学术研究之兴趣，及明了目前国内外各种有关电机工程之进展情形起见，特于去岁十二月起，恢复学术演讲，分普通及系统演讲两种，于每星期举行一次，轮流请各教授及校外知名学者讲演。

此外本系以原有设备多半陈旧，亟应添置，又以本系学生人数激增，预计两年后有本系学生二百人、外系学生四百人做实验，所需仪器设备甚多，而添置研究所需之设备亦不宜再迟，故已组织仪器图书选购委员会，分别进行询价及订购手续，工作至为忙碌。

四、航空工程学系

本系成立于民国二十七年夏，时值抗战，系内图书设备甚为简陋。过去八年中，共毕业学生一百五十余人，服务国内航空界，成绩良好。

自去年复员以来，系中设备日在添置中，计空气动力学方面：已制成烟洞一只，可供学生简单实验之用，二号风洞亦已开始建造，风速每小时可达二百哩①。发动机方面：原有 F. ord v/8 引擎一架，朋兹柴油机一架及西门子航空发动机一架，近空军司令部拨赠日本气冷式航空发动机四架，均可供学生实习之用。近又在向美订购 C. F. R. 引擎一架，以便作实习上教授研究之用。飞机结构方面：近空军司令部拨赠战斗机一架，可供学生实习之用，近拟向美订购万能材料机一架，以便作飞机静力实验之用。关于图书方面：有航空书籍二百余册，新书正在订购中。

本系学生人数已增加至一百四十六人，故设备及教师均拟增加，教师近有教授五人（一人请假），教员一人及助教五人，以后拟再增聘。

五、化学工程学系

在战前本校原无化学工程学系，抗战期中，西南联合大学时代，此系由南开大学并入，复员后，本校感于化学工业之重要，因呈准增设，成立伊始，仅有一年级新生八十人。系中一、二年级课程，几全仰赖于

---

① 1 哩＝1609.344 米

化学与机械二系，故筹备一节，可稍从容。其已推进者，师资方面，已约聘教授五人，下年度想均能到校，目前已有助教二人，下年度将添聘三人，亦均已约定。书籍方面，已有去岁全年齐全之杂志四种，今年又添订三十六种。自成立系图书室后，由大学图书馆领取图书百二十册，并已向英美订购图书二批，约共四百册，大半均系最近数年所出版者，其中首批百册，不久即可运到。设备方面，已添置实验桌二十张，计划于下年度开学前，可完成一部分实验室，供同人研究之用。下年度结束前，成立化学工程与工业化学二实验室，其中器械拟自制者占半数以上，其必须购自国外者已向欧美各厂家询价，所有器械，待学校分与设备费后，即可进行购置。后年度起，筹备已可告一段落，即可添设研究院，并成立其他实验室，俾系中所设学程之需实验者之应用。目前之困难厥有二端，一属经济方面，处今学校经费困难之际，欲谋设备之充实，困难必多。其次属房舍问题，校中目前已无力添设新馆，故仅能暂拨现有房舍之一部分勉强应用，是则当为权宜之计。

六、建筑工程学系

建筑学是谋取解决"住"的需要的学科，这"住"广义的包括日常生活所接触的一切建筑物与环境。本校建筑系的设立，目的在研究这种需要的解决方法，并直接训练解决这问题的专才。现在建筑学的潮流，已不仅仅是谈实用、坚固、美观，当然更不以造高楼大厦，标新立异为满足，因任何一座建筑物，皆不能离开其所在的环境而论其适用与价值，现今所要解决问题的对象，不是少数富有者的享受，而是广大民众的福利。吾们要从社会情形来完成建筑，谋取市镇的改进，与辅导市镇体系与秩序的建立。因此之故，本系下分建筑与都市两组，冀除训练建筑人才外，同时更培养市镇规划的专门人员，此在国内尚属创举。

本系为胜利后所创设，无成规可循，系主任梁思成先生为计划采取最新的教学方法，膺命赴国外考察建筑教育之近况，并接洽图书模型之购置。开学后系务迄由土木系教授吴柳生先生兼为主持。当本系草创之始，一切工作自不无困难，兹将半年来工作情形简述如下：

（一）关于系务之推行者——1. 各级课程之编排：参考国外建筑学校现况与部定标准而拟定。本学年已开课程有：制图初步、古典型范、预级图案、素描、阴影画等。2. 图书之购置：在美订购之大量图书杂志，不久即可运到，又美建筑师 C. Stein 将其私人多年来珍集之图书照片百余种，捐赠本系，此项图书，已抵塘沽，不久可运平。此外本系对珍本图书，亦不断觅求，近收得清圆明园建筑算例等手抄本多种。3. 设备之添置：复员后，本系商得国立北平艺术专科学校之协助，代为翻制石膏像及几何模型二十余件，其他书架、图板等物，或已添置或在计划中。4. 系阅览室之成立：本校图书馆旧藏建筑图书杂志及新到期刊共二百余册，另辟专室陈列，供本系师生参考。5. 研究所之进行：本年暑假拟招收研究生。

（二）关于学术之研究者——本系与中国营造学社合办建筑研究所，原计划分都市、建筑、附属艺术及服务部四部门，近因营造学社复员不久，研究工作尚待展开，目前所致力者，在将旧有调查报告整理发表，即此一项工作，亦非短期内所能竣事。

（伍）农学院

远在十五年前，本校曾奉教育部令，筹备设立农学院，惟以当时不愿草率从事，乃于民国二十三年秋，先行设立农业研究所，其主旨即在准备日后扩充为农学院之基础，分设植物病理学暨昆虫学两组。对于研究积极进行，历年均有工作报告刊布。迨七七事变发生，本校南迁长沙，翌年再迁昆明，对于农业研究工作从未间断，并在原有之两组外，增设植物生理组。抗战期间，在极艰苦之境遇下，工作继续进行，所有研究结果，曾陆续发表于中外各学术杂志。二十八学年度开始训练研究生。胜利后，复员返平，经积极之筹备，乃于客岁（三十五年度）正式将农业研究所扩充为今日之农学院，兹就本院概况逐项报告如下：

（一）设院主旨及研究中心——本院成立之初，因鉴于吾国现实农业教育，率多偏重技术训练，缺乏研究之倡导，而一般农学院之研究工作,概凭个人兴趣分别发展。既少联系,尤无协力研讨某种共同问题之举。同时为适应目前国内之切实需要起见,拟在教授一般农学课程外,复以造就农业科学研究人才为主旨。研究工作之内容则以少数重要问题为中心,除由各系在互相合作之原则下进行研究外,并力求与理工等学院取得联系。

(二)学系之设置及人才之延聘——关于本院学系之设置,原则上大致如前所述。为求适合训练及研究起见,除将农业研究所原有三组改为学系外,另加入农艺学系暂时成立四系。至于应行添设之园艺、兽医、畜牧及农业化学等系,将来视环境之需要与经济情形,再行酌增。每系教授应有四至六人,但目前恐难如数延聘,是故除农业研究所旧有之教授外,去年度应事实之需要,曾多方洽聘,迄今已有少数到校,下学年更有数位增加。

(三)学生名额及训练方针——本院招生欲质重于量,名额之多寡,端视国家需要及学校经济力量而定。现除有研究生二名外,仍拟继续招收各系研究学生,本科生则于本年秋季开始招收。至于教学方面现在拟议中尚待详商决定者,大致拟分为前后二期,前期二至三年注重理化、数学、生物、地质等基本科学,俾使学生得有良好科学基础。经此期训练后,一部学生可以转攻医学或生物科学,后期训练则按学生志趣分为二类:甲、本科生(四年毕业)此期为二年,其间授以实用之农业课程,毕业后得授予农学士学位。乙、应用生物学科,五或六年修业(前后期共计),与本系研究院取得联络可授予硕士学位。在此期内教授农业基本学识外,并使学习科学研究方法,俾得专攻某门农学或与农学有关之理工学科。

(四)现有设备及目前工作进行情形——本院新设未久,一切教学应用图书仪器,均待充实,虽原有三组之研究设备在迁校期间幸无损失,然欲以供教学之用,仍感不足。他如院址问题,因原有之圆明园旧址,尚无建筑物可供利用,清华园内校舍亦感不敷,现时只得以去岁接受之前伪建设总署立土木工程专科学校为院址,数月来,经积极之整顿,业已大致就绪。其他各种设备工程,亦均按照原订计划陆续进行,最迟于本年暑假招生前当可全部完竣。

一、植物病理学系

本系原为农业研究所植物病理学组,成立于民国二十四年,对于华北植物病害调查研究及病害防治实验,积极进行。二十六年七七事变发生,实验材料、标本及实验记录,均经散失。二十七年迁滇后,根据在滇调查结果,重行拟定研究计划十九项进行工作,以迄抗战胜利,多数已有结果,并获得抗病之优良〈作〉物品种多种,该项种子已分送云南各农业机关,以备推广之用,研究报告已刊布于中外各学术杂志者计三十四篇,已成而未刊者九篇。本校复员归来,农业研究所改组为农学院。本系初因昆明物件尚未运到,室内工作无法进行,乃注重野外采集及调查,第一小楼之改修工程至本年三月竣工,大部分图书仪器亦自昆明运到,现已迁入新址,照常进行研究工作。惟书架、实验桌等木器所缺甚多,亟待添置。抗战期间所损失图书仪器,现正向美订购补充。惟战前在华北一带所采之植物病害标本四千余号,事变时未及带出,已为日人携走,现正设法索回中。本系新聘凌立教授,不久即可到校。

二、昆虫学系

已有十二年历史之昆虫学组,现扩充为农学院之一系,谨将过去工作情形及将来计划,叙述如下:

昆虫学组成立之后,即按照我国昆虫问题之需要,拟定(一)应用研究、(二)纯理研究、(三)专才训练为工作之范围,良以我国害虫十分严重,防治之讲求为当今之急务,但欲求应用方法之尽善,必先立纯理研究之基础,上述计划之实现,尤赖专门人才,故以上三项工作,犹如机械中之联系齿轮,实应同时推动,方可收最大之效果。惟昆虫学组,在草创时期,设备之充实,既需时间,而人力之分配尤感不敷,因此除规划工作之范围外,并参照实际情形,而拟定进行之程序。十二年来,本组依此方针计划工作,虽经空前战变,幸尚能向规定之目标逐渐推进,而完成第一期之计划。

本组战前在平之工作,业经两次刊印报告,故以下所述,仅及抗战期中在滇期间工作之概况。云南地处亚热带，物产特丰，而昆虫种类之繁，尤非北方所能比拟，加以气候温和，终年滋生，因此滇省昆虫问题倍形复杂，而予研究以绝好机会，兹分述本组三项工作如次。

（一）应用研究：注重于与农医工有关之问题，曾进行之研究问题颇多，今择其要者，简述如下。

（甲）虫害调查、（乙）梨蛆研究、（丙）稻螟研究、（丁）钻虫研究、（戊）疟蚊研究、（己）家蝇研究、（庚）白蜡研究、（辛）紫胶研究。

（二）纯理研究：纯理研究为应用研究之基础，关系密切，不可分离，且纯理研究，尤适于专才之训练，本组之所以兼及，即是故也。纯理研究范围至广，设备亦繁，现能致力者，为下述三方面，待设备充实后，再图其他进展。

（甲）昆虫寄生研究、（乙）幼虫分类研究、（丙）昆虫染色体研究。

（三）专才训练：近二十年来昆虫学进步殊速，所分部门渐次独立，研究水准亦日提高，本组为适应国内目前及日后之需要，充分利用其特殊之机会，以专才训练为最终之目的，一切研究计划，均以能兼有训练之功效与实用之价值为准绳。第一期训练，关于农业昆虫方面者四人，分任虫害调查（包括幼虫分类、虫害估计及预报）、昆虫生态（包括害虫猖獗学）、药物防除及生物防除等部门，其他部门之专才，亦正施训练中，此外并指导本校理科研究所研究生及西南联合大学生物学系之研究，共完成硕士论文二篇，毕业论文三篇。

将来计划，本组改系后，昆虫学研究机构，仍可保存，故此项工作，可依照过去所拟之纲要继续进行，但拟侧重有创造性者，例如 X 光等与昆虫突变之发生，及新杀虫剂之组合等问题。关于教学方面，则拟注意基本学识之灌输，如有可能，形态、分类、生理、生态等课程分量，将予以加重。至于本系之图书设备，在战事发生及复员时承各方之热心协助，予以保藏，及收复之便利，故损失较微。此后之添置，除教学必须者外，拟尽量充实既有之研究设备基础。

三、植物生理学系

本系由植物生理组扩充，民国二十七年始成立于云南昆明，其主旨一在研究中国农业有关植物生理之诸问题,希冀能使吾国农业借多方面之研究趋于进步;一在为本校将来成立农学院时树一基础,因此自成立迄于今,工作中心较偏重于理论之探讨,惟对于有经济价值之实际问题亦极注重,九年来先后在国内外发表之论文已有八十余篇,所研究之范围有下列各项:

(一)细胞生理之研究 Cellular physiology,(二)发酵之研究,(三)植物生长质 Plant Growth Substances 之研究,(四)秋水仙素 Colchicine 引致自变多套型大麦之研究,(五)生物抗毒素 Antibiotics 之研究,(六)除莠剂 Herbicides or weed-killer 之研究,(七)营养之研究,(八)电生理学 Electrophysiology 之研究,(九)植物之代谢作用 Metabolism in plants。

上述为本系工作之大略,详情请参阅本系所发表之论文目录。除研究工作外,本系曾为生物学系指导研究生之研究工作。

抗战胜利,本校迁返北平,校方本昔日之计划,将农业研究所扩充为农学院,原有之植物生理组为符合大学组织,改称为植物生理学系,本年度仅先招考研究生,候本年秋季起再招本科生。

至于研究工作,因复员之仪器、药品及图书大部尚在途中,而本系又系新成立,房屋及设备均需重新设计,经半年之努力,已在农学院大楼二层之东屋成立临时实验室,利用既到之仪器、药品及图书,因陋就简,已开始植物生理及生物化学之研究工作。

体 育 部

本校对于体育向极注重,四年必修,学生每周必须上体育课两小时,课外活动范围甚广,战前体育设备,几应有尽有。兹除球类运动全部恢复外,各项健身器械,已在国外订购,估计夏间当可达到。主持体育部之马约翰先生,自民国三年来校服务迄今,达三十三年矣,始终以训练学生奋斗与合作精神配合于运动之中。此精神者,我校数千之校友在昔亲受熏陶,当能体会意味,则今日在社会服务之同学将已感受其益。此良好之风尚,当复员之后,依然蓬勃,积之已久,效果益宏矣。

音 乐 室

本校音乐活动,最先由奥利微女士主持组织歌乐研究会及声乐班,至海门斯先生时始成立乐队,汤诺夫先生时,组成交响乐队。抗战军兴,音乐导师古普克先生以年迈不便远行,未随学校南迁,全部乐器由张肖虎先生保存。复员以来,音乐室已恢复旧观,而活动范围更见扩大。乐队乐器,除少数损坏待修理外,大部分完整可用,音乐活动,由导师张肖虎先生领导,计有混声歌咏队六十余人,男声歌咏队三十余人,农院混声合唱队、交响乐队及军乐队六十余人,钢琴班四十余人,声乐班二十余人,理论作品班十余人,经常出席音乐欣赏讲演者约二百人,参加音乐室所组织之音乐活动者计五百余人,几占全校同学四分之一。

上述各项活动,经常每周训练一次,或在西楼,或在大礼堂举行。西楼东屋,已筹借唱片多种,每晚供同学自由选听,每周并由张肖虎先生作音乐欣赏讲演一次。西楼西屋,设有音乐阅览室,陈列理论作曲等书籍。每晚开放阅览,以供乐曲创作之参考。

复员以来,同学对音乐之兴趣,远较战前为普遍。而人数增多,音乐室工作极为繁忙。近已添聘戴世佺女士为导师外,并分由古普克先生、老志诚先生、韩德常女士、宋宝莲女士、斯泰凡斯基夫人作钢琴班之私人教授,祁玉珍女士作声乐班之私人教授,福克斯先生、普乐夫先生、关紫祥先生作提琴班私人教授。而学习人数增多,同学参加音乐活动之兴趣更日有增进,则将来增聘导师负责各部训练,购置电留声机唱片、乐器、乐谱、书籍均属必要。俾得蓬勃猛进,继承过去清华之音乐传统而广大之。

清华自创立以来,音乐界人才辈出,现代音乐之创导人赵元任先生、现代作曲家黄自先生、钢琴家兼作曲家李维宁先生、声乐家兼作曲家应尚能先生、钢琴名家姚锦心女士、提琴名家陆以循先生,均系清华校友。音乐室同人之希望,不仅在提高同学之音乐兴趣,抑且求其造就现代音乐界之人才也。

图书馆

战前本校图书馆规模之大,藏书之丰,在学校图书馆中,堪居首列,但抗战期间损失太重,恢复旧观实非易易[事]。盖自七七事变学校南迁,初止于长沙,北大、清华、南开三校图书馆与北平图书馆合作。翌年春再迁昆明,本校乃于办事处独辟图书室,是时事变前南运(华北紧张时,本校已将一部分重要图书仪器南运)之图书,仪器四百余箱已由汉入川,至二十七年冬,始将一部分由重庆运抵昆明,因当时交通极度困难,所提运者仅为各学系选择之急需图书,共一百三十六箱,计中西书籍二万余册,其余留存北碚,后于二十九年为敌机所毁,仅存烬余三千余册,此为战时损失之一部分。至留存北平之图书敌军占用校址之第一年内无何变动,至三十年八月敌军将所有图书发交北大图书馆、近代科学图书馆、新民会、教育总署等敌伪机关分存,其时已被掠夺散失不少,仅北大与近代两处,尚有目录可查。胜利后已就存在者分别收回,惟新民会部分先由北平市党部接收,除图书收回一部分外,所有报章期刊因存于南海瀛台久不发还,已全部散失,总计复校后收回之书籍约为战前所有之一半,此大量之损失殊非短期内所能补足矣。南运之书除一部分在北碚被炸毁外悉以供昆明联大师生应用。因自二十七年西南联合大学成立,各学系及本校研究所八部门,均须用书,本校图书馆乃加紧整旧置新工作,同时在北平时所订之国外图书期刊,亦陆续转到,整理就绪,当时借予联大各学系者,计图书五千六百六十一册,期刊九百八十四册,借予各研究院者,图书二百二十五册,期刊一百八十四册,共计不下七千余册,其余一万余册,留存馆内,供众阅览,此旧藏图书南迁之情形也。其次,在昆明订购西文书四千余种,西文期刊三百余种,中文书亦随时增补,至大战爆发,办事处被炸,图书馆迁至郊外大普吉镇继续工作,计至复校前新书西文者登录三千八百六十七册,中文者九百六十一册,连同旧藏者,现已陆续运返校园。

馆舍情形,在抗战时期,日军以图书馆作外科病院,阅览室改为病房,书库改为手术室及药库,破坏不堪,开始复校后,亟谋恢复旧观,现已恢复三个阅览室,第一阅览室阅西文书及指定参考书,第二阅览室阅中文书,第三阅览室阅期刊,第四阅览室阅报纸。在准备修复中,旧书库无大损坏,新书库原有三层,已修复两层,办公室及文法两院各学系研究室均已完全恢复,惟门窗、地板、暖气、灯光(停电时用汽灯接济)及其他设备,事关全校工程步骤,虽大体可用,尚未全复旧观也。

截至现在,馆中藏书,计有中日文书十五万八千五百九十一册,西文书五万二千七百四十九册,装订本期刊三万零四百七十册。阅览室每日早八时至夜十时,整日开放,中途不停,平均每日来馆阅书者,一千五百余人(逐日有统计)。如开始借书,人数当更增加。馆中组织,暂分六股:(一)采录,(二)中文编目,(三)西文编目,(四)参考阅览,(五)期刊,(六)庶务。共有职员二十四人,勉于上学期上课时,先开放一、二阅览室,供应参考书,满拟第二学期起始时开放第三阅览室,开始借书,乃因整理目录,又须兼顾编制新书,竟未能如计划实现。此馆中同人所至感不安者。学校受员额限制,未能予图书馆以充分人手,然工作不能顺利进行,图书未得充分利用,所影响于全校师生研究者甚大,希望最近将来,逐步开展,恢复以前规模,尽量予全校师生以阅读研究上之便利。

原刊于《清华校友通讯》复员后第二期

(1947年4月)

给西南联大电讯专修科的题词

国立西南合大学电讯专修科第一届毕业生：

  电讯工程为沟通声气传播消息之利器，其在军事上之为用尤属重要。诸君在科两年，粗具根底，今后望各本其所学，应用而宏大之，则于国家抗战建国之贡献岂浅鲜哉！诸君勉之。

梅贻琦　题

（1940年6月）

关于联大校舍被炸的启事

谨启者：二十九年十月十三日，敌机袭昆明，竟以联大与云大为目标，俯冲投弹，联大遭受一部分损失，计为师范学院男生宿舍全毁，该院办公处及教员宿舍亦多震坏。缘该院校舍系借省立昆华中学之一部，房屋稍旧，而环学校四周，落弹甚多，故损毁特巨。清华在西仓坡之办事处前后落两巨弹，幸该房屋建筑尚坚固，仅玻窗、屋顶有相当损坏。本校在办事处自建一防空洞，原为存储重要卷宗，筑在屋之后身荒园内，而屋后所落之弹，即紧逼此洞，遂全部震塌，经发掘后，物件受损不大，卷宗完好，惟有工友二人，平素忠于职守，每值警报声作，均不外出，愿留看守，是日匿邂[避]该防空洞内，竟以身殉，实堪惋惜。外此全体同人及眷属与联大全体师生，均各无恙。联大翌日照常上课，本校办事处即将整理过去工作，部分迁移乡间办理，其他部分，均恢复常态矣。近日辱承各地友朋，函电纷来，备至慰问，谨将经过情形，略述如上。总之"物质之损失有限，精神之淬励无穷，仇深事亟，吾人更宜努力"。此二十八年校庆日贻琦所书以自勉而与同人共勉者，今仍愿申此义，敬为我亲爱友朋告焉。

梅贻琦谨启

（1940年10月）

记录李公朴、闻一多先生被暗杀的日记

7月12日　F.①　晴　今日起始视事,中午清华校务会议,光旦迟来,始悉李公朴昨晚在学院坡被暗杀消息。下午李圣章来稍坐。

7月15日　M.　晴　日间批阅两校公事颇忙。夕五点余,潘太太②忽跑入告闻一多被枪杀,其子③重伤消息,惊愕不知所谓。盖日来情形极不佳,此类事可能继李④后再出现,而一多近来之行动又最有招致之可能。但一旦果竟实现,而察其当时情形,以多人围击,必欲致之于死,此何等仇恨,何等阴谋,殊使人痛惜而更为来日惧尔。急寻世昌⑤使往闻家照料,请勉仲往警备司令部,要其注意其他同人之安全。晚因前约宴中央及中航二公司职员光徐诸君,但已无心欢畅矣。散后查⑥、沈⑦来寓,发急电报告教部,并与法院、警部及警察局公函,一点余始睡。

7月16日　T.　阴　昨晚十二点Roser⑧偕二美军以吉普车接光旦夫妇往美领馆暂避,今早大致尚安定,惟各家尚甚感恐慌耳。午前十点偕郁文往云大医院看闻夫人及立鹤伤势,肺部曾受三枪,今早已停止出血,腿部中二枪,一大腿骨已断,枪弹尚在内,但此子体格甚

---

① 日期后的英文略写代表一星期的第几天,即M.(星期一)、T.(星期二)、W.(星期三)、Th.(星期四)、F.(星期五)、S.(星期六)、Su.或Sun.(星期日)。
② 潘太太,即潘光旦夫人。
③ 即闻一多长子闻立鹤。
④ 即李公朴,于闻一多遇害前四日(1946年7月11日)被暗杀。
⑤ 即赵世昌,时为清华庶务组技师代主任,联大事务组技师。
⑥ 即查良钊,时任联大训导长。
⑦ 即沈刚如,时任清华校长秘书。
⑧ Roser,美领馆副领事。

好,或能出险。医院中闲人甚多,盖李公朴遗体于今午火化,故来看热闹者特多也。中午访霍总司令未遇,留片。下午接警备司令部复函谓已悬赏缉凶,关于同人安全问题,提议最好大家聚居一处以便保护。下午四点约黄、查、贺、雷、沈组闻教授丧葬抚恤委员会,六点余往美领馆晤光旦、奚若,并与 Roser 稍谈,闻彼处已住有十七八人,但除光旦夫妇、孝通一家,及奚若外,其他则不知皆为谁何也。

7月17日 W. 晴 令世昌购米面糖茶火腿黑大头各若干及毛巾二打,于下午送与 Roser。下午五点联大常委会开会前全体往云大医院视一多入殓,仅着蓝衫,盘坐于铁龛内备明午火化者,其面目尚静定,盖已为殓者整理过矣。

7月18日 Th. 晴 中午一多遗体于云大操场火化,系由佛教会僧徒办理,观众不甚多,秩序尚好。下午子坚、勉仲来商为一多举行追悼会及修衣冠冢事。二点余刘参谋长来谈时许始去。

(1946年7月)

国立西南联合大学校史

　　民国二十六年七月，平津陷于倭寇，北方各大学南迁。北京大学、清华大学、南开大学，奉教育部命迁于长沙合组新校，定名为长沙临时大学。以北京大学校长蒋梦麟、清华大学校长梅贻琦、南开大学校长张伯苓、湖南教育厅厅长朱经农、湖南大学校长皮宗石，及教育部代表杨振声等为临时大学筹备委员会委员，以蒋梦麟、梅贻琦、张伯苓为常务委员，杨振声为秘书主任，于十一月一日筹备就绪。理、法商、工三学院在长沙韭菜园圣经学校，文学院在南岳圣经学校分别上课。迄年终，首都沦陷，武汉震动，乃西迁滇。大部员生步行。于二十七年二月二十日离长沙，四月二十八日到昆明，并奉教育部命，改校名为国立西南联合大学，仍由三校校长为常务委员主持校务，于五月四日恢复上课。租借蒙自海关、法国领事署及法国医院旧址等地为文、法商两学院校舍，租借昆明西门外昆华农业学校为理学院校舍，并租借昆明拓东路迤西会馆、全蜀会馆为工学院校舍，总办公处则设于城内崇仁街四十六号。同时在城西北三分寺附近购地一百二十四亩四分五厘建筑校舍。是年夏以文、法商两学院远在蒙自，管理不便，又以空军军官学校在蒙自设立分校，需用校舍，乃将文、法商学院迁回昆明。又奉教育部命，增设师范学院，因又增租昆明西门外昆华师范学校、昆华工业学校，并向云南省政府商借城内昆华中学南院、北院为校舍，师范学院即设于昆中北院，以南院为女生宿舍。文、理、法商三学院分在农校、工校等处上课，总办公处因崇仁街地址狭小，迁设于才盛巷二号，二十八年春，复为办事便利计，迁至昆华工校。是年夏，新建校舍落成，勉敷文、理、法商三学院之用。时文、理、法商、工、师范五学院共设中国文学、外国语文学、哲学心理学、历史学、算学、物理学、化学、生物学、地质地理气象学、法律学、政治学、经济学、社会学、商学、土木工程学、机械工程学、电机工程学、航空工程学、化学工程学、(按:以下为师范学院各系)国文学、英语学、史地学、公民训育学、算学、理化学、教育学等二十六系,并恢复各科研究所,仍由北大、清华、南开分别办理,以存三校之旧。计设:

(壹)文科研究所:(一)中国文学部:(1)语言文字组(清华),(2)文学组(清华);(二)外国语文部(清华);(三)哲学部(清华);(四)历史学部(清华);(五)史学部分(北大);(六)哲学部分(北大);(七)语言学部分(北大);(八)中国文学部分(北大);(九)考古学部分(北大);(十)人类学部分(北大)。

(贰)理科研究所:(一)算学部(清华、北大、南开);(二)物理学部(清华、北大);(三)化学部(清华、北大、南开);(四)生物学部:(1)动物学组(清华、北大),(2)植物学组(清华、北大),(3)昆虫学组(清华),(4)生理学组(清华、北大);(五)地学部:(1)地质学组(清华),(2)地理学组(清华),(3)气象学组(清华);(六)地质学部(北大);(七)心理学部(清华)。

(叁)法科研究所:(一)法律学部:(1)中国法律史及中国法律思想史组(北大),(2)国内司法调查组(北大),(3)犯罪学组(北大);(二)政治学部:(1)国际法组(清华),(2)行政组(北大),(3)国际关系组(北大);(三)经济学部:(1)经济理论组(清华、北大),(2)国际经济组(清华),(3)财政与金融组(北大);(四)社会学部(清华)。

(肆)商科研究所:经济部:(1)经济理论组(南开),(2)经济史组(南开),(3)农业经济组(南开),(4)工业经济组(南开),(5)统计学组(南开)。

(伍)工科研究所:(一)土木工程部:(1)水利工程组(清华),(2)结构工程组(清华);(二)机械及航空工程部:航空工程组(清华);(三)电机工程部:(1)电力工程组(清华),(2)电讯工程组(清华)。嗣后工学院又添设电讯专修科,师范学院附设初级部及专修科。二十九年夏,工校租约届满,迁总办公处于昆中南院。是时安南屈服于倭寇,云南戒严,奉教育部命于四川叙永筹设分校,置一年级生于分校上课,以备万一。是年冬,昆中南、北两院被敌机炸毁,复将师范学院迁入工校,总办公处迁至新校舍。三十年夏,以昆明局势稍定,复将叙永分校结束,另租昆华中学新校址一部,为一年级生课室及宿舍。八月中,新校舍又遭敌机轰炸,旋赶即修复,十月初,仍得按期上课。三十一年以后,因空袭渐少,省立各校陆续迁回昆明,以前所租各学校校舍多被索回,仅留昆华工校一部为师范学院校址。

　　自此以后,各院校址,大致确定。工学院始终设于拓东路迤西、全蜀及江西三会馆内。二十八年后,文、法商学院设于新校舍北区,理学院设于新校舍南区。自总办公处迁入新舍后,全校重心,亦移于此,总图书馆亦设于此,阅览室可容八百人。拓东路工学院分馆阅览室,系一会馆大殿改造,可容四百人。师范学院分馆,可容二百人。分设于各学院之专门期刊室,每室可容三五十人不等。所有书籍大部分系三校藏书迁运来滇,合供本校利用。其余系在湘滇就地采购及由外国购来或经外人赠送者。理工方面设备,本校成立时,曾得中华教育文化基金董事会补助十万元,又管理中英庚款委员会补助二十五万元,用于理工设备者,约二十万元。是时物价尚未上涨,海外交通未受阻隔,本校得以购备急需之物品。嗣后三校运滇之仪器机械,亦有相当数量。加以本校历年经常费内陆续增购者,以较三校原有设备,虽相去甚远,尚能勉敷教学之用。各系实验室,自新校舍落成后,亦粗具规模。工学院学生所需实习工厂,则就租用之会馆房屋,加以改筑。

　　三十四年,抗战胜利。三校奉命于三十五年暑假后在平、津复校,本校亦即因三校之复校而结束。本校之存在虽只九年,然北大、清华、南开为本校之前身,亦为本校之后继。三校以前之历史,亦为本校之历史。三校将来之成就,亦为本校之光荣。由斯而言,本校虽与抗战相终始,而实将与国同休,永垂无极也。略述梗概,详在大事记。

(1946年5月)

致"特刑庭"的公函

昨接贵庭三十七年八月十八日发庭审字第 26 号公函,以奉行政院令签发拘禁、拘提本校学生张冠堂等六人,捡附名单一份,嘱将该生等交案以凭讯办等由,附名单一纸,准此。经查:所开名单中张冠堂一名,本校并无此人,吴锡光一名已于上学期退学离校,杨得圆、杨荣厚、宁世铨等三名均于上月毕业离校,至郭德远一名,因暑假期内未在校中,相应函复查照。

复查昨日(十九日)由贵庭送交本校传票十三纸,计被传学生裴毓苏等二十六名,嘱为送达等由。查其中劳乃光、刘元鹤、杨鸣岗、杨春曜、李玉润、许四福等六人已毕业离校,傅秉文一名业已休学,崔利益、贺文元、毛世英三名本校并无此人,至其余裴毓苏等十六人因值暑假,各生行止不定,兹准贵庭按名传讯,当经依次派员前往裴毓苏等十六人宿舍内代送贵庭传票,惟均不在,未能送达,除已布告各该生于返校后即行领票到案外,相应函复,并希查照为荷。此致北平高等特种刑事法庭。

校长梅贻琦
中华民国三十七年八月二十日

据清华大学档案(1948 年)

1941年日记选

1月1日　W.　早七点半起,因昨夜二点余始睡。八点至新校舍,为新年师生篮球比赛开球。十点后温德①来谈,张鞠斯来。5:30至省政府礼堂赴龙主席②新年宴会,晤张君劢及关麟征总司令。席间戏剧,栗成之《宁武关》颇好,惜配角太差,余则皆不足道矣。

1月2日　Th.　上午十点至联大办公处③,因新年假只一天。午饭后1:05警报,1:40敌机八架来,4:00解除。闻所炸为巫家坝及石龙坝。六点后城内电灯有停息者,但不久即逐渐恢复。晚六点至共和春为唐绍宾、段晚英证婚。

1月3日　F.　11:00警报,12:30敌机来,炸城外东边,4:15解除。晚请客:白勤士夫妇、温德、周子竞夫妇、蒋孟邻④(蒋太太未到)、刘季陶夫妇。

1月4日　S.　上午10:00—11:30在办公处。下午小睡后至太华浴室洗澡,盖又月余未曾入浴也。5:30 p.m.与郁文⑤及章川岛⑥赴冈头村小住。晚饭后与樊太太⑦及章、饶⑧八圈,小负。十一点睡。

---

① 温德,Robert Winter,美籍,清华外文系教授。
② 即龙云,时任云南省府主席、行辕主任等职。
③ 联大办公处在新校舍北区。后文提及清华办公处在西仓坡,联大及清华不少会议均在西仓坡大客厅举行,有时会议也在才盛巷北大办事处举行。
④ 蒋孟邻,即蒋梦麟,字孟邻,当时的北京大学校长,联大三常委之一。
⑤ 郁文,即韩咏华,梅贻琦夫人。
⑥ 即章廷谦,北大教授,时为联大常委会秘书。
⑦ 即樊际昌夫人。樊际昌,字逵羽,北大教授,时为联大教务长。
⑧ 即饶毓泰,字树人,物理学家,北大教授,时任联大物理系教授兼系主任。

1月5日　Su.　星期日为旧历"腊八",亦即余旧历之生日①。午饭樊、郑②、章、罗③、陈④五君约饭一桌。晚饭蒋夫妇之约,共两桌,皆为余祝寿者,感愧之至。上午十点三刻有警报,将近中午则有炸声连续至廿余分,敌机数架盘绕市空甚久始去。子坚⑤及勉仲⑥先后来,亦系拜寿之意。一日与樊、饶、章、蒋太太等看竹廿余周,余又负十余元。后又看众人打poker,觉无意味,二点始睡。

1月6日　M.　午前7:30城中又有警报,但无敌机来。昨日所炸为圆通山附近华山东路平政街一带。中午与蒋夫妇至邻家童宅,贺其大女郎回门。四点回城,至联大办公。晚七点约玉龙堆廿五号:陈⑦、陈⑧、陈⑨、吴⑩、金⑪、吴⑫、周⑬、邵⑭、邵⑮、曹⑯、练⑰诸君来宴,食炮牛肉,似颇快意。

1月7日　T.　早九点将进早餐,忽又来警报,步行郊外,觉甚燥热,二点解除回家。祖彦⑱患头痛发热,令睡下。下午四点半再赴冈

---

① 梅贻琦生于1889年12月29日,值旧历12月8日。
② 即郑天挺,字毅生,北大及联大教授,时为联大总务长。
③ 即罗常培,字莘田,北大及联大教授,时为联大中文系主任。
④ 即陈雪屏,北大及联大教授,时为联大教育系主任及联大国民党组织负责人之一。
⑤ 即黄子坚,字钰生,清华1919级毕业生,时为南开及联大教授,联大师范学院院长。
⑥ 即查良钊,字勉仲,清华1917级毕业生,时为南开及联大教授,联大训导长。
⑦ 应为陈岱孙,名总,清华1920届毕业生,清华及联大教授,曾任清华法学院院长、联大经济系主任及联大法商学院代理院长等职。
⑧ 应为陈达,字通夫,清华1916届毕业生,清华及联大社会学系教授,曾任清华国情普查研究所所长及联大社会学系主任。
⑨ 应为陈福田,清华及联大外文系教授兼系主任。
⑩ 应为吴有训,字正之,清华及联大物理学系教授,曾兼清华及联大理学院院长,1945年10月起任中央大学校长。
⑪ 应为金岳霖,宇龙荪,清华1914届毕业生,清华及联大哲学系教授,曾任清华文学院院长。
⑫ 或为吴泽霖,清华1922届毕业生,清华及联大社会学系教授,曾兼系主任。
⑬ 应为周培源,清华1924届毕业生,时为清华及联大物理学系教授。
⑭ 即邵循正,字心恒,清华1930届毕业生,时为清华及联大历史学系教授。
⑮ 即邵循恪,字恭甫,清华1930届毕业生,时为清华及联大政治系教授。
⑯ 或为曹本熹。
⑰ 或为练北胜,联大外文系专任讲师。
⑱ 即梅祖彦,梅贻琦之子,时为联大学生,后为清华大学水利系教授。

头村,应缪①夫妇之约。

1月8日　W.　早八点余始起,早点后久待竟无警报。听孟邻讲书法历一时许,似颇有道理,但不曾试做者,难尽理会耳。下午两点半返城,孟邻因患感冒未同来。三点半在新校舍开常委会,未到者为蒋、杨、黄、吴②,归家见祖彦已退热起床矣。

1月9日　Th.　上午九点有预行警报,到办事处后,见办事员有先自离去者,严予告诫。

下午五点往愉园访关麟征总司令,久谈,至六点始出,在彼晤胡广生大夫,系为关医鼻疾者。

晚阅 Andre Maurois' "Disraeli" 前数章。夜半始停,极感无聊,而尤为在来阳者悬系,然亦莫可如何!

此日为腊月十二,月在中天,明而孤冷。

1月10日　F.　清早郁文返梨烟村③。

1月11日　S.　上午十一点自新校舍出,乘人力车往梨烟村。午后三点在大普吉研究所新造储库开同人家属茶话会,到者男女老幼约六十人,城中去者较少,实路太远也。晚六点仍在研究所约建厅张厅长夫妇、黄日光夫妇、汪国舆夫妇、汪厂长夫妇、李科长等及李司长、惠老师饭聚所中,陪客合共三桌。是晚,大家酒兴颇好,共饮三十斤,多数皆有醉意。余返梨烟村后,亦即睡下矣。

1月12日　Su.　早八点起后,颇念诸孩在家,不知有警报否。九点至光旦④处。早餐食春卷颇好,惟太咸尔。下午四点乘洋车返城内。

---

① 即缪云台,字嘉铭,云南人,时为新富滇银行行长,梅贻琦挚友之一。
② 蒋,即蒋梦麟;杨,即杨振声,时为联大常委会秘书主任;黄,即黄钰生,时为南开大学秘书长,联大常委;吴,即吴有训。
③ 亦作"梨园村"。
④ 即潘光旦,字仲昂,清华1922届毕业生,时任清华及联大社会学系教授、清华教务长,梅贻琦挚友之一。

晚六点,金龙章①以电话来约往冈头村缪家便饭。饭后云台与六七人商量旧年除夕约留美同学会聚事,定在高桥中央防疫处,人数勿太多。众人散后,复为云台留看竹,至二点始散,即住蒋家。

1月13日　M.　早八点始起,早点后已九点半,原拟上午进城之打算又不能行矣。下午三点偕孟邻至新校舍办公室。五点召集各处组织员训话,稍加训勉,于工作效率或有增进乎。

1月14日　T.　早九点始起,尤觉愧悔,总当设法早眠为是。张奚若来谈。

下午三点余至工学院与施、李②谈事颇多。五点出,为行敏③邀至昌生园食炒面,然后步行返寓。

1月15日　W.　下午六点在寓,常委员聚餐开会,通过本年同人薪给办法。

闻何应钦、白崇禧来滇,恐滇南又将有事矣。

朱子桥将军数月前逝于长安,此老实可爱可敬。

1月16日　Th.　早发与珊短信,前晚所写者,伊又久未来信,不知是否又病了!

日间清了公事数件,尚觉满意。

1月17日　F.　4 p.m. Visit from Dr. and Mrs. Chiang. Went with C. to call on Gen. Ho. But found he was staying at Kao-chiao. Dropped in to see Mr. Prigeaux-Brune.

10—11:30 p.m. 北平广播"二进宫"、"纺棉花"。

1:30 a.m. Finished "Disraeli". Felt a great sympathy and admiration for this man.

1月18日　S.　天夕将出门,关麟征(雨东)来访,谈颇久始去。

---

① 金龙章,清华1924届毕业生,抗战期间任昆明同学会会长,曾主持"梅校长任教母校廿五年昆明校友公祝会"。

② 施,即施嘉炀,清华1923届毕业生,时为清华及联大土木工程系教授,工学院院长;李,即李辑祥,字筱韩,清华1925届毕业生,时为清华及联大机械工程系教授兼系主任。

③ 行敏,即徐行敏,联大医务室外科医生。

闻滇方军事布置颇为顺利,深以为慰。

1月19日　Su.　上午十点始起,早餐后无所事事。

十二点十分将进午饭,忽来警报,与家人出至苏家塘后山坡上,久久竟无消息。4:10解除。

晚七点至天南酒家,赴刘季陶夫妇饭约,座中有关总司令及胡医师等。

清华1933级同学十余人在家聚餐,余赶至家,与诸君共饮一杯,时已将十点矣。

1月20日　M.　上午九点余李印泉①监察使来请为其二公子希泌(联大历史系)证婚,婚期订为25日下午,盖旧历除夕之前一日也。

午饭后汪德耀偕其弟德熙来。德耀新就福建省研究院院长,余对此种举动认为不妥,实应以扩充厦大为合理,但闻该院可有五十万元之开办费,则不知究能办到何种程度矣。

天夕往冈头村为蒋校长拜寿,因留宿焉。

1月21日　T.　昨夜风甚大,睡时为二点半,故九点始起。早餐后拟即回校,因汽车须修理,午饭后三点与蒋、郑、章同赴办事处。

下午工学院未得去。

晚闻光旦言,曾赴学生数团体合开一"统一问题"之讨论会,精神甚好。

1月23日　Th.　警报九点十分至两点十分,黑林铺被炸。

下午四点至五点三十分,郑、查等视察昆中南院女生宿舍,指予应行改进数事。

晚六点至八点,清华校务会议与三十周年纪念委员会共商筹备事宜。

俄文教授李宝堂君新自沪经安南来滇。

1月24日　F.　晚为秦大钧②夫妇约,与三孩至其家便饭。饭后

---

① 即李根源。
② 秦大钧,联大航空系教授。

与秦、徐行敏及杨君看竹四圈,小负。

1月25日　S.　下午五点余至西南旅社为李印泉公子希泌与张中立女公子证婚。证婚人尚有关雨东总司令,因事未到;介绍人为龚仲钧①、胡简如。晚饭后至商务酒店为张家贺喜。九点余返校,觉不适,早睡下。

1月26日　Su.　早九点后起,殊感不适,渐觉作冷。至午前十一点余,冷益甚,乃上床盖被三四重,尚不觉暖,而冷至发抖。至一点余,冷渐止,而烧作矣。三四点时,徐大夫来诊视,烧至三十九度余,嘱食Quinine,每次两粒。(缪云台夫妇约作旧年除夕宴聚,郁文携彬②、彤③同去。关雨东饭约亦谢。)

1月27日　M.　旧历新年　早热度竟降至三十七度余,九点余乃商定与郁文、祖杉④往梨烟村小住养病,借得某君汽车,十点余至村门,幸天气晴和,再以洋车至寓所。祖彦回来照料,下午仍返城内。

下午,热度仍为三十七度余,因耳部觉微聋,Qin未多服。

1月28日　T.　一日热度渐增,晚八时至三十八度余,不若前日之甚矣。任之恭偕赵访熊、叶楷⑤来。

1月29日　W.　热度又降至三十七度余。

中午有敌机在市中投弹,西仓坡上下又各落一弹,翠湖小学被毁,西仓之米飞散甚多,寓中门窗及室中零物又有损毁,但不如上次之甚。幸已于前日移住乡间,否则虽自己无所畏惧,将使照看之人勉强留守,而又遭此一番震动,太觉抱歉矣。

1月30日　Th.　热度较昨日增多,但最高为晚八时之38.1°。下午沈刚如⑥来,请拟中药方清解肠胃。

---

①　龚仲钧,字自知,时为云南省教育厅长。
②　彬,梅祖彬,梅贻琦之长女,时为联大外文系学生。
③　彤,梅祖彤,梅贻琦之二女,时为联大生物系学生。
④　梅祖杉,梅贻琦之三女,时为联大学生。
⑤　任之恭,清华1926届毕业生,时为清华大学兼西南联大教授。赵访熊,清华1928届毕业生,时为清华大学兼西南联大教授。叶楷,时为西南联大电机系教授。
⑥　沈刚如,清华大学职员,时为联大常委会秘书之一。

1月31日　F.　午前祖彦来言,前日所炸区域为城中翠湖附近及福照街文庙街一带,及正义路之北段。炸后市面情形尚都安定,是则较年余以前市民心理上已有进步矣。

今日热度升降与昨日大致相同。

下午杨武之夫妇及吴达元、杨业治①夫妇来,潘光旦来。

2月1日　S.　下午四点半,徐行敏详为检查后谓,或非疟疾,因检得胆部附近有扪压觉痛之处,如有发炎亦可成此病象(二十六日检血,白血轮特多)。只抽取血5 c.c.及尿少许,再做检查。

午后沈刚如来,因服其中药腹中积滞似有调解之象,乃再嘱其开方续服。徐大夫来时曾以此告之。

2月2日　Su.　热度日间皆在37°左右,晚八时仍为37.1°。天夕戴观亭②、汪次堪③夫妇来。

庄前鼎④夫妇来。午前郑毅生、罗莘田来。

2月3日　M.　晚热度为37.5°。闻光旦亦于前日病矣。

2月4日　T.　晚,热度降至37.1°。蒋校长夫妇来。

2月5日　W.　热度降至36.5°以下,盖已完全复原矣。

午前起床坐约二时,午饭后仍睡下。食物如米饭、蛋、鱼之类。午前吴正之来谈。

2月6日　Th.　下午祖杉返城内。

连服沈刚如处方共八剂,似颇见效。但因日前徐大夫验血谓有 Sultertian malaria 之菌,乃服 Plasmo quine 七八粒以作预防。

2月7日　F.　午前有警报,院中妇孺皆出外疏散,顿觉安静,乃至廊下坐约一时,看书晒太阳。

2月9日　Su.　午前散步外出,至惠老师院访惠老师。又至杨、

---

① 杨武之,清华大学兼西南联大数学系教授。吴达元、杨业治,均为清华1929届大学部毕业生,时为清华大学兼西南联大外文系教授。
② 戴观亭,即戴芳澜,清华1913届毕业生,时为清华农业研究所主任。
③ 汪次堪,即汪国典。
④ 庄前鼎,字开一,清华1925届(游美)专科生,时为清华大学机械工程学系教授兼清华航空研究所主任。

叶、姜、吴、杨、任、赵①各家稍坐。

2月10日 M. 原拟下午进城至联大办公,因风大未行。中午至李司长(适生)处稍坐。

2月11日 T. 下午天色颇好,往视光旦病,盖为斑疹伤寒,热度已大减矣。

2月12日 W. 昨夜风雨,且有雷声,天明已晴,七点余红日已满窗矣。午前有警报,二点余解除。

午饭后稍休息,三点前坐洋车赴校。早间刚如送信来,谓已向蒋先生借好汽车,下午来接,自以为殊非必要,遂不待其车来先去矣。四点到校,适蒋车方将开出,乃得阻止。与蒋君谈有顷,批阅公事至五点半。返寓,稍觉疲倦且饿,赶进食物些许。

六点余开常委会,议决数事②。至下年之分校问题③,仅提出请大家注意,俟将来再讨论。

七点余与蒋赴龙主席约宴,为欢迎何部长④、商启予⑤之视察团诸君及英美法各领事。十点余归来,尚不太倦。

2月13日 Th. 早九点起,未久有客来谈,一点半始得出门返梨烟村。

下午郁文因有卢家之约,先自进城,余独留乡下,自办晚饭,亦颇有趣。

2月15日 S. 早起后朱慰之自城内来,知余一人在室,遂商约姚太太为余备早点,朱太太备午饭,殷勤照顾使余实不安心。

下午小睡后,五点余蒋夫妇以汽车来接,先与孟公至灵源别墅,王

---

① 杨,即杨业治;叶,即叶楷;姜,即姜立夫,清华1911届留美生,时为南开及联大数学系教授;吴,即吴达元;杨,即杨武之;任,即任之恭;赵,即赵访熊。
② 本次常委会议议决之事项:(1)本大学理工设计委员会委员孙国华请假离校,改聘周先庚任该职;(2)查良钊因公赶渝,离校期间,训导长职务请陈雪屏代理;(3)施嘉炀因事赴腾冲,离校期间,工学院院长职务请李辑祥代理;(4)张奚若因事赴渝,离校期间,政治学系主任职务请崔书琴代理。
③ 分校,指联大叙永分校。
④ 即何应钦,时任国民政府军政部长。
⑤ 即商震,时兼任国民政府外事局局长。

叔铭之约,稍坐即出。六点半同至美领馆 Cocktail Party,盖 Mrs. Perkins 日内将回国也。

　　七点至商务酒店,蒋夫妇之约,到者三十余人。九点余又至冠生园美领馆,方钜成、黄荫怀、游恩溥三君之约。郁文已先至。到未久即散,仅得与白勤士夫人饯别耳。

　　2月16日　Su.　早九点,原拟与郁文、祖彦往高崾一转再返梨烟村,所借蒋家新汽车久待不至。约十点蒋太太来,始知汽车半途出毛病,幸即寻得汪一彪君,搭其车同往西山。

　　在金龙章家午饭。饭后至施、苏①、萧②各家望看,又至黄子衡家,主人皆外出。

　　三点余到梨烟村寓,蒋太太与汪君稍坐别去。

　　2月17日　M.　下午小睡后偕祖彦至村后闲步,以外一日无所事事。接珊二月一日来信,使人仍不放心。

　　2月18日　T.　下午三点余到校办公,因后日即放假矣。

　　吴雨僧③来谈友仁难童学校问题。

　　2月19日　W.　上午在寓办理清华事件。中午黄子坚偕教部视察员王衍康君来。下午至联大办公。

　　2月20日　Th.　上午邵可侣来谈友仁学校财政状况。

　　下午四时半,清华留美公费生考选委员会,到者梅、吴、施、周、任、王(并约陈岱孙出席),未到者王守兢、周建侯。讨论至八时半,始决定录取十六人,其他四门[人]因成绩不佳未取。又决定取陈新民承受林主席七十寿辰纪念奖学金。此十七人中有十人为清华毕业生,亦云幸矣。晚饭宴各委员。

　　午前因周枚荪④曾来谈下年分校问题,彼提出桂林为适妥地点,

---

　　①　即苏国桢,清华1931届毕业生,时为联大化学系教授。
　　②　即萧蘧,字叔玉,清华1918届毕业生,时为清华及联大经济学系教授。
　　③　吴雨僧,即吴宓,清华1916届毕业生,时为清华大学外文系教授。
　　④　即周炳琳,北大及联大经济学系教授,一度任联大法商学院院长,后在梅贻琦离昆期间,曾应梅贻琦约暂代联大常委会主席职。

颇可考虑。

发与珊信。

2月21日　F.　九点早点后黄子坚来谈,赵松鹤来。

至十点半始与彬、彤收拾出发,而已有预行警报矣。行李由老李拉车,余与二女步行,初觉颇倦且热,至小屯稍坐饮酒,精神加旺。闻空袭警报。再前行,十二点一刻将至梨烟村口,闻紧急警报,警察不许进村,乃沿北堤到家。午饭后闻有轰炸声,似甚远者。

2月22日　S.　午饭后偕郁文、彬、彤、彦往大普吉陈家营访问各家,共到汤、殷、娄、汪、戴、俞、陈、高、黄、余、闻十一家。晚饭约毕、全、李三君食盒子。

2月23日　Su.　早九点余,郁文携祖彦与毕、全、朱等往后山妙高寺步游,余与彬、彤在家休息。午后至光旦处望看,渠已起床,气色尚好,但坚嘱多在家中休息,切勿急于出外。

晚阅 Rachel Field's "All This and Heaven Too"完,此书写得颇好,情节亦颇有趣,不知能续借寄来阳一阅否。

2月24日　M.　午饭后彬、彤、彦返城内,室中顿觉静寂。

2月25日　T.　下午三点余往联大办公。晚与祖彬往徐家吃面,盖为小珊周岁也。

2月26日　W.　上午十点半至十一点半,在联大办公室。

午饭后一点余,忽有警报,敌机来两批,各有二十七架。所炸为拓东路一带及城内绥靖路以南。闻人民死伤颇多,龙公馆亦落一弹。

晚与蒋公在寓宴教部视察员王、蒋、赵三君,尚有汪、杨因事未到。

2月27日　Th.　上午10—11点在联大,出校后寻老李不见,竟自拉车"接太太"去矣。返西仓坡未久又有预行警报,乃另雇车下乡。午饭在潘家。

下午敌机仍无声息,似竟未来。三点返家小睡。

2月28日　F.　天夕闻光旦夫人将临蓐,至晚饭后已生,又是一千金,他人有为失望者,亦属多事矣。

3月1日　S.　早点后,郁文往潘家照料。午前祖彦来,同往潘家。午饭晤葛敬中夫妇。下午三点返寓午睡。天夕拟出外看日落景色未果。

3月2日　Su.　中午,汪次堪夫妇在其所中约饭,尚有毕、全①及高仲明②夫人同坐。因初试烤鸭,等待甚久而结果尚不甚佳,鸭皮熏黑,肉亦干老,颇可惜耳。饭后与诸人看竹四周,六点始出,经潘家稍停返寓。

3月3日　M.　连日有风,今复天阴,恐有雨意。

午前十一点,樊逯羽应吾之约,下乡来谈,实较校内为便也。午饭并吴[正?]之、企孙同来。

三点前客散,旋即收拾入城,先赴联大办公。

晚龚仲钧在教厅请客,系宴教部视察员蒋、王、汪等,酒肴颇好。九点又至省党部宴康泽之饭约,十点余返西仓坡。

3月4日　T.　上午至联大办公。十一点康泽为学生讲演。

下午四点在西仓坡开清华校务会议,拟定"来滇教职员家属住房津贴办法"。五点开聘任委员会。六点聚餐两桌。七点开评议会。

晚饭前后适大雨一二阵,未久即止。

九点余会散。祖彦下午返城。

3月5日　W.　上午因来客甚多,未出门。天夕至联大批阅公事。六点随蒋往冈头村,因合请俞飞鹏部长及康泽、沈立孙、缪、裴、马、李诸君。饭后客有看竹者,至十二点以后始散,因留宿蒋家。

3月6日　Th.　昨夜卧久始睡去,今早七点余即醒。午前与蒋太太、曾渔生及佟君看竹,饭后连续至十二圈,结果余小负,曾一人大胜。

天夕与蒋进城赴刘震寰之约,途中汽车出毛病,修好已将六点。至大观楼雇小船至马家园,园主马……(原缺)为个旧大矿商,座中主客仍为俞部长。菜味甚多,后进者多未下箸即行撤去,殊觉可惜。归

---

①　毕为毕正宜,清华及联大事务组主任;全为全绍志,联大职员。
②　即高崇熙,清华及联大化学系教授兼系主任。

来船中望月,甚有趣,惜胡某喋喋不休,使人生厌,彼则意在应酬部长,未暇他顾也。

晚十点到家,郁文已于下午自乡下来,意谓吾或不归者,似颇懊丧,不知果何故也。

3月7日　F.　下午四点余与郁文往新村看任太太①,彼等于上星期五在黑龙潭被匪抢劫后始搬入新村暂住,盖不久将往上海去住。

六点联大常委会聚餐开会,查尚在渝,冯病未痊愈,吴、陈亦在渝未归,会中仅八人。决于二十六日召开校务会议,讨论下年分校问题。

3月8日　S.　早八点,郁文乘车去梨烟村。伊来二日,精神似不愉快,睡眠亦不佳,故不欲久留矣。

午前来客:黄子坚、李希泌、王德荣②、邵可侣③。下午亦未得到校。

晚赴吴肖园④夫妇在商务酒店之约。

3月9日　Su.　下午一点有警报,因不耐远走,与诸孩即在苏家塘北山坡上停歇,幸二点三刻即解除。闻炸处为安宁,亦无多损失。

晚六点为刘汉与孙孟君证婚,办事处客厅用作礼堂,此为第一次。来客以地学系同人及刘君同学为多,为讲甘露寺故事,因介绍人为周、曹,实亦巧遇也。

3月10日　M.　早起微觉不适,盖昨晚饮酒稍多矣。

十点余将出门,人告有预行警报,乃出城乘车往梨烟村,先至潘家与光旦谈颇久,留午饭。光旦前数日又冒寒,故又卧床未起。

三点至寓,稍息。天夕黄子卿⑤夫人做锅贴留郁文在彼,遂亦邀余往。锅贴尚好,惟有韭菜馅者,食后归来饮茶特多耳。

3月11日　T.　昨晚十一点睡下,一夜甚安静,乃天明楼上即有

---

① 任太太,即任鸿隽太太(陈衡哲)。任鸿隽,字叔永,中华教育文化基金会主任。
② 王德荣,清华大学航空系教授,1938年7月到校,曾任系主任。
③ 邵可侣,原名 Reclus,法国人,联大法文系教授。
④ 吴肖园,昆明金城银行经理。
⑤ 黄子卿,字碧帆,清华1922届毕业生,时为清华及联大化学系教授。

人声,愈久人声愈多。七点余日光满窗,则决不能再睡矣。

十点余祖芬自城内来,言彬彬尚在床未起,似伤风仍未痊者。郁文骤形焦急,不知所措。幸午间未闻警报,否则更多不安矣。

二点半进城,赴校稍留,随至工学院,与筱韩、葆楷①谈数事。五点三刻返家。

3月12日 W. 早八点至新校舍,意欲看同人及学生植树,乃待至九点半仍无动静。与毅生谈校事数件后归家。十点送祖彬往乡下,因伊数日来患伤风头晕,故令其暂往休息。

天夕将往富春街樊逵羽家,于途中遇其夫人,谓尚住太和街张家,为邀往晚饭。其戚友甚多,饭后看竹,小胜,十一点归。

3月13日 Th. 下午在联大接霍重衡②来电,谓吴尊爵③因工程交代手续问题须暂留叙,但不知内究何如。晚为重衡、今甫各作一信。

发致 Z. S. 信,昨夜所写,兼报告为其母取款事。

3月14日 F. 下午方钜成偕姜桂侬来,请于三十日证婚。樊逵羽来谈王视察员要为学生讲话事。

3月15日 S. 连日天阴有小雨,昨晚有大雨一二阵,且有雷声。今早雨已止,但云尚未散。

十点余至联大料理公事后,十一点乘人力车往梨烟村,行三刻钟即到,祖彬尚在床未起,头晕尚未大愈也。

3月16日 Su. 早八点始起,未得出外散步。下午四点与郁文往范绪筠④家望看新妇,彼等亦住惠老师院,因见新建小楼已画线破土,据包工言,四十日后可以完成。

五点至潘家,光旦已起床四五日矣。稍谈数事,闻校中同人赌风

---

① 筱韩,即李辑祥。葆楷,即陶葆楷,字伯偕,清华学校1926届毕业生,1931年8月来校,任土木工程学系教授,曾任系主任、代院长等职。
② 霍重衡,即霍秉权,1935年2月来校任物理学系教授,后任系主任、教务长等职。
③ 吴尊爵,清华土木工程学系助教,曾主持联大校舍建设。
④ 范绪筠,清华及联大电机工程学系教授。

甚炽,以后当特注意。归来时,于暮色苍茫中望见山下村落炊烟四起,颇饶意致。

3月17日　M.　自早天阴颇冷。午饭后三点一刻乘人力车返城内,途中细雨渐大,幸出门时携一毛毯,车中遮盖颇避湿冷。四点十分到新校舍办公,六点返家,雨已止矣。

晚饭约柳君①(新中公司工程师)、许骏斋②、李筱韩、刘仙洲、周承佑、庄前鼎、孟昭英及毕、李③、沈④、赵⑤诸君,以谢柳君修车售车之劳,并与刘、周等一谈。

3月18日　T.　上午在联大,接Z.S.十一日短信,伊情绪颇苦,而信纸信封似亦缺乏矣。

下午四点余至工学院,与李久谈。访张中立于盐管局。

3月19日　W.　上午在办公处。下午未出门,整理应提常委会事件。

六点半常委会,到蒋、梅、郑、查、樊、冯、陈、李、黄。饭后开会,报告及讨论事项共十三件。至十点三刻始散,因有积案不可不清理者。最后通过"生活津贴"办法,虽所予补助,不过三五十元,但于低薪者较令欣慰耳。

一点始上床,乃久卧不能成寐,思及会中问题尚有须调整之处,待日内与各方商决办理。

3月20日　Th.　上午在办公处,为学生贷金新规定发布告并呈部。

下午冯芝生、叶企孙先后来谈。

晚饭后吴正之自渝来谈及种种,至十点半始别去。伊今晚即住南楼客室。

---

① 即柳圣和。
② 即许维遹,时为联大中文系副教授。
③ 即李景羲,联大事务组副主任。
④ 即沈刚如,清华大学职员。
⑤ 即赵世昌,联大事务组技师。

3月21日　F.　上午批阅甚多,未出门。

下午来客数起:邵循正、张奚若、查勉仲、钱端升。

晚与郑、樊、毕招待澄江绅士吴、段诸君。

3月22日　S.　上午在联大办公处,至十一点出,赴梨烟村,郁文于五六日前感冒卧床,尚未痊愈,但热度已不过三十七度以内。天夕外出散步,斜阳映在远山上,红紫模糊,愈显可爱。回看村中,已在阴影,暮色苍茫,炊烟四起,坐河堤一大松树下,瞻顾留连,至天已全黑始返。

3月23日　Su.　上午欲往看光旦未果。郁文热已全退,仍未起床。

下午四点起行返城内,途中遇汪次堪夫妇、戴观亭夫妇,光旦亦在来城内者。

天夕光旦来谈校事半时许。

晚七时请客:范绪筼新夫妇,任、汪、戴三家,全绍志、毕正宜。祖彬代其母出席款客。

3月24日　M.　天气益燥热,上午在办公处。

下午四点开纪念会筹备委员会,六点开校务会议,决定让售北大美金三千元。

晚饭后陶孟和夫妇来谈。

3月25日　T.　下午在工学院与李、陶二君谈颇久。

晚七点请客:任叔永夫妇、李润章①夫妇、樊逵羽、陈蕙君、郑毅生、查勉仲。此次祖彤代其母招待客人。

3月26日　W.　下午五时起开联大校务会议,至十一点始散,(会中备晚饭两桌)到者共十九人,除由余报告近三月来校中重要事项外,所讨论最久之问题为下年是否仍设分校,如设分校应在何处,结果以反正两案付表决,各得七票。众意仍请常委作最后之决定,但一时

---

①　即李书华,字润章,曾任北平中法大学校长和北平研究院副院长,后被选为中央研究院院士。

似难即定,此事之最要观点为:

1. 分校在物质与精神上皆有不宜之处。

2. 无分校对于时局变化更难应付。

3. 为招收好学生则分校不分校皆可有办法。

4. 用费方面则分校人、物之运输以及修缮等费,较补助学生由川黔来昆之路费要多至数倍。

5. 倘欲以分校作较永久之布置则是另一个问题,但亦可考虑者。

会前,蒋谈及研究问题,谓宜由三校分头推进。余表示赞同。余并言最好请教部不再以联大勉强拉在一起,分开之后可请政府多予北大、南开以研究补助,清华可自行筹措,如此则分办合作更易进展矣。

3月27日 Th. 下午四时,在工校楼上大教室约教授会同人茶叙,到者七八十人,茶后五点余为报告校事数则:1. 叙永分校;2. 本年财务状况;3. 学生近两月之言动;4. 牛津、剑桥教授来函及本校准备答复;5. 分校问题。六点散会。

晚至樊宅,系郑、陈、章、朱、罗公饯蒋君赴渝者,菜为樊太太自做。饭后与郑、朱、樊太太看竹八圈,小胜,十二点归。

3月28日 F. 昨晚接一樵来电,谓八十万美金联大可分得三万八千元,同人闻者大哗。下午端升、正之、序经、奚若、企孙先后来舍共商一代电稿,再试一争,恐或无结果耳。

此日为阴历三月一日,四年前之今日适逢月圆,江轮情景不知何日能再得之也!

3月29日 S. 学校放假一日。早十点半彬、杉、彦、芬步行往梨烟村,余于十一点余乘人力车往,十二点半以后先后到达,郁文因第二次感冒尚未起床。全绍志来为杉、彦打防疫针,余与三孩昨日已打过矣。

下午四点余,四孩仍步行归去,余留住一日,晚阅 Anthony Hope's "Prisoner of Zenda"完。

3月30日 Su. 午前往惠老师院访武之未遇,与正之稍谈。新建之房梁柱已竖起矣。饭后杨、吴二君来〈谈〉颇久,关于陈、华问题①,余表示〈为〉二君已尽最大努力,现可听之。学校自有其尊严与地位,不能为一二人之故迁就太多。最后对杨尤加劝慰。四点起〈步〉行进城。

  晚六时至西南大旅舍为方钜成、姜桂侬证婚,席未终九点前返家,因有孟和②在家请缪③、张④、李⑤、熊⑥诸客。余归彼等席将散,勉敬酒一周,不知[意?]饮得太紧,竟有醉意,归房即吐,未解衣上床睡去矣。

  3月31日　M.　九点余醒来尚好。下午王书堂夫人偕其弟杨起来稍坐,同至湖滨饭店访孟和夫妇。

  4月1日　T.　下午四点半举行国民月会,请樊报告叙永分校情形,查报告贷金办法,最后余提应注意二点:个人健康及全校秩序。

  晚饭约杨蔚兄妹、陶维正、维大来家便饭。彬、彤添作四菜颇好。饭后原拟约诸小客往南屏看电影,因未买得坐票未往。

  4月2日　W.　晚六点至十点一刻开联大常委会,讨论事项多为关于同人领费问题,以一五百人员之团体,一事即为一例,故不可不慎也。

  4月3日　Th.　清早七点往工学院电讯专修科参加其成立两周年纪念会。发与珊信。

  下午四点清华教授会,到者五十余人,先由余报告校事数项,后请王力、冯淮西、张印堂⑦各作简单报告,关于上年休假研究期间在安南、西康及迤西之见闻。

---

  ①　应指陈省身、华罗庚。
  ②　即陶孟和,原名履恭,战前曾任北大文学院院长,时为中央研究院社科研究所所长,后当选为中央研究院院士。
  ③　应为缪云台。
  ④　或为张奚若。
  ⑤　或为李书华。
  ⑥　应为熊庆来。
  ⑦　王力,字了一,清华及联大中文系教授。冯淮西,即冯景兰,清华及联大教授。张印堂,时为清华及联大地学系教授。

晚七点约马、吴、陈、李、叶①便饭,藉谈关于下届招考留美公费生科门分配问题,及关于联大与三校关系将来可能之演变问题。

晚十点半毕正宣来,再提请假返津事,未允所请。

4月4日　F.　上午十一点,与樊赴梨烟村,在家午饭。

三点同至大普吉无线电研究所作首次与叙永通话,经过尚好。四点余与任、孟②茶话后樊别去。余至潘家稍坐,然后返寓所。

4月5日　S.　午前正之偕查、黄二君来稍谈,后去往村外看地。

下午三点半进城,先赴校办公,后出理发。

七点赴冠生园方钜成新夫妇饭约。饭后与张、钱二君③往商务酒店访张君劢,谈甚久,十二点始别归。

归途天气转冷,半月西沉,颜色黯赭,恐明日又有风沙之象。

4月6日　Su.　早七点余始起,天气果阴且冷,诸孩有衣棉袍者。

天夕出访刘镇时家未遇,又至玉龙堆三号晤王赣愚、杨石先、刘觉民。住该处者尚有陈序经,因外出未遇。

晚饭后徐大夫夫妇及其女孩来小坐。

4月7日　M.　晚,在家请客:陶孟和夫妇、严慕光④(夫人未到)、张奚若夫妇、刘汉夫妇、方钜成夫妇。郁文下午自乡下来,尚甚疲弱,席间未多饮食。

4月8日　T.　上午九点余有预行警报,初未介意。十点余赴校办公。十二点返家未久而警报来矣,家人幸皆已进午饭,余则携面包一块出门,与诸孩仍在苏家塘北山坡停留。12:45紧急警报,1:05敌机二十七架由南而北,炸弹声数批连续过后,而见城中起黑烟二三处,以后北方亦〈有〉炸声,闻为沙朗一带。2:45回至新校舍休息,趁便办公。4:45解除。五点余与诸孩至市中查看:翠湖东南西三面均落弹,

---

① 马、吴、陈、李,应为马约翰、吴有训、陈岱孙、李辑祥。叶,或为叶企孙。
② 即任之恭、孟昭英,时均为清华无线电研究所及联大物理系教授。
③ 即张奚若、钱端升。钱端升,清华1919届毕业生,时为清华及联大政治学系教授。
④ 即严济慈,字慕光,时任迁滇北平研究院主任。

一老人在桥边炸死,劝业场及大众电影场炸后延烧一空,武成路关岳庙对面烧数家,民生街炸二三处,光华街炸二三处,正义路马市口南炸……(原文有脱落)任均不至。乃绕道由民生街、福照街、武成路、洪化桥、钱局街经西仓返寓,因西仓坡东头以南有一未炸之弹,故行人不许经过。途中市民来往极拥挤,幸月色晴好,否则恐不免有意外发生。十一点电灯竟放光矣!

4月9日　W.　本日无警报,或因天气阴雨湿冷之故欤?晚六点至八点半联大常委会讨论下年校舍问题,尚无结果。

4月10日　Th.　今早已晴,八点吴正之来谈,未久即去。

十点余预行警报,午饭后1:30空袭警报。此次与彦等走至红山下旧避处,晤同人十余位。3:20起始步归,至半途解除矣。在办公室留一时许。

5:30在寓开清华校务会议,拟下届招考留美科门。7:00聚餐。

8:00开评议会,通过招考留美科门单,后稍讨论联大下年分校问题,十点散。

4月11日　F.　晚林文奎偕其未婚妇张女士及吴达元①来,商借客厅于五月四日结婚。

4月12日　S.　天又阴,晚有小雨。

晚饭后光旦方自渝归来,谈与竺②、罗③二校长商四校联合招考经过(武汉王校长未到)。又以蒋校长留与向教育部商量经费问题所提"办法"文稿见示,阅之极为不安,不知应如何对付也。晚睡甚迟,作"大学一解"要点。后二点始上床,睡去时已在三点以后。

4月13日　Su.　早八点余起,天方阴雨。

约光旦来食早点,以"大学一解"要略交烦代拟文稿,日来太忙,恐终难完卷也。十点余光旦返乡下,余初拟同去,因恐雨势更大归来更困难,遂未往。

---

① 吴达元,清华1929届毕业生,时为清华及联大外文系教授。
② 竺可桢,清华1910届直接留美生,时任浙江大学校长。
③ 罗家伦,字志希,曾任清华大学校长,时任中央大学校长。

晚作长信与顾一樵,论蒋所提"办法"中困难之点,信中不免牢骚语,实亦心中甚感闷郁,不觉溢于言表耳。

在无线电广播中,闻日俄中立协定今日在俄签订。

4月14日　M.　下午四点余出访梁牙医未遇。又访张西林厅长,谈其世兄拟赴美入学计划,又谈及汪次堪脱离畜产改进所,交待似有未清处(药品等),所关不大,但深为惜之。

晚饭后雨颇大。

4月15日　T.　早九点起,闻有预行警报。

午前乘人力车往梨烟村,郁文已自潘家返寓,似已愈大半。午后两点半起行返城。

四点至八点间做事颇多。先访梁大夫,继至爱群浴室洗澡,未入浴盆者已三月有余矣。又至工学院与张克恭谈其赴美事,又与李、陶、王德荣、吴尊爵久谈。七点再至梁大夫处,彼言旧假牙已不堪修补,须制模重做,乃请其进行,惟不知需费若干耳。八点半返家,始进晚餐。

4月16日　W.　晚六点至九点开常委会。上午适接杨今甫①函,谓昆明有不公允之待遇,叙委会乃决定加给迁移津贴,使人不快,而益感觉分校之不宜设立。

4月17日　Th.　下午六时约校务会议诸君会谈,蒋君提议由清华拨款补助联大八十万及其向教部所提之"办法",惜因通知有未送到者,又同时有纪念日会序委员会,致到者先后颇参差,但最后决定二原则:

1. 倘北大同人果愿另起炉灶,则可三校预算分开,清华对于联大负其全责。

2. 倘只令清华向联大拨出应摊之八十万,则联大所多出之八十万为补助各校研究费者,清华应分得其比例应得之数。

后商定先由冯、吴②分访周枚荪,一探北大方面意向后再商量。

---

①　即杨振声,时为联大叙永分校负责人。
②　冯,冯友兰。吴,吴有训。

七点约李宝堂、吴泽霖①、雷②、张诸君便饭，菜太潦草，殊为抱歉。

4月18日　F.　午前十二点五分警报，幸午饭已提早吃过。一点半后天忽阴，风雨继至，郊外无处可避，虽携有雨具，竟难遮盖，归途行来鞋裤及长衣之下截尽湿透矣。行至新校舍雨亦适止。又待至三点余始解除。返寓，力嘱诸孩洗脚换衣裤鞋袜，幸未有病者。

4月19日　S.　上午在办公室，即闻有预行警报。十一点余归家午饭后，警报果来矣，但久待竟无敌机消息。二点余返至新校舍，三点解除。五点余出，雇车至梁大夫处治牙，待至六点半始得入诊。因改做假牙，试牙托甚久，七点三刻始出。

　　八点至黄公东街，应李润章饭约。座中晤董君及中国银行张君等数人。近来饮酒似体气不胜多量矣。

4月20日　Su.　一日阴天，遂无警报，亦未出门。两日以来，贪玩 autobridge，睡时又迟矣。

4月21日　M.　警报由十一点十分至三点十分，郊外又逢阵雨，幸第二次之暴雨已在新校舍休息矣。

　　晚约潘太太、葛太太、雷伯伦夫妇、张景钺、陈蕙君、毕正宣在富春酒楼小吃，只费四十余元，已谓廉矣。

4月22日　T.　下午四点至工学院与施、李谈后，至各处视察一周，作纪念日布置之准备。五点余至梁大夫处再试牙托。

4月23日　W.　下午六点开联大常委会，叙永分校近来措置颇多不合，会中皆有同感，余亦有不满之词，但话语似太多矣。

4月24日　Th.　下午四点，约校务会议诸君谈，出示昨日所接顾一樵信。众人对于部中所拟由清华借款五十万补助联大研究院，然后由联大分给北大、清华、南开各研究部分③。

―――――――

　　① 吴泽霖，清华1922届毕业生，1940年来校任清华及联大社会学系教授，复员后曾任清华大学教务长。
　　② 雷，雷海宗，字伯伦，1932年来校任清华历史学系教授，复员后曾任清华大学文学院代院长、历史学系主任等职。
　　③ 原文如此。

七点,清华办事处及参加联大之职员廿四人公宴潘、叶及余等五人。

4月25日　F.　上午十一点正吃饭间,王受庆夫妇偕张慰慈来访,稍坐后同出至冠生园"饮茶",食后又至利沙饮咖啡,然后至孝园访张奚若夫妇,谈颇久,四点半返寓。

五点余至梁大夫处,假牙仍未做好,尚须再试,此君亦太细做已。

4月26日　S.　11:10 a.m. 警报。12:20 敌机来,炸声似较远,后知为城南纱厂一带,而胜因寺亦落一弹。4:00 解除。

5:00 p.m. 至新村住宅。与任太太久谈关于其赴港不得航委会管理者准许事,乃劝其不必赴港、沪,或以往贵阳暂住为佳。伊似自上次被抢后,心理上易生危惧,须换一新环境,方可使之渐得心安也。

7:00 p.m. 至万钟街海棠春试吃订菜兼酬各筹备委员。

4月27日　Su.　天气和煦,时有片云。九点余有预行警报,至一点已解除。三点半至工学院会场,布置颇好,校友到者已有数百人①。四点余龙主席、龚厅长及其他来宾到者二十余人,4:30 开纪念会。会序:主席报告;龙主席致词;龚厅长致词;白勤士致词;黄子坚(代表南开)致词;冯芝生(清华教授代表兼代表北大)致词;吴泽霖(校友代表)致词。

6:30 会散,茶叙,在工学院望苍楼。

7:30 校友聚餐,在海棠春,共三十二桌,饮酒尚不太多。十点散后又与家人为金、陈、毕所约至利沙饮咖啡,十一点半始返寓。

此日两会情形均甚整齐、热烈,使人特为愉快,故一日辛劳尚毫不疲倦也。

4月28日　M.　上午未赴办公处,同人亦多令休息一日。任之恭夫人及赵访熊夫人(王蘩)昨晚皆住在楼上,午前林君来接往孝园。

下午三点至师范学院与学术讨论会各讲演员会晤,待各组(文学、史学、哲学、化学、地学)开会后出至联大办公处。

---

① 清华三十周年校庆。

五点半至梁大夫处再试假牙。

六点半至冠生园应红十字会高仁偶君饭约,晤美红十字会代表Dr. Wasslins,后闻林可胜君下午忽发疟疾,晚间之讲演须为延期,乃先辞归赶发通知。

七点参加各讲演员饭聚,共七桌,精神颇佳。益感此种集会之价值,而以清华为之倡导,尤觉荣幸也。

4月29日　T.　警报12:55,紧急1:30,敌机来炸1:42,解除4:45。所投小炸弹甚多。敌机二十七架斜排由南向北飞来,故西面由甘公祠附近至翠湖,东面由威远街至小东门外均有炸毁,寓中纸窗有震破者,杯壶有倾倒者,灰土亦颇多,幸无损失,此为第四次矣,且看下次如何。

今日之讨论会下午未得举行。晚饭五桌,因备办较晚,九点余始食毕,讨论会只好延期矣。

4月30日　W.　上午九点乘洋车赴大普吉参加金属及无线电之讨论会,校中同人及来宾分乘二汽车同时开行,到大普吉亦几同时。先由二研所展览各部略作表演,十一点金属学讨论会开始,一点便餐(面包夹菜),二点金属学及无线电分组讨论。三点余先乘车返城稍休息后,参加在寓举行之联大教务会议。重要决议为:1. 本年毕业生通考定为三门(由各系酌定);2. 本学期工作照校历原定者结束,大考日期不改动;3. 四年级学生不得在外借读。

六点半至工学院陪同工程讨论会诸君聚餐,食后未听讨论即归。

5月1日　Th.　下午三点至北门街航空研究所,初因无电,后因电机发生障碍,风洞试验未得表演。

五点往欧洲饭店访林可胜君,已于昨早返筑矣。至梁家椿大夫处试假牙。

七点返寓,招待航空及昆虫两组讨论会诸君(三桌)晚餐。连日疲乏,晚饭时饮酒稍多,客甫散去即归室和衣睡去矣。

5月2日　F.　上午待蒋君来寓谈话,竟未至。

下午三点至昆虫组看各项展览,在会中听讲半时许先出,至办公室批阅公事。

七点至曲园赴林文奎及张敬女士饭约,盖二人将于四日结婚,先宴执事诸君者。

晚在无线电广播听到英军自希腊撤退情形,而同时又有 Iraq 军队与英军冲突之消息,则小亚细亚又将多事矣。

晚十点蒋校长来住(因才盛巷炸后未收捡好),共谈至十二点半始各归室就寝。

5月3日　S.　清早六点余起与蒋公饮咖啡后,至昆北院举行(七点半)国民月会及全校春秋运动会开幕礼,天阴无雨,到场者千余人。

八点半回家与蒋公用早餐,为学生自治会作《青年节写给青年诸军》简词。

下午两点往看运动会,五点余归。

新装假牙有不适处,灯下自行修理,颇见效。

5月4日　Su.　天阴,时有阵雨。上午未出门,任叔永来谈。

下午四点林文奎与张敬女士在客厅结婚,证婚人为王叔铭教育长,在渝未归,由吴参谋长代。余与罗莘田任男女两家家长代表。

晚七点半至广播电台讲"今日青年教育的一个问题"廿分钟。

八点半回冠生园与蒋夫妇及莫、钱、陈、罗、郑①便餐。

5月5日　M.　上午在办公处。

下午在寓批阅公事。与企孙谈中研院约其任总干事问题。天夕往看逯羽病。

晚葛运成夫妇在新村16号约饭。

5月6日　T.　上午在办公处。

下午四点余至工学院与李筱韩、周承佑久谈。五点余至梁大夫处再配假牙一具。

七点在寓请客两桌:林文奎夫妇、赵康节夫妇、莫泮芹夫妇、赵诏

---

① 应为莫泮芹、钱端升、陈雪屏、罗常培、郑天挺。

熊①夫妇、王……（原缺）夫妇、蒋梦麟夫妇、陈雪屏、郑毅生、张清常、沈天梦、龚心海。

5月7日 W. 上午九点余与黄子坚、王明之往梨烟村看地,后至建设厅午饭,与张厅长一谈。饭后适有警报,随至山边林下休息。敌机久等未来,乃邀同厅员张君再至梨烟村看地势四界,后至杨业治家饮茶。三点雇车返城,四点解除,适抵西站矣。

五点与蒋约各校负责人员四十人茶叙,请蒋略〈谈〉在渝港观感。

七点开联大校务会议,重要事项为:通过卅年预算及暂定下年取消分校,仍集中于昆明上课。

5月8日 Th. 警报11:20,紧急11:45,敌机来炸12:13,解除二点半。被炸地点为圆通山及莲花池、沙沟埂一带,民房延烧一片,死伤亦颇多,盖皆在郊外未曾卧倒或入防空洞者。此次各处捡得碎片颇多,有谓系来自空中炮炸弹者。

四点半在寓开清华教授会,到者四十二三人,因有十余人来函为所闻关于清华补助联大研究费问题请开会讨论。发言者有萧、张、王、伍、陈、陈、陈②等十余人,最后未有决议,但多数似愿接受余之建议,惟对于蒋公之做法多感愤慨耳。

七点余晚饭后开清华评议会,关于补助联大研究费事决定四原则:

1. 办法商妥后先由校提议再请部核准。
2. 尽校款能匀[自]拨为限,不另借款。
3. 出五十万分两年内拨付。
4. 三校依原预算比例领用。

5月9日 F. 午前查勉仲来谈。饭后陈雪屏偕钟天心③来访。下午睡二时始起。四点半至任家饮咖啡,衡哲④女士又为飞机事

---

① 赵诏熊,清华1928届毕业生,时为清华及联大外文系教授。
② 即萧蘧、张奚若、王信忠、伍启元、陈岱孙、陈达、陈福田。
③ 钟天心,国民党宣传部官员。
④ 衡哲,即陈衡哲,任鸿隽夫人,清华1914届专科女生,在美国获文学硕士。

大生气。七点至天南酒家,应莫泮芹夫妇饭约。

5月10日　S.　早八点至张西林家用早餐后,九点同车往大普吉。十一点约张厅长、黄日光及某君来研究所与潘、俞、汤、刘①商谈厅方最近之增产计划。中午在建厅便饭,三点返城。

晚七点至正丰西餐馆为曹本熹、魏娱之证婚,仪式简单,颇好。八点余至巡津街裴市长宅,应黄子衡饭约。

今晚月色甚好,已是四月半矣。

近一周接珊来信二封,一为4月26写,而一为3月27写,乃竟至五十日始到,殊不可解,或为港方所稽压,可憾之至。

5月11日　Su.　上午八点半与彤、彦、芬往梨烟村,余乘洋车先去,三孩步行至十点一刻始到。因郁文在潘家,遂同往,留午饭。饭前约十二点敌机来,炸市区,后入城,知为近日楼一带及东门外。饭后至惠老师院看新房,尚须三数日始修好。四点与三孩同步行返城内,六点到家。因途中缓缓行来尚不觉倦,三孩则较为高兴矣。郁文乘车五时后即到。

晚六点半赴张西林家饭约,系宴联大教师曾为其令郎家恭补课者:施、凌、朱等。

八点余又至曲园蒋校长之约,座中除郁文及钟天心君外,皆为联大及清华行政人员,而蒋太太未至,不知何故也。

5月12日　M.　十点一刻警报,与诸孩至尹家大坟疏散,较苏家塘一带又远二三里矣。十一点敌机十五架入市空,炸声颇近,二点解除后入城,则西北区又遭一次,情形与十月十三日大致相同,西仓坡住寓又幸而免耳。

下午五点在寓开联大常委会。

七点与蒋校长合请钟天心,兼约联大同人廿位作陪。

5月13日　T.　上午至联大办公处与郑毅生谈二事:1.告以清

---

① 潘光旦、俞大绂(时为清华农业研究所教授)、汤佩松、刘崇乐(字觉民,清华1920届毕业生,时为清华及联大生物学系教授、清华农研所负责人之一)。

华拟补五十万事,因恐昨日与蒋君略谈者或未明了。郑谓北大明日将有校务会议,再行计议,大家之意拟不接受,而专注意于预算之确定。2.告以余愿蒋君继任主席至少一年,盖吾二人原无所谓,但校中人众,如此似较好耳。

下午三点余至爱群洗澡,费时一时半。后至工学院,苏提议招收化工研究生问题,允在渝时与教部一商。后至梁大夫处,试第二副假牙。

5月14日 W. 上午在家料理公事,吴正之、陈福田、陈岱孙先后来谈。

下午叶企孙来谈中研院聘约问题,有待余至渝与朱骝先①君商谈者。

晚与光旦谈颇久。邵可侣来谈。

三信写完已过一点,院中凉月满阶,〈阶〉前花影疏落,一切静寂。回忆珊信中语句,更觉凄闷,不知何日得再相见也。

5月15日 Th. 早七点不能再睡,起后收拾行李,补批公事数件。盖一日在此即一日不得闲暇。九点乘洋车往梨烟村看新房,今日已能移住矣。杨武之夫妇送饭来,与郁文同食,后又稍安置器[物],三点余返城内理发。五点余正收拾行李,来客甚多:吴正之、任叔永、查勉仲、蒋梦麟。

蒋告北大会议结果,谓大家只要教部成立分校,预算并不望由清华得补助。晚七点钟天心、周枚荪、钱端升、查勉仲、姚从吾、陈雪屏合请校中同人三桌。饭后谈党及请大家入党的意思,发言者为周、蒋、贺、周、钟。十点半散。

5月16日 F. (到重庆) 早七点余起,两校公事未送来,顿觉清闲。十点后约芝生、嘉炀、正之、企孙先后来略谈昨日蒋君所告北大要求预算独立……(原缺约十字)仍以预算独立为向部交涉目标,清华自表同情,并望其成功。至清华所拟拨补联大五十万之办法,则须视

---

① 即朱家骅,时代理国立中央研究院院长。

将来演变如何则酌为办理耳。

午饭后诸君散去,小睡约一时。

下午三点航空公司有电话来,乃携行李乘人力车赶去,此时颇以未有汽车为不便。三点半由公司到机场,四点三刻飞机自腊戌飞到,因机中乘客多未下来,只能有二人由昆搭上,公司乃请余与一宋某军官上机,而行李复不能携带,虽甚不便,仍当以得登机为幸耳。一路云南山地上浮云颇多,但无颠簸,入川境后云顿不见,而薄雾罩地面,田野看不清楚,惟长江盘绕曲折如白练则远远即可望见,日落景象与地面所见又自不同矣。

七点三十五分到珊瑚坝时天色已黑,市郊灯火如繁星点点,机场上列火堆两行(燃草)指示跑道,亦一简便之法。机飞颇快,全程共用二时廿分。

下机后晤沈肃文、傅任敢①及卫生局之毛君,乃偕傅、毛往卫生局。八弟妇②与九宝③拟往山洞,因闻余来,缓行二三日。饭后与傅君稍谈。十点余归寝,住市民医院楼上卫生局长之小室。

5月17日　S.　早七点三刻始起,盥洗时宝弟④来,同至八弟⑤家早餐,餐后回局中。未几,八弟自卫戍部开会归来,闲谈至中午,竟未出门。午饭后小睡二时许,醒来已四点,将出门,沈肃文来访。沈去后至街上闲步,归途竟忘却通远门转弯处,往返寻觅始得之。到家已七点半,八弟等待吾吃饭甚久矣。晚八点余,罗北辰来,后傅任敢来,商订同学会开会日期,后同出访吕汉群参军长,未遇。十一点睡时落雨,一夜未停。

5月18日　Su.　早七点余起,仍觉阴湿,中午放晴。

午前宝弟偕逢吉弟妇⑥自南岸来,同至街上闲步一时许,然后偕

---

①　傅任敢,字举丰,清华1929届第一级本科生,时任重庆清华中学校长。
②　即梅贻琦之三弟梅贻琳(大排行第八)夫人。
③　梅贻琳之女。
④　宝弟,即梅贻宝,梅贻琦之幼弟,为燕京大学教授,时由兰州来渝会晤。
⑤　八弟,即梅贻琳,时任重庆卫生局局长。
⑥　即倪逢吉,梅贻宝夫人。

八弟全家至五芳斋午饭。菜味颇好，有虾仁、田鸡、鲤鱼、烧肉等，共开八十元，尚非太贵者。饭后又往利泰食冰汽凌，每位二元五角。途中遇任敢，约与同去小叙。

下午五点偕宝弟、逢吉往南岸，过江后又乘滑竿上山，至七点始到贸易委员会办事处。

晚饭在逢吉处食汤面、稀饭，因日来腹中不适，且中午食甚饱，亦尚不觉饿。

八点至陈光甫、邹秉文二君寓处，看逢吉与秉文、凌济东、缪钟秀夫人打桥牌。十一点散，即为邹君留宿其寓中客室。

5月19日　M.　早七点余起后，出至室外看玩山景，惜雾气太重，隔江之重庆城市亦看认不清。

八点宝弟、逢吉来，光甫陪食早餐，有镇江包子。餐后逢吉出示其手工制品之桃花桌布等，花样、颜色均颇新颖，冀于美国有大销路。至会中各部，分访晤席德柄、缪钟秀、凌济东，途中遇章友江，余绍光则未得见。

午饭在缪君家，盖席彬儒即住该处，饭后与宝弟搭缪夫妇汽车过江返寓，小睡一时许。

四点余至教部，先与吴俊升司长谈数事，如膳食津贴、毕业总考、研究费、留美招考科门。待至六点余见陈部长①。

1. 关于研究费问题，陈问是否与蒋②已商妥数目等点。余谓初已商有办法，后北大方面仍主成立独立预算，蒋谓日内将有信与部长详陈。陈问：是指研究费抑指整个预算？余答：是指每校整个预算；大约北大同人意见欲有独立预算，然后由各校预算拨提一部作联大经费，而以其余作各校自办事业费。陈摇首，谓：如此办法未妥，联大已维持三年有余，结果甚好，最好继续至抗战终了，圆满结束，然后各校回北边去。且委员长有主张联合之表示，未必肯令分开（教育合办事业多

---

① 陈立夫，时任国民政府教育部部长。
② 即蒋梦麟。

未成功,西南联大为仅有之佳果),而物质上(指预算)如分开则精神上自将趋于分散,久之必将分裂,反为可惜,故不若在研究工作各校自办为是。

2.陈问及分校问题是否有决定? 余谓:如夏间时局无大变化,拟将分校结束,学生全在昆明上课。陈谓:"还是昆明好些"(意兼指生活问题)。

3.陈问昆明校舍如何,是否拟在乡间筑建? 余告理学院在梨烟村造房计划,并出子坚所提说帖。陈谓:学校既然打算出四十万元,当无需再添许多。余谓:希望部中再拨若干以补不足,并可同时好向省方商请补助。

4.关于留美招考问题。陈谓:清华此次能否多考送些名? 余谓:今年拟考二十四名,系因去年只取十六名,以足每年二十名之额,因为清华现有美金收入每年约十万元,如每年送二十名,而学生可留美二年或三年,则同时在美将有五十人左右,其用费已在九万十万之间矣。

吴前谈时曾告已为联大列请追加预算数十万(总追加为八九百万),俟经核定再通知学校。

晚饭后王化成来谈颇久始去。

5月20日　T.　早八点半至八弟家早点时,闻已有△挂出,盖表示有敌侦察机来,是较昆明又多一预报之预报矣。以后之经过则如下:

9:30,挂一气球,医院中及市民起始移动。

10:00,两气球,放警报,人民走向防空洞,医院中人移物入洞,洞即院后,故尚忙,洞颇大且坚,故尤不现恐慌。

12:10,紧急警报,双球降下,大家入洞,洞颇大,人不多,八弟等且备有藤椅,尤觉舒适矣。

2:05,双球升起,出洞稍息,至后山上看紫霞无君庙。

2:35,双球又降下,大家再入洞。

2:45,长响解除。

午饭后已三点半,小睡未成,为蒋廷黻①约往行政院谈话。晚饭留在行政院,与陈之迈、吴景超、吴半农、翁咏霓②、金宝善等"新经济"聚餐。十点半始出,以二元雇人力车返通远门。

5月21日　W.　上午又因警报未出门。十一点双球,一点解除。午饭则于十一点以后吃完了。小睡半小时许,作信与四孩及光旦。

五点出门至张家花园56号访黄任之。晤沈肃文于归途,知郑、罗③今日仍未来。

六点半至牛角沱资委会访翁咏霓,谈企孙就中央〈研〉院总干事问题,七点搭其汽车往沙坪坝。

七点半至津南村看伯苓师兼乞晚饭。饭后至百树新村,在方显廷家谈颇久,伉乃如来晤。十一点宿于津南村六号招待室。

5月22日　Th.　昨晚甚闷热,但上床即睡去。清早醒来发现帐中有二蚊,俱是满腹热血,惜贪食过多,飞转笨重,竟因口腹而捐生矣。八点至伯师处早餐,以电话寻罗校长④不得。九点余乘经济研究所汽车进城。

十一点至三点四十分空袭警报,未入洞。

午饭原有孔院长⑤之约,解除往炮台街孔寓致谢,孰知主人往南岸尚未归来。五点往巴中组织部访朱骝先部长谈企孙问题。又至玉川别业访杭立武。

七点半 p.m. 由医院往国货银行赴清华同学会之欢迎茶会,到者五六十人,多为新毕业之同学。为大家报告联大及清华近状。十点余散。

今日天甚热,午后为 90 °F,夜间稍有风,热度未大减。床上只盖被单。三年住昆明,几不知出汗为何事矣。

---

① 蒋廷黻,历史学家,战前曾任清华历史学系教授、系主任,并一度代理文学院院长。
② 翁文灏,字咏霓,时任国民政府经济部部长兼资源委员会主任委员。
③ 即郑天挺、罗常培。
④ 罗校长,即罗家伦。
⑤ 孔院长,即孔祥熙。

5月23日　F.　天气甚热,上午已达九十余度,下午二三点室中为 90 °F,室外可知矣。

清早田淑媛、刘节、张充和女士来访,因余尚未醒,均未得见。八点闻有飞机自昆明来,托局中人至机场取行李三件,而郑、罗仍未来,殊不可解。

九点余至荫庐五号访张女士久谈,又至中央饭店看郑、罗到否,亦无消息。中午张女士约在中苏文化协会内餐室食西餐,菜不佳,地方尚清静风凉。

下午小睡后,五点有客来谈:蒋默掀、吴国桢、林伯遵。

六点余至国货银行清华校友十六七人之饭约,食时因腹中已饿,未得进食即为主人轮流劝酒,连饮廿杯,而酒质似非甚佳,渐觉晕醉矣。原拟饭后与诸君商量募款事,遂亦未得谈。十点左右由宝弟等将扶归来,颇为愧悔。

5月24日　S.　早八点起,天阴颇风凉,昨晚酒意已全消失矣。十点前与宝弟出往嘉陵宾馆见孔院长,适有长官多人开会方罢,在门前看桐油汽车试演。后与孔谈半时许,特谢其去冬拨款二万救济学生之盛意。

至巴县中学国际宣传处访董显光,并晤赵敏恒,现仍任路透社代表。

下午五点戚长诚来谈,至六点别去。渠在大公报似颇为胡、张二君所倚重,其前途颇有希望。

晚饭后至张充和处稍坐,伊于上午拔牙两枚,嘱令早休息。

九点小雨一阵,至十一点又复落雨,明日当更凉爽矣。

5月25日　Su.　阴雨一日,气候凉了十余度,清早床上须盖双毯,午前外出须着薄外套,较之前日犹如夏秋之别也。

九点余早餐后,为王酌清夫妇约至其南岸立石沟山居小游,任敢同往,原拟在土桥看地者,因雨不得实现。王、吴、张亦均未来,与王、傅略谈清中①建筑及经费问题。午饭有龙君夫妇及崔君在座,皆储汇局高级职员。饭后在廊下闲坐,雨中观山,别有意趣。五点余返城市。

六点半赴教育部陈部长之约,晤陈石珍、臧君(东北校长)、彭百川。饭为五菜一汤,颇称适口。饭后谈及毕业总考问题,部方颇主严切实行,陈再问及分校计划,告以二年级决迁回昆明,一年级新生如夏间云南无变化,亦在昆明上课,叙永房舍仍设法保留。陈表示颇以为然。九点余别出。

本年政府教育文化事业费共一万三四千万,其中用于军事机关者约五千万,国民教育一千万,用于高等教育(110单位)者只三千万,大学学生共约四万人。

5月26日 M. 八点十五分至十点半警报,有侦察机数架来。吴司长有电话言将来访,因警报竟未来。宝弟自南岸来,午后回歌乐山。

下午发信与净珊、杨今甫、叶企孙。五点戚长诚来谈。致电与蒋校长。

晚七点林伯遵之约在冠生园,有翁部长、吴华甫、包华国、王浦诸君。

八点至俄国餐厅(戴家巷口),系自约诸客谈话者,惜到迟。戴志骞、吴国桢、徐广迟、关颂声诸君已去,座中留者有李祖贤、王祖廉、何浩若、罗北辰、李现林、王化成、傅任敢,饭后略谈关于十万捐款及清中建筑两问题。十点散归。

5月27日 T. 天阴颇风凉。七点半张静愚来访,谈及学校及清中问题极表热心,谈时觉到有两点,以后应提出使大家注意者:

1. 清华为中美文化合作之重要事业(以后在考送留美学生外,应多聘美国学术专家来国内讲学)。

2. 清华基金无论如何不应动用(近周有以一部分解众人馋涎〈论〉者实不妥当,且亦无效,徒启以后更多之觊觎耳)。

---

① 清中,即重庆清华中学。

九点张去后始进早餐，以后未出门，更觉懒怠。

下午小睡后，五点余戚长诚偕孙立人来稍谈，同至俄国餐厅晚餐。在彼晤李现林，及……（原缺）君。六点半食毕，立人以汽车送至朱处。

7p.m.又至牛角沱朱骝先饭约。座中有孙越崎（资委会油矿西北）、李叔堂（中研院?）、沈君怡、丁君（陪都设计）、李君等。饮酒五六杯，杯颇大而酒甚好，不觉太多，但一晚而赴两餐，腹肠未免负担特大耳。去来均能搭得汽车，亦今日不可多得之幸运也。

5月28日　W.　上午天气晴朗，稍热，竟无警报。八点半，吴士选司长来谈半时许。

下午小睡后任敢来。发复花溪清中唐宝鑫电。六点半至玉川别业杭立武君饭约。座中晤施奎龄、方恩绶、鲁裕文及交通部统计局长王君，谈及陈通夫令郎问题。

七点半借胡叔潜汽车赶至国货银行开渝清中董事会，到者吕、吴、张、黄、罗、傅，讨论清中改建问题，决定募集建筑费五十万，经费基金五十万，新校址定在南岸土桥。会后醴泉约食冰汽凌。十点归，闻郑、罗已到，寓中央饭店105房。

5月29日　Th.　天气较前昨两日加热，但不若廿三之甚。早餐后八点余往中央饭店访郑、罗二君，随出至荫庐访张充和女士（住章乃器家）未遇，陪同至市民医院闲坐。因恐有警报未更他往，十二点同返中央饭店午饭。

午后二时半任敢偕李现林来，又至国防最高委员会邀王化成同至南岸土桥（十三公里），察看为清中所租地亩，夹临小溪，上有瀑布，高可三丈左右，形势颇好，面积有三四百亩，似可敷用，须俟测量绘图后再看如何布置为宜。五点半返医院。

六点余再至中央饭店，适舒舍予在座。稍待，张女士亦来，为舒君约至附近之乐露春小吃，黄酒尚好，菜亦尚可口。饭后在中央露天花园饮茶，颇清凉。十点半散归。

5月30日　F.　天阴颇风凉。午前发致蒋校长电，告预算追加三成。至中央饭店为沈肃文约。与郑、罗至小梁子国民饭店午饭，往返步行,游览街市,上两年之烧炸残迹尚历历可睹也。在饭店洗澡,三人共用十七元余。

晚,宝弟偕逢吉过江来与八弟一家作端午节小聚,在陪都饭店食烤鸭等菜,虽不甚精,尚属适口,价约七十元。饭后闲谈至十点余,各归室睡。

5月31日　S.　早未到六点起床,六点余早餐等事毕,七点前十分出门雇车聚兴村,郑、罗二君则已先至,而俞大维君允借之汽车久待不至。在卢逮曾君家小坐,八点车至,起行,未半时到中央大学。为接曾叔伟①夫人及其令姊同往歌乐山者,待之又久,至九点半再起行,而除二俞女士外,车中又加学生二人,济济一车,所幸道途颠簸竟不觉得。十点一刻至中央医院门前,往返园中一刻许,寻得傅孟真②所住病室,渠于前日曾割扁桃腺一半,说话不便,未敢与之多谈。中午为傅太太约至村中小馆便饭。饭后约两点即为傅太太等邀同车返城内,郑、罗暂留山上,为访冰心女士兼与孟真再谈者。至城内中央饭店休息,天气之热似与上星期五不相上下。旋傅太太使人来告,约于晚间往米花街某书场观彩排京戏。在室中阅穆时英之公墓二篇,一为"公墓",一为"Craven A",觉尚不劣。将七点张充和来,系为约余等出外晚饭者。听其讲述"八一三"以后由苏州逃难至乡下,又至合肥老家,然后由汉口入川情形。八点三刻曾太太来邀去看戏,因郑、罗未归,张女士尚在等候,未好离去,只得谢之,而家中宝弟夫妇为余约作小聚者恐亦已回南岸去矣。九点郑、罗归,果因公共汽车途中抛锚故另换洋车,故迟了一小时许。适舒舍予及何君亦来,共在室中便饭,似较饭馆清静多矣。饭后谈至十二点始散归,街上热气人气消减大半矣。

6月1日　Su.　早八点始起早餐,九点余挂一球矣。约十点半警报,十一点紧急,大家入洞后未五分钟即闻炸声十数起,似非甚近,洞中灯火略有跳动,十二点十分解除。出洞后则见附近被炸受伤者抬

---

① 即曾昭抡。
② 即傅斯年,原北大历史系教授,抗战时期在四川负责中央研究院工作,1945年接任北京大学校长。

入医院救治,二三小时内共来百余起,伤重不治而死者闻有七八人。

下午一点余雇车赴曾家岩,通远门内外颇纷乱拥挤。一点三刻始抵委员长官邸,座客廿余人,进食将毕。余入座后,侍役进一汤二菜,颇精美,略食些许,又进冰汽凌、水果。时有张忠绂报告美总统"炉边闲话"之含义,后有陈博生、王芸生报告敌方近来情形,后蒋公略问联大情形。散座与周惺甫、张季鸾、卫挺生、王雪艇、陈布雷、郭斌佳、李惟果诸君各握手寒暄数语,搭张公权汽车返医院休息,室中热度为92°F。

晚六点至中央饭店与郑、罗、舒、何及张女士在一心饭店便酌,为张女士作东道,菜不甚佳,但渝酒颇好,慢饮闲谈颇以为快。饭后又在旅馆廊前乘凉,看斜月落去始散。医院内因附近数处被炸,晚无电灯。入室后稍安排即睡矣。

傅任敢来信谓星期三、四始有船赴泸。

6月2日　M.　早七点起,天气似较昨日更热,贝谛携九宝于清早往山洞矣,在室中早点毕,季洪自南岸来,正闲话间又挂气球矣,宝弟遂匆匆去,以便乘汽车往歌乐山。郑、罗、张同来。九点半发警报,十点紧急,十点十五分起始闻炸声,由远而近,六七声后有大声四五下,紧接至头上最后一下,空气似由顶上打下,感觉颇奇怪,洞内油灯皆为震灭,妇孺有惊叫声,张女士坐予旁,当亦吃惊不小,郑、罗与余互道"躬与其盛"。

十一点二十分解除出洞,则见医院大楼正中落一弹,楼梯处及偏左一部炸毁,楼后小房烧完。大门前、山洞上面均落有弹,无怪乎洞中空气震动如此之烈矣。

与郑、罗、张至荫庐及中央饭店,幸均无恙。食肉丝汤面、鳝丝汤面当午饭,饭后在郑榻小憩。三点回医院,室中尚无毁损,灰土已清除、拂拭二三次矣。八弟调派各事,应付来人颇忙。

六点以后至中央饭店,六人会合,仍在一心便酌,后加入巴金(姓李),已于楼下食过。回中央后在廊前与罗、张望月闲谈,不知不觉间已是十二点矣,街上无电灯,送张女士返荫庐,待其叫门进屋始返医院,途中竟走过通远门,至七星岗口始觉之,岂尚有酒意耶。

6月3日　T.　早六点起来觉无所事,遂又上床睡去,至八点三刻始起。傅任敢来谈订船往泸州,约明后日可成行矣,九点余△挂起,而久无消息。十点以后,北风吹起,三角旋亦取下,热度在九点余已是八十八度,下午将更可观。幸风吹热散,至下午颇为凉爽,而阴云四合,渐有雨意。

四点余发二信:一与净珊,一与祖彦。至中央饭店,张充和未来,知必已返青木关矣。看何秋江为郑毅生刻图章颇好。

六点余为孙伏园所约,与舒、关、罗至"来来来",一保定饭馆,其韭菜水饺、绿豆稀饭颇好。

老舍约至升平书场听山药豆与富贵花之大西厢,韵调颇不差,唱后又偕至其家稍坐。十点半返寓。自晚饭时起始落雨,时大时小。返寓后雨势渐大,盼能继续一夜,则非但热气可以减除,空袭可以暂免,而稻田得雨,年成有望,于民生大有关系也。

6月4日　W.　昨夜雨不多,今早云已散,惟雾气尚很重。

早九点后熊君(清中会计)来告民文轮尚未到,托其下午俟船到即订舱位,然后送行李去。

熊去后即至中央饭店告郑、罗将行李于午前搬来市民医院。

午饭琳弟约在五芳斋,菜味甚满意,饭后又至杨子江食冰汽凌。至白象街新蜀报馆访舒舍予,稍坐,晤姚蓬子。

余理发后回至医院待熊君,至六点余始至,乃将行李请其送至船上。

六点半赶至冠生园,与郑、罗、舒、孙、姚便饭,饭后至川戏园看戏:大洪山、铁弓缘、张德成之渠江打子、小桐凤之希氏醋、当头棒之西关渡。十点散后,舒、孙领路至过街楼,然后至磨儿石码头上船,船上因有兵差甚拥挤。十一点八弟来船上送行,十二点余始睡。

6月5日　Th.　(去泸州)　早九点开船,原定四点开,因机器需修理故耽误四五小时。房门外兵士坐卧满地,出入几无插足之处,且多显病态、瘦弱之外,十九有疥疮,四肢头颈皆可见到,坐立之时遍身搔抓。对此情景,殊觉国家待此辈亦太轻忽,故不敢有憎厌之心,转为怜惜矣。

船上三餐皆为米饭,四盘素菜,略有肉丁点缀,辣味则每菜必有,盖所以下饭者也。

兵士早九点吃米饭一顿(自煮)后,至晚始再吃。下午门外有二兵以水冲辣椒末饮之,至天夕又各食万金油少许,用水送下。岂因肚中饿得荒而误以为发痧耶!

下午四点到江津,停十分钟即开行。

晚八点将近白沙,忽传有紧急警报,乃停江中未靠码头。时月色不太清朗,电灯全熄,静卧床上无聊之际,渐渐睡去矣。

6月6日　F.　早五点余醒来,船已开行矣。午前到合江,有卖荔枝者,尚不熟未买。船开后二点始吃午饭,盖船上欲省晚饭(到泸县),故如此拖延。

船上王经理来谈。

下午六点余到泸县码头,正为住旅馆问题迟疑间,黄中孚①来船上,顿觉一切困难皆消除矣。七点余下船,先乘人力车至南门外峨嵋体育会,在中央酒家便饭,张清源专员来访,又承付饭资。正谈间,忽街上人车乱跑,谓有警报,乃与张君移至快活林,以便紧急时出后门上山往其公署暂避,乃未久知谣言不确,在彼饮酒望月,颇有凉趣。

十点余寻得大来宾馆作下榻之所,房金每间六元,亦尚便宜。与中孚略谈叙校问题,十二点睡下。院中闻有女子唱歌嬉笑声,人谓此间旅馆在所难免者。

6月7日　S.　早五点左右,院中即有人声,不能再睡。七点,四人至街上中国食品公司食早餐:鸡丝粥、火腿蛋、面包、红茶,每位三元。

八点余由体育会旁上山,往专员办事处拜访张君,途中遇其下山来迎,复前行约廿分至三官祠,为古胜地,今则作其办事处。茶话至九

---

①　黄中孚,清华1933届毕业生,曾任北京大学体育部主任,时在四川。

点余,由南道下山,顺路至十八师师部,为周师长、彭旅长留片。途中遇饶辅民,为树人令弟,前自土木系毕业,现与同学在泸办一建筑公司。

十点自双山岩上小船过江,至蓝田镇移住于中旅社招待所,仅得一房,内设二床(价 8.50 元),郑、罗让余与黄住之,二君另宿于通铺间。本社经理为薛卓君,颇能干。午饭在招待所食客饭,每位二元,便宜之至。饭后一点余有警报,至小山后暂避,三点解除。

下午五点余洗浴后,过江至快活林待中孚来后在"白宫"便饭,饭后复回快活林饮茶望月。将十点,步行至岩口下船,撑船为二十余岁之童子,触沙搁浅者二次,幸至江中无事,渡过。

6月8日 Su. 早起天晴,即觉热,至中午更甚。

发致蒋校长信,附郑信中寄昆。

中午泸纳①清华同学会约午饭,到者十余人,计有学兵队李忍涛、姚楷、杨昌龄、李道煊、汪殿华、郭庆棻、梅敏祺、任春华、廿三厂吴钦烈、杨伟、马师伊等及饶辅华、杨……(原缺),约二点始陆续到齐(在江安数人未得来)。菜色颇好,鸡鸭鱼肉之外,且有鱿鱼,视同珍品矣。近日泸县因缺雨,市民断屠,此次猪肉系学兵队自乡间购得送来者。饭后吴君介绍余为大家报告学校近状,将五点始散。

下午未过江。晚月色不清,睡时颇感闷热。

6月9日 M. (往叙永) 天阴,稍凉爽。

李忍涛君派汽车来送余等往叙永,十点半收拾停当启行,中途在上马场饮茶休息,又在江门午尖,再前入叙永县境,经马岭兴隆镇,四点半到叙永西门外中国旅行社招待所,地点为万寿寺改造者。房间布置极整洁,经理为虞君,匠心经营颇不易也。到时已有罗岐生及黄太太在此迎候。安顿毕,杨今甫来,留晚饭,共谈校事各问题,九点前别去。

他人来望者,国文系助教数人,李继侗、霍重衡来,未得多谈。客

---

① 泸县纳溪区。

甫散去,雨势渐来,未久即睡在床上听窗外雨声,倍觉清快。

此处及蓝田坝招待所晚间皆用菜油灯,不能看书写字,此间蚊虫尤多,故每晚只好早睡,亦强迫之休息也。此地招待所主任为虞伟如,较蓝田坝之薛君为精神、沉静。

6月10日　T.　清早雨已停,至午前云亦渐散,下午晴热。

八点罗君来导往城内校舍各部视察,先至东城文庙内办公处与今甫稍谈,并晤褚士荃①君,然后视察各行政部分及内院之教室,后至以下各处:

帝主宫女生宿舍,在东城,府城隍庙,南华宫男生宿舍,及大教室。以下皆在西城:春秋祠男生宿舍,教职员宿舍,天上宫阅览室及理科实验室。

后至蓬莱巷今甫寓所休息,晤总务主任刘康甫,新病尚未大痊。

中午返招待所午饭,饭后小睡,未久即有客来。四点在招待所与校务委员会诸君会谈,今甫来信谓下午忽发热甚高,未能到会。

为诸君报告最近学校情形,及关于分校问题之决议,后由诸君发言表示意见,约可归纳如下:

1. 学校去秋分院迁川之"诺言";
2. 叙永人士之热心挽留;
3. 学校似无一定及长久计划,出尔返尔,虚耗巨款非宜也;
4. 昆明局势是否较去年即[时]为稳定;
5. 但下年如继续在叙,亦应更使充实;
6. 如迁回,对于同人眷属旅费应多补助;
7. 二年级是否可以留叙?
8. 助教多愿回昆,学生闻返昆讯皆大高兴。

余除简单说明外,未多辩论,但允为转达昆明,并催速决定通知各方。

六点余会餐,在院中颇风凉。饭后月色较好,与李忍涛、姚楷、杨

---

① 褚士荃,时为清华及联大机械系讲师,后曾任清华大学教授兼训导长。

昌龄（三君午后自纳溪来此）闲谈。李对于昆明，认为敌所必取而我方自亦必拒守，但昆明如失则叙府继陷，而川南川东亦必不稳矣。此种推测数月之后或能证明。

十点余因院中露水太重，虽欲饱看圆月不可久留，只得归房就寝。

6月11日　W.　八点半与郑、罗往城内看今甫病，热度已全退，颇似疟疾。刘君父女备早餐甚丰。十一点余郑、罗另有约，余自返招待所，适袁、曾、陈、龚四君来访，共谈甚久，并留在所中午饭。

饭后偷空小睡，睡后洗浴，稍觉舒快，因午后炎日无风，户外热度甚高。

三点有紧急警报，四点解除，所中人未走开。

四点由余约集分校教职员全体及眷属在招待所茶叙，到者逾百人，茶点尚好，分桌设草地上。余未有演说，以为既已与校委会谈过，明早又将在国民月会报告，更无多话可说，及后思之似应有数语，以致慰勉之意。

七点与毅生至西南餐厅黄德全经理之约。座中有何本初县长及吕专员、黄参谋主任。菜颇好，但馕肉馅者太多，未免太靡费耳。

饭后已落雨，持伞与手电，缓步归寓。

6月12日　Th.　一夜雨未止，上午更密而有力，地方人近来极盼雨，今获甘露矣。

十点以汽车往城内，先至教职员眷属宿舍，在吴之椿家稍坐。

十点四十分在南华宫举行国民月会，由余报告昆校最近情形及关于分校问题决议外，特勉励学生注意：劳作精神、团体生活、选系意义。

中午袁、霍①、李、陈、吴②、曾、龚、褚君约在西南餐厅小聚，略谈校中问题。饭后在袁、曾家。

下午四点，清华同学会在春秋祠后院茶会，到会廿余人，余为略述昆明纪念日开会情形，并及关于清华、北大之问题。

---

① 霍，即霍秉权。
② 吴，即吴晗，原名春晗，字辰伯，清华1934届毕业生，历任清华历史学系教员、副教授、教授，1949年后曾任文学院院长，时为联大历史系教员。

六点何县长及何廷琦(叙中校长)在所中设宴,座中晤谢式瑾(烟酒税局专员),为老北大同学,颇和气健谈。

一日雨水未稍停息,除道途泥泞外,室中甚为舒适,晚间则蚊子更多,席散后即收拾睡下矣。

6月13日　F.　清早天上只剩浮云片片,由窗外东望红岩山顶,朝霞颇美,闻叙人认为八景之一者。

八点余早点后与郑、罗往今甫处,见其病势大似疟疾。郑、罗因他约先后去,余留谈至十二点始归。今甫谓同人有推其赴昆者,余颇讶之,但未置意见。

中午在招待所叙校教授十七八人公宴余等。饭后刘提议再谈分校问题,于是刘①、蒋②、程③与龚、吴、陈轮流发言,颇有辩论会之形势。后刘提议试作表决,余谓无此需要,霍亦言不必,遂未续谈。后由余敬每位三五烟一支,就此欢散。散后继侗与重衡来室中久谈。

六点在招待所以余与杨、郑名义宴请当地官绅廿余人,五点半即有来者,一时布置尚未妥帖。罗岐生六点始来,使人失望。后在院中设座,尚风凉,主客二桌,七点余始能入席,食毕已九点矣。来客坚约明日还请,后再三婉商,始定为明早九点早餐,盖不可固却矣。

6月14日　S.　天晴又热矣。早六点起收拾行李零事。九点前主人十五位已先后到场,客人有叙校同人九人,又305师张参谋长及各处长及他客,共坐四桌,十点三刻幸得终席,即向各位握手告辞,登车启行。

一点余到大洲驿饮茶休息,茶馆兼办旅馆,系春间新开者,主人七十大寿兼娶儿媳,又开新张,于是贺联满挂壁间矣。

三点到花背溪,为学兵队防毒处分处所在地。渡河后至处中,李、杨、姚、汪诸君已久待矣。四点出酒饭小酌,饮橘精酒及茅台酒各数杯,皆甚好。

---

①　刘,即刘晋年。
②　蒋,即蒋硕民。
③　程,即程毓淮。

六点余,李总队长导往纳溪双河场干训班参观各部,均甚整齐、清洁,纪律似亦甚佳,因天色昏黑未能多看。八点再登汽车往蓝田坝招待所,九点余到达,幸得保留客房二间。行李安顿后与薛经理商量,得一盆水洗澡后,即上床睡矣。

6月15日　Su.　早六点起床,日色微红,预告为炎天景况。九点余方计议日间计划,接杨育民自廿三厂专差来信,系代吴敬直厂长约即赴厂一游,并已遣滑竿一乘,情意殷殷。乃与三君商量,余即乘滑竿去,三君因须渡江为莘田拍照,即由泸岸管驿嘴乘船往,预计须明日返蓝田也。

滑竿为三健夫换抬,走便道,一小时许抵泰安场镇,市颇不小,在码头登渡船过江,费时半时许,江面风来颇风凉,盖江水温度低,因距上流来源较近也。至罗汉场之下码头登岸,再行二里许,始达吴厂长公馆,途中警卫阻拦,须吴家仆役来接始得通过。吴家午饭方罢,盖未料余能来之速也。育民来同午饭。后闻有警报。约一小时以后,郑、罗、黄由罗汉场上码头步行到来,因有警报,未在码头等待,致与去接之滑竿相左。于是三君再食午饭,食后同坐客室中,甚闷热,虽有电扇,亦无大效。清华同学在厂服务者陆续来晤。四点余至陈彬办公室洗喷浴,洗后已近天夕,稍觉凉爽。在吴家晚饭,饭后在门前草坪闲话,余因早起特早,有欲瞌睡之势。

九点余吴君等导至客室,系新造职员住所,为余等临时布置者,主人费事甚多矣。室中闷热,而蚊又甚多,纱帐之内更觉气闷。十一点左右闻雷声,落雨数点,旋即停息。

夜半以后,始渐蒙眬睡去矣。

6月16日　M.　天阴,较昨日热稍减。

八点余至吴家食稀饭,九点余出参观厂中各部:

无烟药厂——陈彬代马绍援负责。有实验弹道仪器一份,兼制酒精96%,系用糖为原料。

琉[硫]酸厂——杨伟负责。硫磺土产价为每吨七千余元,采购尚甚难,兼制芒硝,为军中用作泻盐者。

下午饭后小睡，三点以后再往参观。

氯气厂——方志远负责。用盐以电力分解产出氯气、苛性 soda 及氢气氯，用高压成流体装钢筒，一部分用与氢烧化成 HCl 溶水中成浓酸，一部分用与石灰粉化合成漂粉，此种漂粉闻皆送往前方为防毒之用，但不过心理作用耳。

Glycerine 厂——为马师伊所管之一部。由植物油提取，闻尚有由植物油提炼汽油之准备。

油布油衣（防毒用）厂——吴祥龙负责。

机械修理厂——杨颐桂管理。

水电厂——钱君管理。水系取吸江水，仅加矾澄清，电机为——750K. V. A. Turbine，有另购 2000K. V. A. 之准备。

五点半参观毕，在杨伟处洗喷浴，洗毕颇凉快。

六点半吴敬直夫妇备肴馔二桌，约集清华及北大（凌达琦一人）同学聚餐，到者陈、杨、马、吴、杨之外有徐仁杰、李秀琳、高士、杨廉平及一何君（四人系兵工署派来驻厂委员），戚桂山未到。

饭后与诸同学谈飞机捐款问题。

6月17日 T. 昨晚睡时已渐落雨，彻夜未停。清早犹阴云密布，细雨淋漓。早餐在吴宅食汤面。餐后商量作归计，而雨势忽大，二三刻以后雨稍停。乃相偕持伞往厂中大码头，未久雨又至，且愈下愈大，到码头鞋裤已湿，而雨更有滂沱之势，舵工亦谓江水盛长，逆行更有困难，于是暂作罢论，至吴君办公室休息。

午饭后小睡，三点以后雨虽未止，但仅渐沥而已，遂决计归矣。厂中备滑竿送至船上，船亦为厂中专用者。吴、杨、陈、戚、杨、李诸君均来江边送行。

四点十分船开，船上共有船夫八人，皆年轻力壮，身体矫健可爱，而掌舵则为一老者，年约五十上下，神彩［采］奕奕，左瞻右顾指挥若定，吾辈坐舱中外望，既玩江景，且羡此班人健壮之生活，使自家精神亦为之一振矣。开船后上行共过滩三，为小米滩、黄滩、土地滩，在此波涛汹涌礁石暗伏之境，非有经验而动作敏捷者，盖难免不有意外也———上午在码头见一货船风雨中急流而下,午饭时闻人言系舟子失操纵能力,故随波驰去,已在泰安场触石沉没矣。

六点过沱江河口,水清,与长江合流处清浊分明,管驿嘴即在此两河交流处。泸州之地势极似重庆,沱江犹如嘉陵江,管驿嘴犹如朝天门也。

六点一刻抵民生公司码头,艄公谓天晚不能开往蓝田坝,吾等未便强其开行,遂登岸雇车至山岩,在市中稍有耽搁,至山岩已黄昏矣。下看江流弥漫,较一周前不知涨得几许,而天空浓云低压,又若有大雨将至者。惟盼赶早过江,到得南岸后,即有雨湿泥泞,不过衣物之污损非所虑也。下码头时已有小雨,登一船欲令"单撑"即开行,乃舟子为一奸猾老头,贪图多赚,必待至上得十五六人始〈开〉。经多人催促前行,时天已昏黑,江面仅能辨出急流处为礁石所在,而此船又仅一人撑摇,无他助手。此老侩之贪心,置客人安全于不顾,实可痛恶,而当时亦无可如何,幸船客中有愿帮其摇橹者,始得缓缓过江。而傍岸则在蓝田坝以下二里许,彼乃缓撑前进,其意图欲使客人不及待便可登岸去矣。余等登岸处为一陡陂,幸四人皆着草鞋,尚无滑跌之虞。到坡上见一宽长亮线,知为人行路,循之南行,黄在前引路,兼为余扶持,脚下则不顾泥水深浅,惟望勿陷深坑或滑下坡去则以为大幸。行约二十分到汽车路上,水坑反更多,又行约二十分,到蓝田街市,石路平坦,稍得心安,而大雨忽至,风吹斜打,头肩以下尽湿透矣。行至市南端一饭馆,名"一品香",为一河南人所开,能做面食,但因缺乏面粉,仅有米饭,勉强凑得数菜,以当晚餐,各饮白酒少许,以驱寒湿。时已八点半,招待所或他处盖皆难得食也。九点一刻食罢,买火把两束,小雨中做最后之行进,近九点半到招待所,赶即进房脱去湿衣,更得温水草草一浴,四人临睡前互庆平安。盖此日之经验,过后思之,犹以为幸也。

6月18日 W. 早六点起。一日无所事事,写日记写信之外,聊天而已。九点以后,云渐开散,午前竟日出放晴矣,颇悔昨日归来未免太急促。倘竟应吴厂长等之挽留,再住一日,或返泸北时留宿一夜,今早再过江来,则昨晚之苦头可以避免,孰知天时变化有如此之速者。

午前中孚过江至泸县打听汽车赴渝者。

下午饭后小睡。

四点一刻，忽来暴雨，半时后雨息，更为凉爽。

晚饭在一品香食锅贴水饺，尚好。

饭后与莘田久谈中国文人与文学问题。

6月19日　Th.　天气甚热。

午前午后作信四封，寄与珊、彬、光旦、孟邻。致蒋者为航快，详告叙永分校诸君对于取消分校之意见，正反各列五条，末附本人意见，以为昆明原议无须变更，还须看外在原因何如，倘教部如上周《大公报》所传，有令文到校，令全部迁川，或云南局势最近果有改变，则须更加考虑，总之无论如何以早决定为宜。如叙校迁回，同人及眷属旅费应酌予增加。

天夕与郑、罗至江边散步，看江水滚滚奔流，不禁惊叹。便至街中"桃园"食锅贴水饺、片汤以当晚餐。

中孚自城内来，汽车仍无办法，令人烦闷。

九点余与所中工役商量，得温水洗澡后就寝。

6月20日　F.　云阴颇风凉，晚有雨。午前方拟渡江移住泸县，十点忽传有警报，未久继发紧急，偕同人至后边坟山上。约十点有飞机数架在云中由东飞向西方，又三刻许后有四架散飞于泸、纳之间，十余分后折向东去，闻人言此批系我方飞机，则何故飞绕于此区域不可解矣。

午饭后收拾过江，由蓝田码头至辰溪码头仅十余分即到。江水继长增高。昨晚所见江边沙滩一片，今已没入水中矣。江边有种高粱瓜豆者，一二日内即有湮没之虞，水势之浩大，殊堪惊叹。

过江后因闻福来饭店之名，投住该处，殊不知住客甚杂，侍役草率，耳目所接只有扰攘。盖店主为一军官，其营业目的不在便利旅客，而为特辟一吃喝嫖赌之场所，故平常旅客如吾辈者实非彼等所欢迎。初谓无房间，继勉强腾与二间，价亦颇昂(8元8角)，吾等既已来，且度一宵再作计较。

晚饭在中央酒家,适遇刘钧偕其友人蒋君,延入同座,菜饭价五十余元,较前次更贵矣。饭后与刘君谈叙校注册组事宜,允为函樊商定。

十一点半诸人散去,即就寝。院中喧嚣虽尚未息,但不久即睡着,不知果热闹至如何程度。

6月21日　S.　阴雨一日。早六点余起,觉旅馆中各事皆不合适,决计他徙。早餐食包子,后即移住大来宾馆,虽房舍简单,但空气清静,侍役较勤慎,房金固所差不多也。

午、晚饭皆在"成都味",有月母鸡汤、麻婆豆腐,堪称对偶。过江豆花亦颇好,面条细匀,较米饭为佳。晚饭后往齐天乐戏园看川戏,戏码如下:

《骂帐劝降》(即"战太平"故事)

《乞巧》(即"长生殿"一节)

《背娃赶会》(小戏,演者为薛艳秋,有名花旦,近来嗓子坏了)

《阴阳界》(滇剧亦有之,无大趣味,演角有小听秋,相貌不恶,尚系初学者)

《皮心滚灯》(丑角陈全波甚好,似胜于重庆之当头棒)

《黄河渡》(收场武戏未看即归)

票价:池子三元。园子颇大,楼座有三层,但只卖二层。

发快信与沈茀斋①,航信与樊逵羽。

6月22日　Su.　昨夜睡后又落小雨,至今日午后始止。

早九点前传有预行警报,中孚来后商定同往中央银行疏散,因该行有防空洞尚好。十点余竟有空袭警报,实则阴云正密,雨势方浓,敌机之来似为大不可能者。在银行待至一点余始解除。

午饭仍在成都味,饭后小睡一时许。

中孚打听得有船可开至嘉定②,因再计议是否宜溯江而上,先往李庄。后决定仍待公路车先往成都,因由彼即顺流而下,较便利也。

---

① 沈茀斋,即沈履,曾任清华秘书长、联大总务长。

② 嘉定,现称乐山。

六点,天已放晴,与郑、罗出至街市散步,欲另寻一饭馆,竟难一当意者。过峨嵋体育会后复折回,卒在南洋食品公司停住,其菜味尚不恶,侍役招待颇周到。

购合江荔枝十两,价二元,仅得十九枚,尚不酸,但味薄核大,不如广东产。然当日贵妃所嗜,盖即此也。

6月23日　M.　晴热,下午渐阴,晚落雨数点,不知夜间何如。

早七点半中孚已来。因天晴,恐有警报,商往三岩茶馆早点,藉览江景,乃未出门即已"挂旗"矣。及至街上,男女老幼仓惶前行,忽忆"路上行人欲断魂"之句,谓可借以状之。大多数皆北行,余等亦北,半小时后至新村饶辅华君寓休息,唐湘亦适自宜宾来,与饶商建筑事者。十点余放空袭警报,十一点竟有紧急,乃由饶引入其后山坡之防空洞,据云系一蛮洞,凿于石岩下,年久为泥土淤塞,新村居人发现后加以挖掘修理,堪作防空之用。一点余无飞机消息,重返饶寓,至二点始解除。

午饭饶、唐约在中央酒家,厨役疏散归来,待半时许茶饭始具,食罢已将四点半矣,六人共饮大曲一斤,各多少有酒意。回寓后小睡一觉,醒来天已昏黑矣。

袁疆乘长虹轮自渝来,中孚迎之于码头,亦住大来。同至街上小饭铺宵夜,除袁疆食米饭外,各进稀饭二碗。

晚,旅馆中来客骤多,喧哗不能入睡,作二信与八弟、十弟,待明日发寄。

6月24日　T.　阴雨沉沉,汽车仍无消息,又闷过了一日。

下午小睡后与郑、罗出雨中散步,至旅馆后坡上见大土像三尊列坐一敞厦中,盖为炸后重修未竣。一铁钟铸有嘉靖年月字样。殿后一石塔,形状颇古,七级之上有平顶,更筑小塔,惜未得走近细观。穿行中城公园及附近街巷一周,在南洋食品公司晚饭。

晚饭后至怡春书场听清唱,一无可取。最后彩排二出:马鸿声之《天齐庙》,嗓音甚好;朱雅云之《从军别窑》,扮相颇秀美,惟唱力较差,说白咬字不切实,做工则麒派耳。场中上座不过三四十人,恐难维持多久者。

6月25日　W.　天晴复热。因恐又有警报，八点余同中孚等出至三岩湖北茶社饮杭菊。俯瞰江景，颇有意趣。十点下岩，雇船渡江，至金鸡渡登岸，行三里许始到招待所，稍息午饭。饭后欲洗澡未成。三点过江，即留袁疆于招待所待车返叙永。在辰溪口登岸回寓。

晚饭在南洋食品公司，因闻今日换新厨师，特约饶、唐二君同餐一试，乃菜殊不佳，使人失望。价尚不太贵，稍为可意耳。

饭后饶、唐、黄别去，与郑、罗在上海咖啡馆之夜花园小坐，饮红茶各一杯，地方尚幽静，但泸人之欲罢"龙门阵"者，似足迹不到此也。

下午杨祖宏君来告，已有客车自内江来，明日开回，如吾等愿去，可设法购票。随与郑、罗商量，仍不若先往李庄、嘉定等处为妥。因此车坐客甚拥挤，且系卡车，日晒雨淋，皆无掩蔽，且来时在隆昌曾出毛病，则去时难免沿途不再抛锚也。

6月26日　Th.　晴热，幸无警报。

上午九点余与郑、罗、黄至新村饶、唐二君处小聚。午饭前后看竹八圈，黄一人负颇多，但不过凑趣耳。六点余至快活林品茗纳林[凉]。

七点余始得张专员及袁县长（守成）请柬，遂至中央酒家应约，座中晤以下诸人：

李育灵：泸县人，画家，曾在德国留学（同济）；

谢杰民：川民厅第四科科长，贵州人；

万……（原缺）：教部视察员，万卓恒令弟。

谈至十点余始散。李君坚欲为吾画像（人谓有民族国家观念寓于画中者），情不可却，允以小像片送赠。回寓后收拾行李、写信，十二点睡。

今日发三信与十弟、弗斋及高公翰，告以仍由水路上行之计划。

6月27日　F.　（到李庄）晴热，船上尚风凉。

将四点中孚来打门，旅馆夫役始起，急起着衣洗漱。四点半天色微明，步往码头，登长丰轮，船上人甚多，先将行李安置后，分头寻觅座位，余与莘田坐高台长椅上，毅生与饶辅民、唐邻岳坐高台右旁长凳。

5:25 船开,中孚别去,廿日以来承其导引照料甚可感也；

5:35 开到蓝田坝,稍停即行；

7:40 开到纳溪,乘客以"地漂"下去；

9:05 开到大渡口；

10:40 开到二龙口,在江北岸；

11:25 开到江安,上香客甚多,盖前日为六月初一,川南人民男女多往某庙进香者；

1:25 开到南溪,在北岸,上下客均甚多；

3:40 开到李庄,下客尤多,行李零物幸无损失。

由"地漂"登岸后,抬头一望,有奎星在焉。临江有"君子居"茶楼,饮茶小憩后再至街内李庄饭店进餐,因在船上仅食小面包二个,此时觉甚饿,且到山上必已黄昏,不必再进晚饭也。4:35 食罢,随挑夫二人前行,先经田间二里许,继先〈行〉山道曲折,又约三里,始至板栗坳,时已 5:30 矣。途中在山半一老黄果树下休息,坐石磴上俯瞰江景,小风吹来,神志为之一爽。盖此时已汗透衣衫矣。

中研院史语所在此租用张家房舍三大所,分为三院,余等寄住于中院宿舍,郑、罗在花厅,余在李方桂①家。所中现由董彦堂君代理,招待极周到。晚住处完妥后在"忠义堂"大厅上饮茶闲谈,晤所中同人十余位。十点归房就寝。

6月28日 S. 晴热。八点早餐,食稀饭、烤巴巴,洗澡。

九点余,出与彦堂、思永②、方桂至戏楼院及新院参观,盖皆考古组工作处所。遇梁方仲,订明早访社会所。

午饭在方桂家,饭后得午睡至二时之久。醒后小李太太出凉绿豆稀饭一碗,食下清快之至。天夕在大厅门外石台上小立,颇风凉,惟四围皆稻田土山,长江又为小山隔断,风景故无可观耳。

晚饭为董家备办,同座有凌纯声、芮逸夫,为第四组研究员,专民

---

① 李方桂,语言学家,清华1924届毕业生。
② 即梁思永,考古学家,清华1924届毕业生。

族学者。饭后因饮酒稍多,更觉闷热,汗出如浆,灯下稍坐即先归房睡下。李太太给余万金油,令涂额上,盖余显有醉态矣。

6月29日　Su.　晴热,蔚蓝天空,片云绝无,盖较昨日更热矣。

早饭后八点三刻出发往石岩湾社会所,由董君引导,小路迂回,于山坡田塍间颇难辨识。途中两次迷路,经问村妇、牧童后始得前进,到石岩湾为十点一刻,盖用时一时半矣。到后始知所中清华同学八九人拟公宴于李庄饭店,则又须下山去,但因众人盛意,未便推却尔。因有警报,在客堂久坐闲谈,十一点半闻炸声,有人谓或系重庆被炸者,未敢置信,不信声音能传来如此之远也。

一点半始由所往李庄镇市,行未远又闻轰炸声自东方传来,乃在山坡树下稍停。二点一刻进镇,街上人甚多,为赶场者,竟都不疏散,实为不妥。

李庄饭店一席共十三人,余与郑、罗、董、陶为客,主人为汤象龙、梁方仲、徐义生(尚在昆明)、巫宝三、潘嘉林、严中平、林兴育、桑恒廉、夏鼐(博物院)。①

饭后三点余与陶先生至慧光寺同济大学访周均时校长,谢其饭约盛意(今晚)。

后至巫宝三家稍坐,晤杨时逢夫妇,与巫同院住者。至羊街六号李济之家,八号梁思永、刘士能家,各稍坐。天夕上山,返板栗坳。

晚饭为董同龢②夫妇所约,食打卤面。食方毕,所中会计萧君自山下酒醉归来,入室后初仅吵嚷,后更哭闹,余等退至方桂处茶话,乃隔壁即为萧之住房,纷乱声音至夜半始息。盖萧去岁曾丧一男孩,为素所珍视者。以后每饮辄醉,醉则念其小孩而哭而诉,今晚一幕则哭闹特甚,最后结束,乃由其妻挽一邻孩来为其亡孩跪地叩首三次始寝

---

① 汤象龙,清华1929届毕业生,习政治学。梁方仲,清华1930届毕业生,习经济学。徐义生,清华1931届毕业生,习公共行政学。巫宝三,清华1932届毕业生,习经济学。潘嘉林,清华1933届毕业生,习社会人类学。严中平,清华1936届毕业生,习经济学。林兴育,待考。桑恒廉,待考。夏鼐,清华1931届毕业生,考古学家。

② 董同龢,清华1936届毕业生,习中国文学。

息。盖此孩前曾与平汉玩耍而起争吵,今萧欲以此慰彼亡魂,非醉人固不作此想也。

6月30日　M.　早饭吴定良君约食鸡蛋饼、稀饭。

八点余将出门,周校长①来访,谈至九点余始别去。九点半与郑、罗、方桂下山,先至上坝营造学社参观。徽因②尚卧病未起床,在其病室谈约半时,未敢久留,恐其太伤神也。

至博物院办事处稍坐,然后至羊街思永家午饭,食红烧肘子、江团鱼,皆甚美。梁三太太因胃病不能操劳,由刘太太代任烹调,惜二位主妇均未得面见致谢。

下午四点余至李家,先与李老先生(郚客)及方桂五家看竹,晚饭后仍点小油灯二盏继续工作,既不怕费目力,又不怕蚊子咬,三个五圈之后,钟鸣二点半矣。此番莘田大胜,二李皆负,余亦负十数筹。

睡时三人在一室内,方桂另在一处,主人为设床铺被、挂蚊帐,实太麻烦矣。

---

①　应为周诒春,字寄梅,1913～1918年任清华校长,梅贻琦曾与其共事数年,一直以校长称之。

②　即林徽因,梁思成夫人。